赵禹骅 著

JIAZHI ZHENGYI
JINGJI FANRONG DE
NEIZAI LUOJI

价值正义

经济繁荣的内在逻辑

GUANGXI NORMAL UNIVERSITY PRESS
广西师范大学出版社
·桂林·

图书在版编目（CIP）数据

价值正义 ：经济繁荣的内在逻辑 / 赵禹骅著. 桂林 ：广西师范大学出版社，2024. 12. -- ISBN 978-7-5598-7659-1

Ⅰ. F0-0

中国国家版本馆 CIP 数据核字第 2024R0G037 号

广西师范大学出版社出版发行

（广西桂林市五里店路 9 号　邮政编码：541004
网址：http://www.bbtpress.com）

出版人：黄轩庄

全国新华书店经销

广西广大印务有限责任公司印刷

（桂林市临桂区秧塘工业园西城大道北侧广西师范大学出版社集团有限公司创意产业园内　邮政编码：541199）

开本：787 mm × 1 092 mm　1/16

印张：20.75　　　字数：295 千

2024 年 12 月第 1 版　　2024 年 12 月第 1 次印刷

定价：89.00 元

前 言

天有时，地有财，能与人共之者，仁也；仁之所在，天下归之。免人之死，解人之难，救人之患，济人之急者，德也；德之所在，天下归之。与人同忧、同乐、同好、同恶者，义也；义之所在，天下赴之。凡人恶死而乐生，好德而归利，能生利者，道也；道之所在，天下归之。

——《六韬·文韬·文师》

《周易·系辞》说“理财正辞，禁民为非，曰义”，定义了发展经济、建设文化、依法治国等三大社会正义事业，形成价值正义、意识正义和行为正义三大结构。其中，发展经济居于首要地位，是社会第一正义。从农耕文明引入繁荣的概念，把经济发展的良好状态称为经济繁荣，由此引出了一个问题：怎样创造经济繁荣，或者，经济繁荣的内在逻辑是什么？为此，本书以马克思主义哲学和政治经济学的基本分析方法，结合中国文化的经济思想，优化古典经济学的框架，尝试构建中国古典经济学的框架，回答这个历史之问和时代之问。

马克思主义和中国文化中的集体主义、人本主义、唯物主义和辩证法高度契合。集体主义、人本主义、唯物主义和辩证法是马克思主义哲学的基本分析方法，也是马克思主义政治经济学的根本分析方法。由此，马克思主义政治经济学严密的理论逻辑和科学的分析方法可以为中国古典经济学提供根本分析方法。

笔者认为,古典经济学的财富增长论、劳动价值论、剩余价值论、生产协作论和市场均衡论,可构建起价值分析为主线的逻辑体系。其中,财富增长论是目标,劳动价值论和剩余价值论是基石,生产协作论是主线,市场均衡论是秩序约束,这样能比较完整地构成以协作为基础的数学规划体系结构。以此为基础做出优化,构建中国古典经济学的框架,以中国古典价值正义的共同富裕框架发展财富增长论,构成共同富裕论;以古典正义论发展劳动价值论,构成价值正义论;古典群众路线丰富生产协作论,构成群众路线论;以辩证法实现正义,发展剩余价值论和市场均衡论,构成市场辩证论;共同富裕论、价值正义论、群众路线论和市场辩证论构成我称之为"中国古典经济学"的"四论"体系。古典经济学的"五论"可以重构为中国古典经济学的"四论",围绕价值正义的四论一体构成更为严密的逻辑框架。

中国古典的"正义"本质就是"各得其所"——各人得到自己应该所得,包括客观的应该(什么是应该)和主观的应该(如何判定应该),内容对应"正"和"义"两个范畴。"正"反映应然,合乎规律谓之正,是满足真理性要求;"观乎天文"的"天文"就是真理范畴,也称天道、天理、规律等。"义"反映希望,合乎人心谓之义,是满足共识性要求,"观乎人文"的"人文"就是共识范畴,也称民心、人性、人心等。"正义"就是合乎真理的共识、正确的共识。人们的共识合乎真理就是正义,社会就能够顺利发展;人们的共识违背真理,社会发展就会遭遇挫折。规律与人心有四种组合:一是合乎规律也合乎人心,二是合乎规律但背离人心,三是合乎人心但背离规律,四是既背离规律也背离人心。只有第一种组合满足正义要求,能够带来经济繁荣;其余三种未能满足正义要求,不能带来经济繁荣。因此,经济繁荣并不容易。本质上,中国古典正义内涵合乎马克思主义哲学主观能动性与客观规律性的辩证统一。

中国古典经济学以马克思主义哲学和政治经济学的基础分析方法为分析工具,以中国文化璀璨的经济思想和丰富的经济实践优化古典经济学的框架,形成基础更为坚实、逻辑更为完备、力量更为强大的体系框架。本书以此立论,从价值正义的框架、信息架构、经济辩证法、价值原初、需求深化、社会化大生产、市场机制、货币和金融、产业深化等九个方面，讨论中国古典经济学的内在结构和内涵逻辑，构建中国古典经济学的体系框架，以此探索经济繁荣之路。本质上，共同富裕就是经济繁荣，是高质量的经济繁荣和可持续的经济繁荣。

中国古典经济学认为劳动创造财富，劳动是群众实践活动，群众参与经济的广度、深度和力度决定了经济繁荣的水平，价值正义水平决定了群众参与经济的广度、深度和力度。以树喻之，经济是大树，价值正义是根，群众路线是本，经济繁荣是根深本壮的结果。经济规律可以概述为：价值正义内涵客观真理和主观共识，价值正义水平决定群众路线水平，群众路线水平决定经济发展水平，遵循价值正义经济就能繁荣，背离价值正义经济就会衰退。因此，价值正义是经济繁荣的内在逻辑和根本道路。

目　录

CONTENTS

第一章　价值正义框架

元者，善之长也；亨者，嘉之会也；利者，义之和也；贞者，事之干也。君子体仁足以长人，嘉会足以合礼，利物足以和义，贞固足以干事。

——《周易·乾文言》

一、价值正义的框架

共同富裕是发展目的，价值正义是价值追求，群众路线是实践范式，经济辩证法是实现形式。人们为追求财富而劳动，从组织整体看是劳动创造财富，从人的个体看是分配获得财富，联系整体与个体的纽带就是劳动协作。因此，价值正义、共同富裕、经济辩证法和群众路线是四位一体的关系，构成经济繁荣的根本。①

（一）古典经济学的思考

经济繁荣是经济发展的良好状态，政治经济学认为，经济繁荣是生产关系适应生产力发展的结果。

---

① 赵禹骅.中国式现代化是全体人民共同富裕的现代化[OL].中国社会科学网，2023-05-22.

1. 古典经济学的基本框架

古典经济学也称古典政治经济学，以价值分析为主线，从国家治理的层面，研究财富之因，完善经济治理体系，提高经济治理能力。1662 年《赋税论》提出了劳动价值论[②]；1776 年《国富论》在劳动价值论的基础上以分工构建分析体系并提出了财富增长论[③]；1803 年《政治经济学概论》反对这个观点的价值三分观点[④]，以价值要素论替代劳动价值论；1867、1885、1894 年《资本论》三卷分别出版，系统提出劳动价值论、剩余价值论[⑤]、生产协作论[⑥]和市场均衡论[⑦][⑧]，特别是从劳动是价值创造的能动要素入手，把早期的劳动价值论和价值要素论发展成为科学的劳动价值论；1890 年《经济学原理》把剩余价值划分为消费者剩余[⑨]和生产者剩余[⑩]，为古典经济思想中的供需决定论提供了劳动价值论的基础，形成了价值分析为主线的经济分析体系。至此，古典经济学形成了财富增长论为目标，劳动价值论、剩余价值论（亦可称劳动剩余论）、劳动分工和生产协作论、市场均衡论五论一体的完整逻辑框架，有了数学规划的逻辑体系。其中，财富增长论是规划的价值目标，劳动价值论和剩余价值论是规划的函数基石，生产协作论是规划的函数主线，市场均衡论是秩序约束条件——是生产协作带来的成本约束，五论一体构成了数学规划的价值目标，目标函数，内生矛盾辩证关系、

---

② 威廉·配第.赋税论 献给英明人士 货币略论[M].北京：商务印书馆，1963：71.

③ 亚当·斯密.国富论[M].北京：华夏出版社，2004：1-3.

④ 萨伊.政治经济学概论[M].北京：商务印书馆，1997：77-92；约翰·穆勒.政治经济学原理（上）[M].北京：商务印书馆，1991：123。

⑤ 马克思.资本论：第一卷[M].北京：人民出版社，1975：54-60.

⑥ 马克思.资本论：第一卷[M].北京：人民出版社，1975：358-372.

⑦ 马克思.资本论：第二卷[M].北京：人民出版社，1975：446，475.

⑧ 陈岱孙.从古典经济学派到马克思——若干主要学说发展论略[M].北京：商务印书馆，2016：219-220.

⑨ 马歇尔.经济学原理（上）[M].北京：商务印书馆，1964：142.

⑩ 马歇尔.经济学原理（上）[M].北京：商务印书馆，1964：174.马歇尔.经济学原理（下）[M].北京：商务印书馆，1965：174-175.

自然约束和秩序约束。经济学具备了群众协作为基础的完整的数学规划体系结构[①],而数学规划本质上是资源有限性与目标无限性构成的对立统一的辩证关系,拥有严密的逻辑体系。

2. **中国古典经济学何以可能**

古典经济学带来一个重要启示:经济活动的逻辑抽象是数学规划,简称经济规划。数学规划可以成为经济结构研究的重要工具。数学规模标准模型如下[②]:

$$\text{标准模型:}\begin{cases} minF(x) \\ s.t.G(x)\geqslant 0 \\ x\in D(x) \end{cases} \quad \text{反向模型:}\begin{cases} maxF(x) \\ s.t.G(x)\leqslant 0 \\ x\in D(x) \end{cases}$$

两个模型等价,通常把标准模型称为成本模型,反向模型称为效益模型。其中 x 为决策向量,$x=(x_1,\cdots,x_n)$,n 是决策向量的维度,x_k 是决策变量,$k\in\{1,\cdots,n\}$;$F(x)$是目标函数,取果实之意;$G(x)$是约束条件,《资本论》用 G 描述货币,是经济的约束函数;$D(x)$是决策空间,描述决策变量 x 的基本要求。具体到经济问题,$D(x)$是自然约束,也称底线要求;$G(x)$是秩序约束,人们为了提高劳动效率而形成的约束条件,天下没有免费的午餐;$F(x)$是目标函数,人们采用不同方式得到不同的目标函数,但是会形成秩序约束反映在 $G(x)$ 中;max 是目的设定,也称价值取向。比如,人们单干,只有自然约束 $D(x)$,秩序约束$G(x)$可以忽略不计,但是目标函数 $F(x)$ 效率极其低下;人们开展劳动协作,目标函数 $F(x)$ 改变了,劳动效率提高了,但是带来协作的秩序要求,反映在秩序约束 $G(x)$ 中,人们的寻优空间变小了。人们需要在这些条件中平衡,同时也要展开创新,在相同的约束下尽可能提高目标函数的效率,或者,在相同的目标函数效率下尽可能降低约束水平,提高优化水平。

古典经济学的"五论"涵盖了上述数学规划的目标函数、价值取向、作为发

---

① 赵禹骅.从马克思主义经济学看庇古分析与科斯分析之异同及其政策启示[J].改革与战略,2008(7):16-19.

② 《运筹学》教材编写组.运筹学[M].北京:清华大学出版社,2005:171.

展根本动力的内生矛盾或辩证关系、包括秩序约束和自然(底线)约束的约束条件等四个规划要素,因此是完整的数学规划体系结构,具有严密的逻辑性。但是,从数据结构理论看,还存在三个引发逻辑重叠的方面:一是财富增长论过于简单,难以表述优化性目标与约束性目标的关系,割裂了发展目的与约束条件的辩证关系,而矛盾辩证关系是内生发展动力,需要弥合这种断裂。二是市场均衡论创立了秩序约束,为经济模型的数学规划形式奠定了基础。但是,它没有内生说明市场归因,市场产生在模型之外,成为外生变量。三是劳动价值论和剩余价值论说明了价值归因问题,为价值分配奠定了坚实的基础。但这是原理解释,如何落实这个原理,没有具体说明。这些需要完善,为此笔者尝试运用马克思主义哲学和政治经济学的基本分析方法,结合中国文化的经济思想,优化古典经济学的五论为框架,构建中国古典经济学的框架。

马克思主义和中国文化中的集体主义、人本主义、唯物主义和辩证法高度契合。集体主义、人本主义、唯物主义和辩证法是马克思主义哲学的基本分析方法,也是马克思主义政治经济学的根本分析方法。由此,马克思主义政治经济学严密的理论逻辑和科学的分析方法可以为中国古典经济学提供根本分析方法。

由此思考,《荀子·王制》的“力不若牛……彼不能群也”定义了“群众”的古典含义——有组织的大规模协作的群体,也确立了古典群众路线的含义——社会实践是群众的实践,群众是最伟大的实践力量;《周易·乾卦》的“自强不息”和“元亨利贞”,《文言》对“元亨利贞”的解释:元者,善之长也;亨者,嘉之会也;利者,义之和也;贞者,事之干也。君子体仁,足以长人;嘉会,足以合礼;利物,足以和义;贞固,足以干事。君子行此四德者,故曰乾:元、亨、利、贞。”从组织的角度看,为人之长就是领导班子,合礼就是文化建设,利物足以和义就需要通过合理的制度安排来实现利益分配,事之干就是组织结构,所以,从个人的角度,元亨利贞是个人修养,从组织的角度,元亨利贞是四种组织建设的核心工作。所以这里实际提出了群众路线中"一个精神和四大重点工作"的组织工作原则,其中,"一个精神"指自强不息的精神,四大重点工作指"元亨利贞",启示组织建设要优先抓好领导班子建设、文化建设、制度建设和组织结构建设等四项工作。以这些群众路线原则发展生产协作论,构成经济的群众路线论。《周易·系辞》说"各得其所",这是正义的本质,并以"交易而退,各得其所"提出了以市场交易实现价值正义的基本原则;《易·贲卦·象辞》以"天文"定义"正",以"人文"定义"义",《六韬·文韬·文师》以共识定义"义",进而提出"仁德义道"四大价值正义原则,韩愈的《子产不毁乡校》佐证了以共识达成正义的古典原则。这些一起构成了中国古典正义论。以中国古典正义论发展丰富劳动价值论和剩余价值论,构成按劳分配为主体和辩证关系为主线的价值正义论。《道德经》"冲气以为和"和《大学》"博学之……笃行之",提出了中国古典辩证法的框架,认为辩证法是追求真理和实现正义的根本方法。古典经济学认为,价值是使用价值和劳动价值的辩证统一,剩余价值论内涵生产者剩余和消费者剩余,以此辩证关系为基础,奠定了以价格划分价值、分配生产者剩余和消费者剩余的价值正义的实践基础。结合中国古典辩证法和价值正义论,市场是实现价值正义的经济辩证法体系,市场交易不再外生,市场均衡论发展为市场辩证论。价值正义论内涵共同富裕框架,以此发展财富增长论,弥合发展目标与约束条件的裂痕,形成矛盾辩证关系内生的发展动力,构成共同富裕论。古典经济学的"五论"可以重新划分为中国古典经济学的"四论",其中,价值正义是逻辑核心和根本特征,四论一体(图1-1)构成更为严密的体系框架,我称之为价值正义钻石体系,构成中国古典经济学的逻辑框架。四论与经济规划模型四要素更加对应:共同富裕论主导发展目标,明确了优化性目标与约束性目标的关系,优化性目标构成目标函数,约束性目标构成底线约束;价值正义论主导价值取向;经济辩证法主导内生辩证关系;群众路线主导约束条件。四论对后者构成了划分性覆盖,具有严密的数学逻辑性。

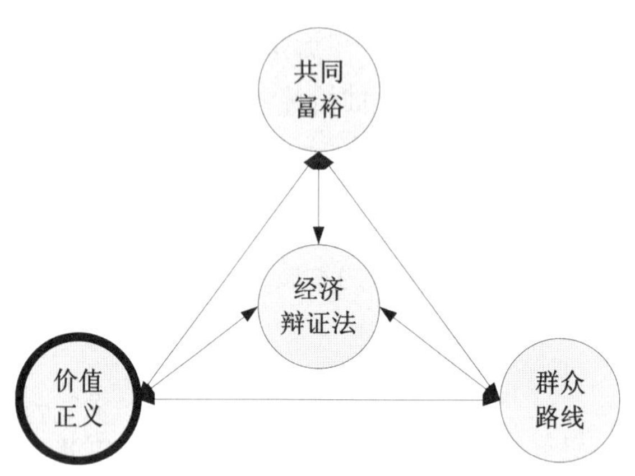

图 1-1 中国古典经济学框架的钻石结构

3. 从政治经济学理解价值正义

生产关系是价值正义的核心范畴。生产关系是生产力的生产力,不是直接的生产力,是关于生产力秩序的规则和制度安排。生产关系的三要素是生产资料归谁所有、人们在生产中的关系、产品如何分配。生产资料的归属称为基础产权分配。人们在生产中的关系包括谁做决策、谁来生产、生产什么、生产多少、如何生产等称衍生产权分配。基础产权分配和衍生产权分配合称一般产权分配。产品分配方式称价值分配,主要是分配与交换两种方式,在市场经济中,分配在组织类的市场主体内部进行,交换在市场主体之间进行。分配方式包括谁能获得、获得什么、获得多少、怎样获得,决定了谁能消费、消费什么、消费多少、怎样消费等,交换方式包括谁来交换、交换什么、交换多少、怎样交换,交换是产品从生产者到消费者的转移方式,本质上是价值的转移和分配;运用市场方式的交换称交易,物与物的直接交易称"易",以货币为中介的交易称"贸"。价值分配本质上也是一种产权分配,为了更好区别分类,价值分配不称产权分配,而一般产权分配简称产权分配。价值分配和产权分配构成价值体系的价值范式,包括客观合理和主观认同,客观合理是价值分配和产权分配合乎客观规律,属真理范畴,称客观正义;主观认同是价值分配和产权分配合乎主观人心,属人文范畴,称主观正义。

追求更好的生活是人的天性，这是价值正义的第一个内涵，所以，生产力是价值正义的基础。生产力是生产关系的物质基础，因此生产力是实践范式，是价值范式的基础。生产力的三要素是劳动者、劳动资料和劳动对象。其中，劳动资料的核心是劳动工具，劳动工具是生产力发展的时代标志，是知识的物化和物化劳动的历史累积。劳动者是活劳动的生命载体，劳动工具是历史劳动的物化载体，劳动对象是现实劳动的物化载体。所以，生产力是劳动力的历史积累和现实状态，是劳动的成果。作为劳动成果，一方面决定于劳动的动力，即劳动激励问题，另一方面决定于劳动的能力，即劳动赋能问题，因此可以说，生产力是劳动的激励和赋能的结果，而这种激励和赋能正是价值范式的意义指向，所以，价值正义不是创造财富的生产力本身，而是创造生产力的“生产力”——创造生产力的核心能力。

生产关系与生产力的关系是价值正义的指向。经济繁荣是生产关系适应生产力的结果，通过主观认同激励劳动的积极性和协作性形成动力，通过客观合理赋能劳动的创造力和协作力形成能力，社会劳动力能够得到充分开发和有效运用，通过充分开发而累积强大的生产能力，通过有效运用而创造庞大的社会财富。其中，劳动是创造财富的过程，是“知行合一”的实践活动，知识水平的提升不断提高劳动效率、劳动价值和使用价值；物质财富和精神财富增长是知识财富累积和增长的结果，而知识财富是社会财富的核心构成，也是生产力和生产关系的核心构成，因此，生产力发展和生产关系发展的本质就是知识财富的累积和增长。生产力的本质是知识，生产力与知识是“器”与“道”的关系，生产力是知识的运用和载体。所以，价值体系包括价值范式和实践范式，是二者的辩证统一。价值范式是关于价值追求的理念和原则体系，实践范式是群众劳动追求价值范式的实践活动。价值范式是实践范式的价值追求，实践范式是价值范式的具体实践，两者是同一个硬币的两面，构成价值体系的一体两面，也是经济繁荣的一体两面。

(二)中国古典经济学的深化

1. 中国古典经济学的价值体系

中国古典经济学的价值体系是价值正义体系。共同富裕=价值正义=群众路线,市场机制=经济辩证法=价值正义机制。中国古典经济学的价值范式是关于共同富裕的价值理念和原则体系。《六韬》说"仁德义道",核心是效率和公平,其中,"仁"的定义强调了发展机会公平下的充分竞争,体现了发展的优化性目标;"德"的定义强调了生存机会公平,体现了发展的约束性目标,构成发展的底线约束;"义"的定义明确了正义的群众内涵,正义就是群众共识形成的共同契约,明确了正义的主体是群众、主权在群众、目的为群众的正义三大构成;"道"的定义立足人本主义,明确了追求财富是人的自然天性,是群众的天然诉求,因而劳动追求财富具有群体正义性。中国古典人本主义的核心是以人为本,语出《管子》"夫霸王之所始也,以人为本。本理则国固,本乱则国危";《尚书·泰誓中》"天视自我民视,天听自我民听",把人看作发展的根本目的,也把人看作发展的根本依靠,人们归纳为"为了人民,依靠人民"。实践范式是关于价值范式的实践内涵,《荀子》的"人能群,彼不能群也"和《周易》的"元亨利贞",实质是群众路线。在价值范式中,着力通过"义"强调了共识和公约,形成了正义为主要特点的价值追求体系,故把这个价值体系称为价值正义体系,简称价值正义。同时,共同富裕的价值范式称正义范式。由此,中国古典经济学的价值体系是价值正义体系,价值范式是正义范式,实践范式是群众路线,即,共同富裕=价值正义=群众路线。有时价值范式也称价值路线,对应群众路线。

在这里,正义的原意是遵循真理的共识和公约,通过共商、共情、共识、公约、共有、共治、共建、共享的公共选择过程来形成社会契约和实践社会契约,由此分配价值和分配产权,实现价值分配的人文性要求,产权分配的真理性要求。《文韬》说"与人同忧同乐、同好同恶者,义也",忧乐和好恶的主体是群众,表达忧乐和好恶的主权在群众,满足忧乐和好恶就是为了群众;《荀子》说"水则载舟,水则覆舟”,群众是实践的主体;《泰誓》说“天视自我民视,天听自我民听”,群众是表达需求的主权所有者;《文韬》还说“同天下之利者则得天下,擅天下之利者则失天下”,发展是为了群众。所以,立足人本主义,正义的三大构成是“主体是群众、主权在群众、目的为群众”,从而,正义性在本质上是群众共识,形式上是共同契约,简称共约,也称公约或社会契约[①]。所谓“三义一约”,“义”是共同契约,“约”带纠结的偏旁,是需要大家共同遵守的,因此需要处理纠纷,求同存异;共同契约需要通过商议才能达成共识、形成公约,这个“义”是“议”出来的,有“言”字边;公约内化于心就是“义”,这个“义”无影无形却无处不在,所以没有偏旁;公约外化于行就是“仪”,是要通过人的行为表现的,所以是“人”字偏旁。合乎真理称“合理”,合乎人文称“合情”,合乎契约称“合法”,“情、理、法”构成正义的三大内涵,正义是“情、理、法”的辩证统一。所以,正义本身就是“从群众中来,到群众中去”的内涵和过程,群众属性是其本质。中国文化强调正义的群众属性,群众共识需要通过辩证关系和辩证过程来实现,包括形式辩证和内涵辩证。实现价值正义需要有辩证形式,构成买卖的双方,通过讨价还价的充分辩论。简单说,正义的古典含义是合理共识——合理的社会契约,需要通过辩证来实现。

因此,市场不是既成事实,市场是为了实现价值正义——人们创设的辩证机制。《周易·系辞》说“交易而退,各得其所”,本质是通过市场交易实现“各尽所能,各得其所”的价值正义,人们用价格表决、用货币投票,通过市场交易实现价值正义,包括了价值分配和产权配置两个层次。在价值分配上,自由参与和充分协商的交易形成市场定价,合理划分了生产者剩余和消费者剩余,从供给侧和需求侧两端实现了价值分配的价值正义;在产权配置上,一方面是市场通过自由参与和优胜劣汰决定了供给主体,从供给侧实现了产权配置的价值正义,另一方面是赋予了消费者购买决定权,从需求侧实现了产权配置的价值正义;这样就从供给侧和需求侧两端实现了产权配置的价值正义。价值正义通过

① 卢梭.社会契约论[M].北京:商务印书馆,2003:156.

买卖双方的讨价还价来实现，本质是使用价值和劳动价值的统一，卖方代表使用价值，买方代表劳动价值，这就从结构关系上把价值分析与供需分析结合在一起。中国古典经济学从结构关系和流量关系上形成了价值分析与供需分析的一体化，由此构成了中国古典经济学的根本特征。即是说，立足人本主义，把价值正义确立为经济逻辑体系的原点（起点），从价值正义展开经济逻辑体系，用价值正义统一价值分析和需求分析，这是中国古典经济学的根本特征，也构成了中国古典经济学与其他经济学派的根本分野。

前面提到，在价值正义的框架内，经济繁荣就是生产关系适应生产力的结果，通过主观认同激励群众劳动的积极性和协作性形成动力，通过客观合理赋能群众劳动的创造力和协作力形成能力，社会劳动力能够得到充分开发和有效运用，通过充分开发累积强大的生产能力，通过有效运用创造庞大的社会财富。所以，价值正义是群众路线的逻辑主线，群众路线是价值正义的实践主线，而且正义本身是群众路线的内涵，正义的基本构成就是“主体是群众、主权在群众和目的为群众”。因此，价值正义和群众路线是同一个硬币的两面，构成经济繁荣的一体两面。这里的群众不是抽象的群众，而是协作劳动共同创造价值的群众，是躬身入局利益相关的群众。

其实，自然的馈赠不足，人们生活存在短缺，这种不足和短缺是结构性稀缺。自然供给不足，需要通过劳动调整供给，而人类的劳动沿着群众路线与技术路线展开，两条路线交织在一起。其中，知识是创造财富的核心要素，技术路线是劳动的指向因素；劳动是创造财富的能动因素，群众路线是劳动的第一因素。

群众路线的本质是有组织、有分工、大规模的社会协作，它形成两个问题，一是真理问题，包括自然规律、社会规律和人的发展规律，这些规律构成了真理问题，人们对真理问题的认知构成了客观正义；二是人文问题，人们对自然规律、社会规律和人的发展规律的偏好和信仰构成人文问题，人们对人文问题的认知构成了主观正义。主观正义与客观正义的关系是群众路线的根本问题，构成价值正义的核心内涵。

2. 人的奋斗状态是经济繁荣的根本内因

《左传》说“禹、汤罪己，其兴也悖焉，桀、纣罪人，其亡也忽焉”。这里谈的是社会发展的兴衰问题，指出了决定事物兴衰之根本在于主观内因而不在客观外因，自我革命是解决社会兴衰的根本出路。

经济是人的社会实践活动，人的奋斗状态构成了经济的主观内因，是经济繁荣的根本动力。所谓主观内因就是与人们自身努力和能力相关的因素，客观因素就是个人意志之外的因素，比如，对于人的健康，生活规律是主观内因，人的年龄是客观因素。因此，经济繁荣需要人们的努力奋斗，而群众路线是经济繁荣之本。

《荀子·王制》说“人能群，彼不能群也”，提出了古典的群众路线；《周易·乾》说“元亨利贞”，提出领导班子建设、文化建设、制度建设和组织结构建设等四大组织建设，其中，元亨象征的班子建设和文化建设针对人，利象征的制度建设针对财和物，贞象征的组织结构聚焦在干事，由此启示人们做事的排序是“人财物事”，把人排在第一位，并且提出了“仁者聚人”的群众路线思想；《荀子·王制》说“群道当，则万物皆得其宜”，“水则载舟，水则覆舟”，指出了群众路线中组织的重要性；《庄子·逍遥游》提出水积不厚则负舟无力之论，《论语·卫灵公》说“群而不党”，《荀子·王制》说“多力则强”，都指出了群众路线中规模的重要性，拒绝孤立和小集团。

因此，群众既是“群”又是“众”，“群”强调了组织性，这是从结构上形成力量的“乘法效应”，人们集聚在一起，需要有共同的目标，有共同遵守的准则，形成分工和协作，凝聚和增强力量；“众”强调了规模性，这是从数量上叠加力量的“加法效应”，所谓“人多力量大”、“众人拾柴火焰高”；群众观认为能够动员多少群众就能够汇聚多大力量，群众路线就是调动最广大人民，有组织地开展社会化大协作，所以，群众路线是成事之基、立业之础，也是经济繁荣之本。

价值正义是群众路线的主线，是经济繁荣之根。《资治通鉴》说子思以“先利之”解释《易》的“利者义之和也”,认为合理的共同富裕是动员和组织群众的首要因素。《六韬》提出“仁、德、义、道”的“三归一赴”,认为人的天性就是恶死乐生,既希望生存有所保障,又希望自由追求财富,所以,能够保障自由发展条件的发展机会公平就是“仁”,能够保障基本生存条件的生存机会公平就是“德”,由此构建起人们的群体共识,形成社会契约,而能够达成、尊重和信守群体共识就是“义”,能够保障人们利益而实现劳动创富就是“道”,所谓“道”就是实现“义”的路径,因为通过共同的利益和谐才能达成共识、尊重共识和捍卫共识。

而“道”是中国哲学的最高范畴,既有“规范”的含义,也有“路径”的含义,在这里以“利”来定义“道”,就是以利称道;同时,“义”是辩证之后的共识,核心是共同富裕,“利”是实现共同富裕的路径,也是实现“义”的路径,就是以利称义;“利”的经济含义就是“劳动剩余”,也称劳动剩余价值,是价值比较的概念;“以利称道”和“以利称义”的“称”包含了两层含义,在定性的维度上以“利”定义“道”和“义”,在定量的维度上以“利”称量(测度)“道”和“义”,所以,“道”是价值路线,“义”是群众路线,“道义”构成了价值路线和群众路线两条交织在一起的主线,构成了价值正义的体系,强调以经济利益落实群众路线,强调真正给人民实惠。

所以,仁、德、义、道构成了价值正义的基本范式,是凝聚共识和汇聚力量的本质所在,自然就是群众路线的主线。由此,中国传统文化提出了共同富裕的“价值正义↔群众路线↔经济繁荣”的经济繁荣范式,即价值正义与群众路线的互为因果、群众路线与经济繁荣的互为因果,称“两个互为因果”。所以,价值正义是经济繁荣之根,群众路线是经济繁荣之本,价值正义和群众路线就是经济繁荣的根本。

3. 经济繁荣的三位一体、两个层面和一个本质

一是市场繁荣的三位一体。市场是人们为了实现价值正义而创设的体现辩证逻辑的实践形式,市场一经创造出来,经济就形成了现象、本质、逻辑的三位一体,经济发展在现象上是市场的繁荣,市场交易总量的增多和质量的提升;在本质上是生产力的发展,社会供给能力和消费能力的提高;在逻辑上是价值的增长,人们更多的需求得到更好的满足;所以,经济发展就称为经济繁荣或市场繁荣。

二是市场繁荣的两个层面。《周易·系辞》说“形而上者谓之道,形而下者谓之器”,财富与价值是同一个硬币的两面,在“道”的层面上是价值(价值有效用与成本两个层次,效用的度量是使用价值,成本的度量是劳动价值,价值是使用价值和劳动价值的辩证统一),在“器”的层面上是财富。所以,市场繁荣既是财富的增加又是价值的增长,财富是价值的形式,价值是财富的本质。

三是经济繁荣的一个本质。需求引导供给,供给满足需求和创造需求,劳动是供给的本质,劳动的主体是劳动者,劳动者既是个体也是群体,因此,劳动创造财富、劳动创造繁荣。一个组织能够坚持群众路线,能够依靠群众、发动群众和组织群众,它就能够调动劳动者的协作和奋斗精神,激励最大数量的人群投身经济建设,它就能够创造繁荣。

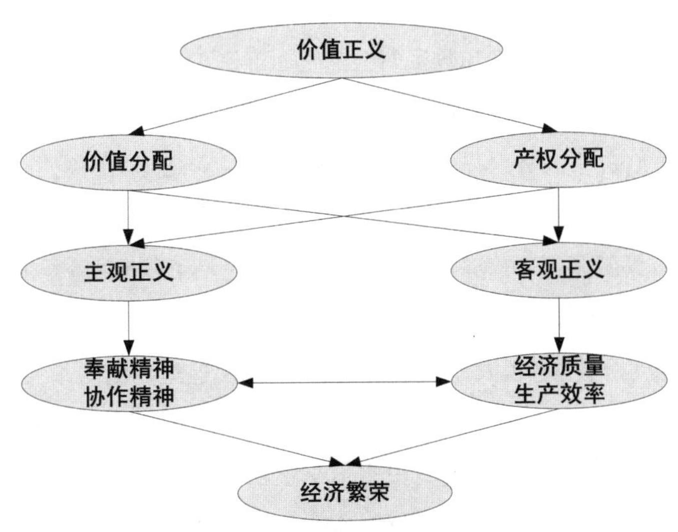

图 1-2　经济逻辑的基本框架

4. 价值正义的基本内涵

价值正义本质是“各得其所”，内容涉及资源配置的状态及人们对这种状态的认同。资源配置是生产关系的内涵，其核心是价值分配和产权分配。价值分配是劳动成果的分配，产权分配（产权配置）是劳动资源的配置；劳动成果通过再生产转化为劳动资源，价值分配转化为产权分配；产权分配影响劳动能力，在归因原则下产权分配影响价值分配。价值分配包括产品的分配、产品的价值分配和它们的产权分配，衍生出分配方式和交换方式，分配方式包括谁能获得、获得什么、获得多少、怎样获得，决定了谁来消费、消费什么、消费多少、怎样消费，交换方式决定了谁来交换、交换什么、交换多少、怎样交换等。产权分配包括谁来决定、谁来生产、生产什么、生产多少、怎么生产、生产资料归谁所有、产出产品归谁分配。人们对价值分配和产权配置状态的认同及其程度构成主观正义，主观正义与奋斗的努力正相关，是人文问题。人们获得的价值分配和产权配置越多则奋斗能力越强、效率越高，所以，价值分配和产权配置与人的能力存在匹配关系。让适合的人拥有适合的资源做适合的事才能提高劳动效率，这种匹配关系的客观优化水平即是客观价值正义，是真理问题。客观正义与奋斗的效率正相关，其中效率包括质量和数量两个维度。价值正义的“各得其所”包括了价值分配的各得其所和产权分配的各得其所。主观正义决定了“各尽所能”的意愿水平，即人们奋斗的努力程度，称主观各尽所能；客观正义决定了“各尽所能”的能力水平，即人们奋斗的效率水平，称客观各尽所能。所以，价值正义更完整的内涵是“各尽所能，各得其所”，而“各得其所”包括了得到“各尽所能”的机会和结果，首先是能够获得合理的劳动机会，然后是合理地分配劳动成果，所以也能够蕴含“各尽所能，各得其所”的价值正义内涵。这里我们用水芙蓉作为价值正义的图腾，水芙蓉又称荷花，《离骚》中有“制芰荷以为衣兮，集芙蓉以为裳”。水芙蓉属莲科，“青莲”通“清廉”，没有不义之财，这是价值正义的基础；出水芙蓉在水莲，荷花的“荷”也是“负荷”的“荷”，需要努力才能出水，“荷”是能够挺膺担当努力奋斗；芙蓉的“芙”音“扶”，“扶”是能够团结协作相互帮助；芙蓉的

“蓉”音“荣”，清廉正义、努力奋斗、团结协作就能够创造繁荣，这是价值正义的基本内涵。

主观正义的水平越高，人们工作动力越强，实现“人乐其用”；客观正义的水平越高，人们工作能力越强，在资本积累的范畴内实现“人尽其才”，在资本集中的范畴内实现“物尽其用”，奉献精神和协作精神与生产质量和生产效率相互正向影响。

因此，价值正义的基本内涵是“仁德义道”，其中，集体主义的辩证观为基础，人本主义为基本立场，唯物主义世界观为基本观点，辩证思维方法论为基本方法。确立追求生存和追求利益的天性论，劳动创富的正义论，利益称量道德的价值论；以此三论为基础，确立天道酬勤的信念，明确劳动是创造财富的主观能动因素；确立按劳分配作为财富分配基本原则、公平和效率作为资源配置基本原则，确立共同富裕作为社会汇聚共识、凝聚力量和团结奋斗的共同价值观。在这里明确按劳分配划分为两类，一类是纯粹按劳分配，就是只有按劳分配一种原则，除此之外没有其他分配原则；另一类是按劳分配为主多种形式并存的分配方式，比如，股份制度存在资本分配，但是如果存在充分的资本市场竞争，资本获得的分配匹配于其承担的风险，社会具有合理制衡资本的政治力量、经济力量和社会力量，企业拥有合理的治理结构，那么资本的存在是为了弱化和消除逆向选择和道德风险，从而达成资源配置优化，实质上就是围绕按劳分配来构建制度。这就是按劳分配主导的分配形式，称一般按劳分配。本书不做特别说明为纯粹按劳分配的都指一般按劳分配。

通过价值正义实现价值路线与群众路线的内在统一，构建群众能够广泛和有效参与的共商、共情、共识、共约、共有、共建、共治、共享的社会价值创造体系。其中，共约是共识的形式，包括法律、制度和规范，等等，共识是本质，社会契约是形式。

价值正义决定经济繁荣，这是经济的基本逻辑。群体创造财富的能力取决于群体拥有劳动力的质量和数量以及群体对劳动力的激励和运用，其中，激励是核心,人们是为了获得价值才创造价值,所以,群体价值正义的状况决定了个人价值创造的动力和能力,反过来又决定了群体价值创造的能力和空间。因而,经济繁荣存在一个价值范式:价值正义的状况或水平→协作精神+奉献精神→经济发展,如图1-2所示,这个价值范式构成了经济逻辑的基本框架。纵观历史,人类社会的发展就是价值正义不断实现的历史,随着价值正义的水平不断提高,人类经济的发展水平不断提高,经济的市场繁荣程度不断提高。

历史照亮未来,经济繁荣是树,群众路线是本,价值正义是根,根深本壮才能枝繁叶茂。繁荣的水平取决于劳动创造的水平,劳动创造的水平取决于群众参与劳动的水平,群众参与劳动的水平取决于共同富裕的水平,人们要想获得更高水平的繁荣就需要实现更高水平的价值正义,国家如此,地区、企业和任何组织也都是如此。《黄帝内经》说"提挈天地,把握阴阳",价值正义就是经济社会发展的提挈之纲和把握之要,价值正义就是繁荣之路。

二、在传统文化中理解价值正义

价值正义是中国传统经济文化的核心理念,其内涵源头丰富,这里主要从《六韬》《周易》和《道德经》等来解读,《六韬》和《周易》提出了价值范式,《荀子》和《周易》提出了群众路线,《道德经》等提出以辩证法实现正义,这些共同构成了价值正义体系。

(一)价值正义是一个体系

1. 价值正义的基本框架

中国古典正义是价值正义的基本框架。中国古典正义包括本质、内容和实现方法三个基本方面,其中,本质上是"各得其所"——各人能够得到自己应该得到的。客观上的应该是真理问题——什么是应该,主观上的应该是共识问题——如何判定应该,因此内容上是真理与共识;既满足真理性要求也满足共识性要求。实现方法上是辩证机制。价值正义是价值领域的正义，各得其所主要表现为价值分配和产权分配，辩证机制表现为市场机制为核心的经济辩证法体系。

正义的内容包括了“正”和“义”两个范畴，“正”反映“客观应该”，指满足真理性要求，即合乎规律之谓正，“观乎天文”的“天文”就是真理范畴；“义”反映“主观应该”或“共同希望”，指满足共识性要求，即合乎人心之谓义，“观乎人文”的“人文”就是共识范畴；“正义”就是合乎真理的共识、正确的共识。人们的共识若合乎真理，构成正义，社会就能够顺利发展；人们的共识若违背真理，社会发展就会遭遇挫折。因此，制度的有效性需要正义性保障，既要合乎人文、合乎人心，具有群众基础，能调动人们的积极性和创造性，形成奋斗动力，又要合乎真理、规律，具有自然基础，人们能够获得规律的赋能，形成奋斗能力。价值正义的规律与人心形成了四种组合：一是合乎规律也合乎人心，二是合乎规律但背离人心，三是合乎人心但背离规律，四是既背离规律也背离人心。第一种情况满足正义要求，能够带来经济繁荣，其余三种则相反。而且，中国古典正义观认为，涉及真理认知问题和分类共识问题，正义未必是一元共识，更多是多元共识和并存发展，在实践中比较和竞争，在实践中检验和发展真理。这种正义观强调实践性，警惕简单逻辑假设的预设正义。虽然逻辑推断有其合理的一面，能够从数学上排除一些存在内在矛盾的结果，但是不能过度夸大逻辑推理的作用，需要审慎对待逻辑推理，比如，经典的“无知之幕”假定人性为规避风险偏好，没有考虑现实存在的喜好风险和风险中性两种偏好，造成理论与实践的脱离。因此，中国文化的正义观是实践的正义观，对于简单逻辑推断采取比较慎重的态度。

共同富裕是经济繁荣之根。《六韬》界定价值正义的价值范式是“仁德义道”。仁：共同富裕，自由竞争。德：生存第一。义：协商共识，共商、共情、共识、共约、共有、共治、共建、共享。道：效率优先，共同富裕。“仁德义道”四字合成价值正义的价值范式，着力强调价值范式的内涵。所以，中国传统经济思想认为，价值范式就是繁荣之根。由此构建了价值范式的四大支柱“仁、德、义、道”，并归纳为“三归一赴”，组合成“仁德”和“道义”两个层面，确立了价值正义的共同富裕和集体共识原则。

群众路线是繁荣之本。群众路线是价值正义的核心，《周易》界定价值正义的实践路径是“元亨利贞”。元：仁，共同富裕。亨：财、礼，财富聚人，文化聚心。利：利，效率优先；但“利者，义之和也”，义，共商、共情、共识、共约、共有、共治、共建、共享。贞：正，坚守正道；干，实干笃行。合起来就是共同富裕，通过共商、共情、共识、共约、共有、共治、共建、共享，实现效率优先，保守正义，实干笃行，其中，保守是捍卫和坚守之意，“元亨利贞”四字合成价值正义的实践范式，强调了价值正义的群众路线实践过程。

辩证法是实现价值正义的根本方法。《道德经》说“万物负阴而抱阳，冲气以为和”，强调了矛盾双方的对立统一是事物发展的根本动力，因而，在认识论上强调通过辩证法来求得真理和达成共识。辩证法来自辩论，辩论才能内涵矛盾和对立统一，因而强调形式上设立对立双方的博弈和辩论，本质上提供一种机制，帮助人们既防止外部的干扰又突破自我的藩篱，更好求得思想解放。因而，辩证法的对立双方博弈和辩论是支撑价值正义的实现形式。《周易·乾卦》说“用九，见群龙无首，吉”，提出了实质辩证与形式辩证的问题，强调了辩证关系中势力均衡的重要意义，认为只有势力比较均衡，人们才能避免观点垄断，才能自由表达思想，从而形成真正的共识，这样的辩证关系才是实质辩证，否则就只是形式辩证。因此，辩证法既是追求真理之道，也是实现正义之路。

人的正义是价值正义的关键因素。《礼记·中庸》说“博学之，审视之，慎思之，明辨之，笃行之”，强调了价值正义中人的核心作用。价值正义内涵的形式正义包括程序、原则和人力三大要素，原则正义需要依靠程序正义和人力正义来实现，价值正义可以分为程序正义和人力正义。其中，程序正义由辩证法的形式设计来完成，不再赘述。而人力正义则是价值正义的核心，人力的基本构成包括博学、审视、慎思等思想内涵和笃行的实践内涵。因此，人力正义包括人的素质的提升和人对正义的追求，是价值正义的核心要素，这是中国人本主义思想的表现。

2. 价值正义的四大正义内涵

“德”是共同富裕的底线思维，“德”要求保障集体内部每一个人的生命安全，表达了人们对平等生命权的要求，即生存的机会是平等的。

“仁”是共同富裕的发展思维，“仁”要求给予集体内部每一个人公平的发展机会，给予平等的发展自由，“仁”表达了人们对平等自由权的要求，核心是竞争，正如《沁园春·长沙》所写的，“万类霜天竞自由”。

“道”是效率路径，它肯定了追求存在、追求财富和追求生命的精彩是人类的天性，同时它告诉人们，发展经济是实现共同富裕的根本路径。

“义”是正义路径，它肯定了追求存在、追求财富和追求生命的精彩是人类的基本正义，同时它告诉人们，价值分配是实现共同富裕的核心。因为，在整体上人们依靠劳动创造财富，在个体上人们依靠分配获得财富，因此，价值分配是价值正义的核心。价值正义是繁荣之路，而价值正义需要走群众路线，通过民主集中制，经历充分的自由表达和辩论，汇聚个人认知构建集体共识，才能够解决价值分配问题。

3. 价值正义的两层次逻辑关系

“仁德”构成了价值正义的价值目标，“道义”构成了价值正义的实践路径，两者构成了价值正义中目标与方法的关系。

在价值目标上，“仁德”确立了共同富裕就是价值正义的目标，其中，“仁”是发展目标，“德”是生存目标，两者构成了生存与发展的关系，生存是底线，发展是追求，两个方面的有机结合形成共同富裕的基本价值构成，是价值正义的基本内涵。

在价值工具上，“道义”确立了共同富裕的实践路径：一是财富总量要足够，这是价值创造维度要解决的问题；二是财富结构要合理，这是价值分配维度要解决的问题。而价值分配决定价值创造的动力和能力，从而决定价值创造，因此，价值分配是共同富裕的核心问题。

因此，《六韬·文韬·文师》提出“仁德义道”的“三归一赴”，其中的“义”用“赴”，就是强调了价值分配的重要意义，也为后来的“共赴大义”奠定了文化基础。所以，价值正义的内涵既有价值目标也有价值工具，既提供奋斗目标又提供实践路径。

(二)价值正义的两点保障

1. 形式正义是价值正义的必要条件

《六韬·文韬·文师》用“赴”字来强调“义”的重要性，“义”与“议”相通，人们议出来的共识就是义，大义就是大家共同的价值追求。这里的“议”就是通过设立正反两方充分讨论、辩论的意思，是辩证法的实践形式。《道德经》说“万物负阴而抱阳，冲气以为和”，强调事物内涵的矛盾关系是事物发展的根本，矛盾双方的激荡冲突是事物发展规律的成因，因而在认识论上着力强调辩证法，强调辩证法的根本形式是设立对立双方展开辩论，本质是在辩论中求索真理。

《周易·系辞》说“拟议以成其变化”，强调了辩论和争论在辩证法中的地位，“辩证”一词的原始含义就是通过辩论求证真理，辩论和争论是辩证法的基本形式，需要严格遵守，才能坚持程序正义。《周易·乾卦》说“用九，见群龙无首，吉”强调了自由表达和论争是共识的基础，如果存在势力过于强大的一方而垄断意见的表达，本质上就是预设正义，就不是辩证关系。《礼记·中庸》提出了“执其两端，用其中道”的辩证原则，强调在设立两个矛盾对立的理论和观点，在各自理论和观点上要“执其极端”，不搞调和，才能在辩论中形成真理；在实践中则需要力戒偏颇极端，需要正确运用矛盾对立形成的真理。

《六韬·文韬·文师》用“赴”来形容“义”，是人们内心的追求，“道、德、仁”是人们所归依，即是心灵寄托，用“归”来形容，这就是“三归一赴”自身的内在逻辑结构，人们也说“共赴大义”以强调“义”的特殊重要地位，强调辩证过程对价值正义的根本保障。

所以,“议”是达成共识的辩证过程,辩论是辩证的实现形式,本质是充分地保障自由,因而,“义”在形式上是人们的共识,在实质上是人们的自由,所以是人们的价值追求。

所以,经济辩证法是价值正义的形式体系,构成价值正义的实现形式,是价值正义的重要工具支撑。《论语》说“工欲善其事,必先利其器”,强调了工具的重要性,对于价值正义具有重要意义。

2. 人力支撑是价值正义的重要条件

形式正义是价值正义的必要条件而不是充分条件,其中还存在人的因素,人与形式的关系就是人与工具的关系。

《礼记·中庸》说“博学之,审视之,慎思之,明辨之,笃行之”,它从信息的视角强调了人的博学、审视、慎思对价值正义的重要性,从实践的视角强调了笃行对价值正义的重要性。因此,人的因素是价值正义的核心要素。

同时,这里也强调了价值正义的人力资本保障路线,就是要从博学、审视、慎思的角度来保障明辨。《荀子》说“圣人者,人之所积而致也”,因此需要加强教育,提高人们的素质和知识水平。

三、在数学模型中理解价值正义

数学是人们认识世界的慧眼,它拂开真理的遮蔽,呈现真理的实相。

(一)经济实践的数学抽象模型

经济实践是价值创造的优化活动,在一定约束条件下展开。经济目标划分为优化性目标和约束性目标,优化目标构成目标函数,约束性目标与资源约束、均衡约束构成三类约束条件。其中,资源约束与均衡约束构成条件约束,约束性目标与资源约束构成底线约束。数学把带约束条件的优化问题称为数学规划,所以,经济实践的数学抽象总体表现为特定的数学规划模型。在共同富裕的目标中,“德”的四德政构成了生存底线,是约束性目标;“仁”的机会公平与竞争发展构成了发展的优化性目标,是目标函数的内涵;数学规划求解的拉格朗日乘子法表明,约束条件优先于目标函数,因此约束性目标优先于优化性目标。

经济实践的数学规划模型:

$$Max:Z=m_k^v+\sum_{i=1}^{k}(v_i)=m_k^v+\sum_{i=1}^{k}[\sum_{j=1}^{3}(v_i^j)],i\in[1,\cdots,n],j\in[1,2,3]$$

$$st.\begin{cases}\sum_1^k m_i^o=\sum_1^k[m_i-(m_i^\Delta+m_i^x)]\geqslant 0 & (1)\\ v_k=v_k^1+v_k^2+v_k^3,c_k=c_k^1+c_k^2+c_k^3,m_k=h(v_k,c_k)-(v_k+c_k) & \\ p_k=h(v_k,c_k)-(v_k^2+c_k^2),m_k=p_k-(mp_k^1+v_k^3+c_k^3),mp_k^1=(v_k^1+c_k^1) & \\ mp_k=mp_k^1+mp_k^2,mp_k^2=m_k^v+(\Delta v_k^1+\Delta c_k^1)+m_k^1,m_k^\Delta=(\Delta v_k+\Delta c_k) & \\ m_k=\sum_{j=1}^{3}[(\Delta v_k^j+\Delta c_k^j)]+m_{k+1}^x+m_k^o=m_k^\Delta+m_{k+1}^x+m_k^o & \\ m_k^x=m_k^v+m_k^c,m_k^o=m_k^1+m_k^2 & \\ v_{k+1}=v_k+\Delta v_k,c_{k+1}=c_k+\Delta c_k,v_{k+1}^j=v_k^j+\Delta v_k^j,c_{k+1}^j=c_k^j+\Delta c_k^j & \\ av_k^j>pv_k^{*12}>am_k^v\geqslant am_k^*\ ,j=[1,2] & (2)\\ pv_k^{*12}=Mix(pv_k^{*1},pv_k^{*2}),pv_k^{*j}=Mix(pv_k^{ji}) & \\ v_k^j=\sum_1^{q_k}(pv_k^{ji}),av_k^j=v_k^j/q_k^j,am_k^v=m_k^v/q_k^v & \\ m_k=(m)_k+v_k+c_k)-(v_k+c_k)=h(v_k,c_k)-(v_k+c_k) & (3)\\ \text{令 } m_k^o=0,\text{则 } m_k=m_k^\Delta+m_{k+1}^x & \\ m_k=\text{Ⅰ}(m_k)+\text{Ⅱ}(m_k),v_k=\text{Ⅰ}(v_k)+\text{Ⅱ}(v_k),c_k=\text{Ⅰ}(c_k)+\text{Ⅱ}(c_k) & \\ m_k^\Delta=\text{Ⅰ}(m_k^\Delta)+\text{Ⅱ}(m_k^\Delta),m_k^x=\text{Ⅰ}(m_k^x)+\text{Ⅱ}(m_k^x) & \\ \text{Ⅰ}(v_k+m_k^x)=\text{Ⅱ}(c_k) & (4)\\ \text{Ⅰ}(v_k+c_k+m_k^x)=\text{Ⅰ}(c_k)+\text{Ⅱ}(c_k) & (5)\\ \text{Ⅱ}(v_k+c_k+m_k^x)=\text{Ⅰ}(v_k+m_k^x)+\text{Ⅱ}(v_k+m_k^x) & (6)\\ \cdots\cdots otherst\cdots\cdots & \end{cases}$$

对模型作如下说明：

（1）约束的引入带来了一个对称的概念就是自由，可以从数学和经济学上理解自由的内涵和意义。从数学上看，自由是减少约束的维度和放松约束的程度，从而提高优化的水平。从经济视角看，自由是减少约束的维度和放松约束的程度所耗费的成本降低，从而提高优化水平，也就是说，自由就是达到目的的成本更低，或者说，自由就是获得的价值水平更高。因此，自由是价值正义的核心内涵，具有极其重要的意义。

（2）模型的求解方法大体分为三类：有效算法、精确算法、启发式算法。①有效算法的计算原理满足求解的充分必要条件，每一步局部寻优都走在全局寻优的路径上，没有非必要的运算量，不会产生组合爆炸问题[①]，又一定能够找到全局最优。②精确算法亦称全局最优算法，它的计算原理满足求解的充分条件而未必满足必要条件，因为不满足必要条件，因而存在非必要运算量，造成组合爆炸问题，算力要求高，未必能够在时间约束内求解。③启发式算法的计算原理满足求解的必要条件而未必满足充分条件[②]，因为不满足充分条件，因而未必能够求得最优解，但是，满足必要条件，因而不存在非必要运算量，能够有效精简运算量，消除组合爆炸问题，降低算力要求，在时间约束内求得满意解，故也称满意算法，是运用得最广泛的一种算法。启发式算法的一个大类是局部最优算法，而全局寻优一定是局部寻优，局部寻优未必是全局寻优，因此局部寻优是全局寻优的必要条件而不是充分条件，也因此，局部寻优算法是启发式算法。启发式算法的另一个大类是智能算法，它引入了概率原理，对启发式算法进行堆叠、组合和优化，加快收敛速度和提高求解精度。有类问题的特征是容易产生运算量的组合爆炸问题，比如著名"旅行商问题（TSP）"就是此类问题。前面（3）所提到的"满足"，是指能够从数学上证明算法的计算原理，而"未必满足"

---

① 赵禹骅，李可柏，任伟民.求简单有向图所有基本回路的强核图论算法［J］.西南交通大学学报，2004（5）：565-568.

② 赵禹骅，任伟民，李可柏.关于汉密尔顿最短路径的算法［J］.东方电气评论，2004（1）：42-46.

指不能够从数学上证明算法的计算原理。"非必要运算量"指运算原理不满足必要性导致寻优方向偏离目标进而产生的无效运算或称冗余运算,然而,这类运算可能帮助跳出局部最优的陷阱,构成充分条件的组成部分,也构成充分条件引发组合爆炸的原因。市场经济是一种分散决策,本质上就是把经济规划拆分成子规划进行局部寻优,属于启发式算法,因而避免了组合爆炸问题,有效满足实践要求,这是人类神奇的智慧。这种拆分寻优对应了"仁"的自由发展,每一个人都是一个局部寻优。

(3)时间是变化的客观要素,是经济变化的客观根本动力,因此经济规划总是关于时序的逻辑,我们引入下标变量 k 表示当期,$k-1$ 表示前期。由此构建"四个构成、三种因子和两大部类"的数学规划模型。其中,四个构成指公共产品的具体劳动和配置劳动、私人产品的具体劳动和配置劳动;三种因子指质量因子、效率因子、规模因子;两大部类指第Ⅰ部类和第Ⅱ部类,第Ⅰ部类是生产资料的生产部门,第Ⅱ部类是生活资料的生产部门。

(二)数学模型的内涵分析

1. 社会劳动的四个构成

社会劳动包括公共产品的具体劳动和配置劳动两类、私人产品的具体劳动和配置劳动两类,共四类。其中公共产品的劳动资金来源于财政税收,私人产品的具体劳动资金来源于企业工资,出资者的配置劳动资金来源于资本收益,构成三种资金来源:$v_k=v_k^1+v_k^2+v_k^3$,$c_k=c_k^1+c_k^2+c_k^3$;v_k^1 是政府公共投资中的劳动,对应的生产资料 c_k^1,其资金来源于税收 1;v_k^2 是企业劳动,对应的生产资料 c_k^2,其资金来源于工资预付和资本预付,由企业经营收入补偿;v_k^3 是资本的配置劳动,对应的生产资料 c_k^3,其资金来源于资本收益。税收 1 补偿公共投资($v_k^1+c_k^1$),构成了社会公共产品的总投资。社会再生产方程:$m_k+v_k+c_k=h(v_k,c_k)$中的 m_k 是剩余价值,也称劳动剩余。企业的税前利润 $p_k=h(v_k,c_k)-(v_k^2+c_k^2)$,所以,剩余价值 $m_k=p_k-(mp_k^1+v_k^3+c_k^3)$,其中,$mp_k^1=(v_k^1+c_k^1)$是税收 1,经济学上的营业税(不同于现实的会计学的营业税)，用于弥补公共投资($v_k^1+c_k^1$)；($v_k^3+c_k^3$)是资本配置的预付的补偿，投资者没有工资，其劳动预付未计入会计科目，只能来源于税后利润。所以，税后利润减去资本配置劳动的预付补偿才是社会真实的劳动剩余，即 $m_k=h(v_k,c_k)-(v_k+c_k)$。剩余价值 $m_k=[(\Delta v_k^1+\Delta c_k^1)+(\Delta v_k^2+\Delta c_k^2)+(\Delta v_k^3+\Delta c_k^3)]+m_k^x+m_k^o=m_k^\Delta+m_k^x+m_k^o$，其中 $m_k^\Delta=(\Delta v_k+\Delta c_k)$ 是追加投资；$mp_k^2=m_k^v+(\Delta v_k^1+\Delta c_k^1)+m_k^1$ 是税收 2，经济学上的增值税(参与剩余价值分配的税收，剩余价值是社会生产创造的价值增量，故称增值税，不同于会计学的增值税)，用于当期福利、公共投资的追加和财政盈余，有总税收 $mp_k=mp_k^1+mp_k^2$；$m_k^x=m_k^v+m_k^c$ 是非劳动消费，包括社会福利和资本超额利得，其中，m_k^v 是社会福利，不参与价值创造的劳动；资本超额利得是资本获得了超过其劳动贡献和风险贴水的部分，来源于其市场势力，构成了价值正义的争议焦点之一；社会盈余 $m_k^o=m_k^1+m_k^2$，m_k^1 是财政盈余，其对称是财政赤字，赤字未必好，盈余过度也不好，模型表明了盈余没有参与价值创造，所以，这给藏富于民赋予了新的内涵——更多用于追加投资而不是盈余；m_k^2 是未分配利润或库存，是社会生产的风险机制，但是不参与价值创造，因此需要适度合理，不是越大越好。所以，在长期动态讨论中，可以令 $m_k^o=0$。存在公式：$v_{k+1}=v_k+\Delta v_k$；$c_{k+1}=c_k+\Delta c_k$；$v_{k+1}^j=v_k^j+\Delta v_k^j$；$c_{k+1}^j=c_k^j+\Delta c_k^j$；$j\in[1,2,3]$。这些劳动的价值分配存在客观的合理比例，就是价值构成关系的合理结构，在这个结构下，各种劳动要素的边际效用相等，即 $a=\partial h/\partial v_k^j=\partial h/\partial vc_k^j$，此时达到了“人尽其才，物尽其用”，这就是客观价值正义的状态。如果不能达到客观正义，社会生产的效率就会受到影响，属于资源错配。如果人们对于价值分配没有满意因而奉献精神和协作精神不足，形成了主观价值正义问题，也会影响劳动效率。特别是当人们的共识错误时，劳动效率就会降低，或者是客观正义没有实现，或者是主观正义没有实现，因此，提高人们的素质和知识水平对于人们认识价值正义和经济规律具有重要意义。价值正义是经济规律的客观要求，人们遵循经济规律就能够促进经济发展，反之则会阻碍经济发展。

2. 关于条件(2)的说明

条件(2) $av_k^j>pv_k^{*12}>am_k^v\geqslant am_k^*$，$j=[1,2]$ 表明，平均工资大于个人最低工资

大于平均福利大于个人最低保障，个人最低保障是人们生存的基本要求（反映“四德政”），这是约束性目标的表达，反映价值正义的底线。其中，平均工资 $av_k^j = v_k^j / q_k^j$，q_k^j 是就业人数，即对应 v_k^j 的劳动人数，q_k^1 是政府就业人数，q_k^2 是企业就业人数，q_k^3 是投资创业人数；pv_k^{*12} 是实际最低工资；人均福利 $am_k^v = m_k^v / q_k^v$，q_k^v 是享受福利人数；am_k^* 是个人最低生活保障。不等式 $am_k^v \geqslant am_k^*$ 表明，社会福利要能够满足人们的基本生活保障，反映了生命平等，即生存权是第一位的。不等式 $pv_k^{*12} > am_k^v$ 表明，劳动者的劳动收入不低于福利水平，即，最低水平的工资也要高于纯粹福利水平，价值正义要求劳动创造的价值必须得到承认。不等式 $av_k^j > pv_k^{*12}$ 表明，工资具有差异，个人工资的高低正相关于个人的劳动贡献，亦称“按劳分配”，是归因主义的价值分配原则，反映了对劳动的鼓励，也是对劳动竞争的鼓励，本质上反映了对人们生命自由的尊重，所以，《沁园春・长沙》说“万类霜天竞自由”（反映“仁”）。

3. 劳动生产函数的三个因子

劳动生产函数 $m_k = (m_k + v_k + c_k) - (v_k + c_k) = h(v_k, c_k) - (v_k + c_k)$，其中，$h(v_k, c_k)$——价值的投入产出函数，也称结构生产函数。记为 $mcv_k = (m_k + v_k + c_k) = h(v_k, c_k)$，其结构生产函数描述：

$$mcv_k = h(v_k, c_k) = R_{(d,s)}(v_k^q, c_k^q) \cdot Y_s \{ T[\sum_{i=1}^{k-1}(v_i^e, c_i^e)], F(v_k^s, c_k^s) \}$$

$$= A(R)_{(d,s)}(v_k^q, c_k^q), T[\sum_{i=1}^{k-1}(v_i^e, c_i^e)] \} \cdot F(v_k^s, c_k^s)$$

$$= h\{ R_{(d,s)}(v_k^q, c_k^q), T[\sum_{i=1}^{k-1}(v_i^e, c_i^e)], F(v_k^s, c_k^s) \}$$

其中，结构生产函数 $h(v_k, c_k)$ 由质量因子 $R_{(d,s)}(v_k^q, c_k^q)$、效率因子 $T[\sum_{i=1}^{k-1}(v_i^e, c_i^e)]$ 和规模因子 $F(v_k^s, c_k^s)$ 决定；有 $v_k = v_k^q + v_k^e + v_k^s$ 和 $c_k = c_k^q + c_k^e + c_k^s$，即，投入的活劳动 v_k 和生产资料 c_k 分解为质量因子的投入 (v_k^q, c_k^q)、效率因子的投入 (v_k^e, c_k^e) 和规模因子的投入 (v_k^s, c_k^s)。

在生产函数中，质量反映了供给 s 与需求 d 的匹配关系，更广义地说是实然与应然的关系，因而产出的价值是质量因子 $R_{(d,s)}(v_k^q, c_k^q)$ 与产出 Y_s 的乘积，即 $mcv_k = R_{(d,s)}(v_k^q, c_k^q) \cdot Y_s$，所以，质量是效率的基础，效率在质量的基础上展开，提升质量才能提高效率扩张带来的价值；效率反映人、财、物的投入产出关系，本质上还是劳动的投入产出关系，$Y_s = Y_s\{T[\sum_{i=1}^{k-1}(v_i^e, c_i^e)], F(v_k^s, c_k^s)\}$，所以，效率是规模的基础，规模在效率的基础上展开，提升效率才能提高规模扩张形成的价值创造；这个层次关系是结构生产函数三大因子的内在逻辑。

这里涉及数量思维与质量思维的问题，数量是规模问题，质量是结构问题，数量是规模的扩张，质量是结构的优化，数量是规模自身更大，质量是结构匹配更优，所以，数量思维是流量问题，质量思维是结构问题。以学术水平的评定为例，用论文数量的多少来衡量比较是数量思维，用代表作水平来衡量比较是质量思维。质量与数量的关系是结构与流量的关系，或称结构与规模的关系。

效率因子 $T[\sum_{i=1}^{k-1}(v_i^e, c_i^e)$ 表达了科技知识的累积情况，与质量因子和规模因子不同，效率因子具有累积性，以其无磨损性为基础，所以，知识的累积是生产力发展的核心，也是人类生产力不断提升的内在逻辑。质量因子和规模因子中劳动投入的成果都在生产过程中磨损和折旧，需要从生产成果中补偿，但是，知识不会磨损和折旧，人们通常从会计的角度对知识做出价值磨损和折旧是相对价值意义上的处理，是科技进步带来的新知识导致原有知识价值创造能力相对下降，但绝对意义上没有磨损，知识的累积才是生产力发展的本质，也是人类占据自然竞争顶峰的依凭。记得 1980 年参加一个数学兴趣小组，有一次讨论“用复数寻找宝藏”的问题①，当时我有一种发现新世界的感觉。平时看到的世界是一个实体的世界，数学带来了另一只眼睛，让我看到实体背后的几何世界和数学世界，并内生出数学的符号审美——数学在探索世界的功能主义外生价值之外，还有求道主义追求内心快乐的内生价值。那时我才想起“万物皆数”和“大衍之数”的哲学观念，有一种生命浴火、灵魂重生的感觉，一种“天地与我并生，而万物与我为一”的顿悟，最后我得出的结论是：真正的宝藏不是人们埋藏于地下的财富，而是大自然隐藏的知识和奥秘。

---

① 乔治·伽莫夫.从一到无穷大[M].北京：科学出版社，1978：31.

效率因子表明效率是科技创新累积的结果，规模因子 $F(v_k^s, c_k^s)$ 则表明规模是一定科技水平条件下的技术扩散的结果；科技创新提供了效率的基础、前提和潜力，技术扩散则在科技创造的基础上形成实际生产力，后者是规模因子所表达的经济意义。所以，产出函数 $Y_s = Y_s\{T[\sum_{i=1}^{k-1}(v_i^e, c_i^e)], F(v_k^s, c_k^s)\}$ 表明，生产力的发展包括科技创新和技术扩张两大过程，科技创新是生产力发展的能力创造，技术扩张是生产力发展的能力实现，在这两方面的投资是生产力发展的经济内生动力，因此，人们通常认为投资是生产力发展的内生动力。投资是配置行为，由配置因子决定。

效率是既定目标设定下实现目标的能力，而目标设定是质量因子 $R_{(d,s)}(v_k^q, c_k^q)$ 的任务，即配置劳动的任务。本质上，质量是供给对需求的契合度，即实然与应然的契合度。运用市场实现价值分配和产权分配，以此追求价值正义，实现更好地配置资源，其核心是人的配置。人的配置错误会严重制约价值创造，正如《周易 · 系辞》所说，“德薄而位尊，知小而谋大，力小而任重，鲜不及矣。”很多时候，大家面对问题首先想到的就是如何解决，但是专业思维首先要考虑谁来解决问题，然后才是怎样解决问题。因此，结构生产函数把配置作为第一因子，更加全面的排序是《周易 · 乾卦》“元亨利贞”，用人们常说“人财物事”来对应这个排序就是：元-人、亨-财礼、利-物、贞-干事。在这个排序中，人是第一位的，其次才是货币，即人们协作和配置物品的工具，再次才是物资配置，有了这些才能够很好地开展项目。在产业上也是如此，所以人们常说“三聚一建”，聚人气、聚要素、聚产业、建秩序。经济是结构与流量两大要素，结构决定流量，流量支撑结构，而配置是结构的具体实现形式，正如《盐铁论》所说，“富在术数，不在劳身；利在势居，不在力耕”，配置劳动是至关重要的劳动。

4. 生产的两大部类

两大部类是《资本论》提出的重要产业划分，它把生产部门划分为生产生产资料的第一部类Ⅰ和生产生活资料的第二部类Ⅱ。第一部类Ⅰ是供给生产资料的产业的总和，包括政府服务、公共知识及其服务、生产工具等门类；第二部类Ⅱ是供给生活资料的产业的总和。这是经济学从逻辑上做出的分类,便于经济学的逻辑分析,但实际生活中有些难以简单分类,比如汽车既可以是生产资料也可以是生活资料。还要特别说明,政府提供的服务是社会层面的公共产品,因而属于第一部类,工资计入Ⅰ(v_k),工具计入Ⅰ(c_k);企业内部的经营管理等非生产性服务是组织层面的公共产品,因而属于其自身产业门类,其工资和工具计入对应门类,第一部类产业计入Ⅰ(v_k)和Ⅰ(c_k),第二部类产业计入Ⅱ(v_k)和Ⅱ(c_k)。

划分生产的两大部类阐明了两个问题。一是工具至关重要,生产资料就是广义的工具,是生产力的本质构成;二是市场均衡是重要约束条件,没有免费的午餐,人们创造市场极大提高协作效率,也需要承担市场协作带来的成本。下面假定第一部类Ⅰ只生产钢铁,第二部类Ⅱ只生产粮食,在这个假定下给出举例。

(1)对"令 $m_k^o=0$,则 $m_k=m_k^\Delta+m_{k+1}^x$"的讨论

保留盈余 m_k^o 不参与价值创造,实践中不宜过大,长期看不宜增长,因此在动态结构讨论中令 $m_k^o=0$,$m_k=m_k^\Delta+m_{k+1}^x+m_k^o \equiv m_k=m_k^\Delta+m_{k+1}^x$。这里要特别注意,非劳动消费 m_{k+1}^x 的下标表明,当期的剩余价值提供下期的非劳动消费,构成下期生产的投入项。

社会的生产资料和活劳动的投入 $c_k=$ Ⅰ(c_k)+Ⅱ(c_k),$v_k=$ Ⅰ(v_k)+Ⅱ(v_k),剩余价值、追加投资和非劳动消费 $m_k=$ Ⅰ(m_k)+Ⅱ(m_k),$m_k^\Delta=$ Ⅰ(m_k^Δ)+Ⅱ(m_k^Δ),$m_k^x=$ Ⅰ(m_k^x)+Ⅱ(m_k^x)。

(2)约束条件4:Ⅰ($v_k+m_k^x$)= Ⅱ(c_k)

第一部类Ⅰ的消费(劳动者消费、社会福利分担和资本者消费)= 第二部类的投资(生产资料的投资),这是因为第一部类的消费来源于第二部类,第二部类的投资来源于第一部类。举个例子,货币(钢铁部门消耗的粮食)= 货币(粮食部门消耗的钢铁),就是说,钢铁部门购买粮食所用货币 = 粮食部门购买钢铁所用货币,两者通过交换实现,在价格上相等。这个等式表明,资源供给和市场

需求都是产业发展的约束条件，所以，在社会生产中，一是生产资料需要优先发展，更多的生产资料构成更大的生产能力；二是市场容量决定产业规模，关联产业之间需要协调发展。

(3)约束条件5：Ⅰ$(v_k+c_k+m_k^x)=$ Ⅰ$(c_k)+$Ⅱ(c_k)

第一部类Ⅰ的总收入=第一部类Ⅰ的生产资料投入+第二部类Ⅱ的生产资料投入。所以，两大部类的生产规模要相适应。比如，钢铁部门的总收入=钢铁部门(自身)投入钢铁的货币量+粮食部门投入钢铁的货币量。因为，钢铁部门流通的钢铁总量=钢铁部门(自身)消耗的钢铁量+粮食部门购买的钢铁量。这里特别注意，在均衡状态下，钢铁部门无法获得更多的粮食，粮食部门也无法获得更多的钢铁，这就是市场均衡形成的约束条件。

(4)约束条件6：Ⅱ$(v_k+c_k+m_k^x)=$ Ⅰ$(v_k+m_k^x)+$Ⅱ$(v_k+m_k^x)$

第二部类Ⅱ的总收入=第一部类Ⅰ生活资料的投入(包括活劳动消费和非劳动消费)+第二部类Ⅱ(自身)生活资料的投入(包括活劳动消费和非劳动消费)。更多的投入不能实现，所以，两大部类的生产规模需要相适应。比如，粮食部门收入的总货币量=钢铁部门投入购买粮食的货币量+粮食部门(自身)消耗粮食的货币量，等价于粮食部门实现的总交易量=钢铁部门消耗的粮食量+粮食部门(自身)消耗的粮食量。

因此，经济发展是一个带有约束的价值优化问题，数学上称为数学规划，实践中人们也由此把布置经济活动的文件称为经济规划，也由此展开，把各种为了把工作做好的工作安排称为工作规划。目标函数反映了“道”，约束条件反映了“义”，局部寻优反映了“仁”，社会福利反映了“德”；经济规划的约束划分为三类，一是自然约束，由自然条件决定的约束；二是底线约束，是社会道德要求带来的约束，比如“德”要求保障人们的基本生存条件，构成底线约束；三是均衡约束，是人们的协作带来的约束，比如两大部类的均衡条件构成均衡约束。人们的协作如果合理就能够带来好的均衡约束，提高整个规划的优化水平，比如，“元亨利贞”通过改善组织建设水平，形成良性均衡约束，有利于提高优化水平，但这种逐步改善的寻优方法属于局部寻优,而"仁"形成的竞争同样构成良性均衡约束。所以,数学规划模型就是对价值正义的数学抽象。

四、价值正义的核心问题

本节讨论价值正义的核心问题,包括古典体系、实践路径、三大维度、核心原则、伦理延伸。

(一)价值正义的古典体系

价值正义的最小内涵是"仁义",仁是价值目的,义是价值路径。经济基础决定上层建筑,社会伦理有其经济内涵,在《六韬》中拓展了"仁义"的经济内涵,"仁"拓展为"仁德","义"拓展为"道义",合成"仁义道德"的社会伦理四大支柱。

"仁"着力强调了机会公平,《六韬》说"天有时,地有财,能与人共之者,仁也",认真理解,仁就是发展上的机会公平,包括三个方面的细节:一是机会公平而不是结果公平,人们常说"仁"字两横虽长短不一,但也相差不大;二是协作发展而不是孤立发展,人们常说"仁"字表达"人与人",不是一个人而是群众——大规模有组织的共同价值群体;三是自由发展而不是被动发展,"天视自我民视,天听自我民听"(《尚书·泰誓中》),不是天地神或个别人强加于人们,而是人们充分自由协商的共识和集体意志。

"德"强调了限制性的生存机会公平,《六韬》"免人之死,解人之难,救人之患,济人之急者,德也",把德政限制在免死、解难、救患、济急四个方面,能够对死亡、灾难、祸患、危急等四个方面的基本保障兜底、展开救助就是"德",是生存的底线条件,表达了生命权的机会平等。这里注意,生存机会公平不是生存结果公平,在生存机会公平条件下,生存的结果看个人的基因情况,有些人长寿一些。人们能够追求机会公平,但不能追求结果公平。

“义”强调了主观共识。“义”与“议”相通，遵循大家共同商议达成的共识就是大义，《六韬》说“与人同忧、同乐、同好、同恶者，义也”，这是公共选择的逻辑。“义”进而强调了对共识的遵循就是信义——信守大义，今天称为“契约精神”的“契约”就是双方或多方的共识。因此，义的内涵有三，一是共识就是正义，共识来源于协商；二是辩证是共识之本，辩论和争议是公共选择的必要流程；三是笃行是正义之根，人们达成共识就是为了落实到实践之中。

“道”强调“利”的正义性，《六韬》说“凡人恶死而乐生，好德而归利，能生利者，道也；道之所在，天下归之。”强调正义的客观性，能够给大家带来利益而不损害个人利益就是“道”，“道”的内涵有三，一是利的正义性，追逐利益、追求生命的价值实现、追问生命的价值意义都是人的自然天性，具有天赋正义性；二是利益是凝聚力量、团结奋斗的根本动力，又是凝聚力量、团结奋斗的结果，抛开利益就是空谈；三是利益的多元性和兼顾性，人们的劳动是群体协作的社会实践，利益是社会实践的共同创造，设计复杂的多元分配关系，需要统筹兼顾。所以，由“道”来承载“义”，由“道义”来承载“仁德”，价值分配和产权分配是利益分配的核心，是正义的关键，是价值正义的基本框架。

（二）价值正义的实践路径

价值追求确定之后，就要谈实践路径了。“仁德义道”是价值追求，“元亨利贞”是实践路径。

“元者，善之长也”，而“君子体仁足以长人”，这强调了在领导班子的选择上要以“仁德义道”为选拔原则，选择那些能够率先实践“仁德义道”的人进入领导班子，带领整个组织实践价值正义。

“亨者，嘉之会也”，强调实践是群众的实践，需要积聚人气，凝聚人心。要实现这个目标，一是理财，用利益来吸引人而不是空讲情怀忽悠人，人们做事需要给钱，因此组织首先需要有钱，还要能够用好钱、能挣钱，《周易·系辞》说“何以聚人，曰财”；二是合礼，就是人们聚集要形成组织，有分工、有协作、有行为规范,就是强调组织文化建设,所谓“嘉会足以合礼”。

“利者,义之和也”,这是价值观和方法论的核心交会,首先强调人们追求利益的正义性,而后强调组织原则要遵循“仁德义道”的价值正义原则,以合理的利益结构集聚人群,凝聚人心,汇聚力量,最后以“义道”提出实现价值正义的基本原则。其中“义”是指群体共识和集体意志,核心是群众路线,而群众路线在目的论上是为了群众,在工具论上是依靠群众,在效率论上是尊重群众、发动群众、组织群众和教育群众,正如《论语》所说的“庶、富、教”,《六韬》所说的“义之所在,天下赴之”。“道”就是义的达成路径,强调了群体共识和集体意识的基础是利益关系,而贯穿其中的主线是“按劳分配”原则。这个原则构成了价值分配和产权分配的基本原则,也是达成共识过程中论争遵循的原则。按劳分配的原则能够激励人们更好地奋斗,优化资源配置,达成效率的最大化,正如《六韬》说的“道之所在,天下归之”。

“贞者,事之干也”,“贞”包括两个内涵,一是笃行,要把“仁德义道”落实到具体的工作实践中,不能只有空口号;二是制度建设,制度建设是工作的主流、主导和主干,要围绕“仁德义道”展开制度建设、完善制度建设,降低人们的协作成本,提高人们的协作效率,增强人们奋斗的利益驱动力和内心自觉性。

(三)价值正义的三大维度

价值正义有群体、个体、协作三大维度。

在群体维度上要实现共同富裕。这需要三个方面的优化,一是劳动总量要保证,这是规模因子的逻辑来源,需要通过按劳分配原则来保障;二是劳动效率要提高,这是效率因子的逻辑来源,需要通过发展科技来实现;三是劳动效果要更好,这是质量因子的逻辑来源,需要通过优化配置来实现。

在个体维度上要兼顾发展机会公平和生存机会公平,做到两者的辩证统一。一是基本福利要保障,这体现了生存机会公平,它依靠社会提取来支撑;二是发展竞争要保证,这体现了发展机会公平,它依靠按劳分配来维护。

在协作维度上要通过价值分配和产权分配实现价值正义,促进劳动协作。为此,要合理解决按劳分配和价值范畴扩张的问题。在按劳分配方面,劳动协作增加了评估劳动贡献的复杂度。人们创造的共识亦是正义的评估办法。以辩证法推动群体共识,秉持"辩证合议、规则先行、充分协商、自由表达、统筹兼顾"的群众路线,实现评估劳动贡献的价值共识,以此优化价值分配和产权分配,深化社会协作。

(四)价值正义的核心原则

按劳分配是价值正义的核心原则。在按劳分配原则下,人们向社会贡献自己的劳动成果,同时按照劳动贡献获得社会回报,并按比例纳税,这些纳税都是人们的社会奉献。人们的劳动贡献越多则获得的回报越多,纳税也越多,人们的社会奉献就越大。所以,提倡奉献精神首先要笃行按劳分配原则,为了笃行又需要信守承诺和自觉。

笃行就是要付诸实践,不能停留在认识、思想和理论上,而是要扎扎实实地做出、做到、做精、做好。

信守承诺就是要坚守和捍卫达成共识的按劳分配原则,信守承诺通常被称为"契约精神"。人们常说"一诺千金",孔子说得最好:自古皆有死,民无信不立。

自觉就是每一个人都要坚持按劳分配的原则,坚守三个"抗拒":一是抗拒自己剥削他人,二是抗拒他人剥削自己,三是支持他人抗拒剥削。人们要自觉意识到按劳分配与抗拒剥削的关系,正确认识抗拒剥削就是坚持按劳分配,就是坚守价值正义,合理地争取自己的利益和支持他人争取合理的利益是正义所在。

(五)价值正义的伦理延伸

"仁"是自由发展的追求,是人们基本的诉求,延伸为推己及人。从正面说是“己欲立而立人，己欲达而达人”，从反面说是“己所不欲，勿施于人”，这构成了“仁”的伦理学意义。

“德”在经济意义上着力强调的是底线公平，在舍得意义上给出的是财富价值，收获的是伦理意义上的道义民心，当然，这个给予必须合理，人们常说“斗米恩，升米仇”，给予是必要条件不是充分条件。这种经济意义的给予和获得延伸到伦理学上，形成了道德的伦理意义（如今许多人反而不知道它的原始经济意义）。这些伦理内涵称为社会行为规范，着力于人们的主观能动性，是价值正义的文化引申。

“义”的经济意义是集体共识、集体意志和社会契约，这需要信守承诺和笃行，由此引申出为社会共识而牺牲的春秋大义，构成“义”的伦理学内涵。

“道”在客观意义上是自然规律、思想规律和社会规律，不以人的意志为转移；在主观意义上是人们的共识，就是“义”所坚守的，构成集体主观意志；主观意志具有能动作用，如果主观意志契合于客观规律，经济社会就能够得到很好的发展，反之发展就会遭遇困难和挫折，所以，人们既需要遵循客观规律，所谓“无为而治”，这是《道德经》强调的“道”；又需要积极奋发，所谓“自强不息”，这是《周易 · 乾卦》的“道”。

五、价值正义外延的相关讨论

本节讨论价值正义涉及的工具、协作关系、自由等三个方面的问题。价值正义既是机制目标又是价值工具，属于思想工具；价值正义的核心指向是协作问题；价值正义的核心内涵是自由。

（一）工具的重要意义

1. 一个故事

有一个老人讲武松打虎的故事，在故事的结尾，他问：武松打虎说明什么？

他的结论出乎意料：武松打虎说明，工具至关重要。他接着解释：在现实生活中，赤手空拳的个人绝对打不过老虎，所以，故事里赤手空拳打败老虎的武松才是英雄，但是如果运用工具（武器），人打败老虎就不算什么，工具极大地提升了人的能力。

2. 工具至关重要

大自然给人类的馈赠不足，这种不足是结构性短缺。因此，人们需要改变这种结构，在自然馈赠的基础上，人们需要依靠劳动来维系生存，需要提高劳动效率来改善生活。

劳动是驭使自然力以创造财富的实践活动，依据劳动对象可以把劳动划分为两类，一类是改造主观世界的脑力劳动，以大脑作为自然基础，主要表现为信息形态，劳动成果是知识；一类是以脑力劳动为基础的改造客观世界的体力劳动，以肢体作为自然基础，主要表现为实体形态，劳动成果是财富。知识是脑力劳动主导的劳动成果，是人类发展的动力源泉；财富是脑力劳动与体力劳动的成果，是改善人们生存状态、生活条件和生产条件的物质基础。

提高劳动效率本质就是更好地运用劳动力和驭使自然力，而想要更好地运用劳动力就需要协作，想要更好地驭使自然力就需要工具。其实，协作也需要工具——思想工具。所以，人们把工具划分为信息形式的思想工具和实物形式的实体工具，合称劳动工具，简称工具。其中，思想工具是基础和本质，实体工具是载体和表现，工具极大提升了人们的劳动能力和效率。本质上，动物依靠自身的变异以适应世界，人类依靠制造和运用工具来适应和改造世界，这是人类对自然动物界的超越。

（二）关于协作问题的六个讨论

关于“规则先行”。规则先行就是凡事要先行制定规则，后实施规则和运用规则，人在规则内行事，运用规则指导行为和判断。

关于“群众”的内涵。“群”就是有组织的人的集体，构成分工、权力和规则的共同价值组织；"众"就是具有规模性，在现代特别突出了社会广泛性。"群众"就是具有社会广泛性的大规模共同价值的组织体系。

关于"按劳分配"。按劳分配是价值正义的核心原则，可以从归因主义和效率主义两个方面理解。从归因主义看，价值创造者能够获得自己所创造的价值，这样才能有效激励劳动，按劳分配就是按照劳动的贡献分配价值，充分体现了归因主义的价值观，能够有效调动劳动的主观积极性；从效率主义看，人们劳动存在投入产出的关系，按劳分配避免了劳动补偿不能匹配劳动投入，不会出现"干得多，吃得少，走得早"的人才逆淘汰，也避免了产权分配不能匹配德才，不会出现逆向选择的人才错配，因而能够更好地实现效率，有效提高劳动的客观能力。因此，按劳分配是归因主义和效率主义的统一体，能够实现主观劳动激励与客观劳动能力的统一。

关于劳动的范畴。劳动包括创造财富的劳动和降低风险的劳动，人们常说"挣血汗钱"，其中的"血"代表了风险指向，"汗"代表了财富指向。劳动也可以划分为脑力劳动与体力劳动，或划分为直接劳动与间接劳动，其中，配置劳动和科技创新都是脑力劳动，也是间接劳动，生产过程中直接制造产品和提供消费服务的劳动是直接劳动，一般体力劳动也是直接劳动。间接劳动的价值在于提高直接劳动的效率和质量，提高直接劳动创造价值的能力，由此构造出生产过程的价值链，因此劳动分工是价值链的本质，价值链是分工及其产业链的价值形式，在现代表现为货币形式。

关于协作的范畴。人类解决短缺问题有两条路径，一是组织路线，二是技术路线。人与人之间的协作就是组织路径，人与自然之间的协作就是技术路径。人与自然的协作范围极其广泛，人对牛马的使用、对工具的制造和使用等都是与自然的协作。动物及其他生物也有协作，比如蚂蚁与蚜虫、藤蔓与其寄生植物，等等，但是这些协作都是现象直观层面上的协作，而人与自然的协作是超越自然现象直观的抽象、间接、多层次关系的协作。

关于协作的成本。社会协作需要公共产品，公共产品需要市场税收作为资金来源,因此需要有合理的税收水平。《孟子·告子下》第十节提出了适度税率的观点,并提到"城郭、宫室、宗庙、祭祀之礼""诸侯币帛饔飧""百官有司"等公共产品,桑弘羊在《盐铁论·卷一》提到"府库之藏""执备之用""备塞乘城之士"等公共产品。

(三)横向自由与纵向自由

在价值范畴扩张方面,协作减少了人们的行动空间,限制了人们行为和思维的横向自由,但是,在从数量取向到质量取向转变的过程中,人们发展了工匠精神,以纵向自由来替代横向自由,价值范畴出现了结构性扩张,从核心关注外部收益的外向诉求扩张到更多关注自我成长的内向追求,人们的价值追求从消费领域扩张到生产领域,劳动过程不再是简单的商品生产过程也是人的成长过程,人们不仅收获商品的外在价值,还收获自我成长的内在价值。

纵向自由是自我成长带来的自由,是大量重复的行为形成了标准化,构建起行为的动力定型和思维的律动规范,进而带来的随心所欲的状态,是专业化的深度自由。所谓"自律的自由"或"自律带来自由",包括三个层次,一是通过大量有意识的重复形成无意识的自律习惯和模式,并由路径依赖构建起自律舒适区,形成无意识的"内在自我约束,外在合乎规则",庄子形容为"游刃有余",孔子形容为"从心所欲,不逾矩";二是通过自律舒适区的深度开发和大量重复,构建起思维和行为的内在节奏,形成极度专心和极致笃行,带来天人合一、无物忘我的内心状态,庄子形容"坐忘";三是在"坐忘"中行为节奏和思维律动产生共鸣,使内啡肽呈现高水平状态,产生顿悟感和光明感,庄子形容为"虚室生白",《黄帝内经》描述为"恬愉"。

自由是约束的对称。在约束的意义上,经济在整体上是一个价值规划问题——带约束的价值优化问题,在个体上也是一个价值规划问题,这在逻辑上形成了神奇的自洽关系。

六、中国古典经济学的溯源、特征和体系

价值正义是中国古典经济学的内核，中国古典经济学以价值正义为逻辑起点，构建价值分析体系和供需分析体系，有自己鲜明的特征，这种特征与其历史起源相关。

（一）中国古典经济学的溯源

《六韬》记载了周文王与吕尚的相会和由此展开的合作。文王是辩证法的代表人物，所谓文王演《周易》，《周易》是古典辩证法的集大成；吕尚是唯物论的代表人物，《论衡》记载吕尚质疑武王占卜结果时说道"枯骨死草，何知吉凶"，吕尚思想集结的《六韬》以"利"称"道"，是古典朴素唯物论的集大成。文王与吕尚的相遇、相知，展开了他们的无间协作，也展开了古典朴素辩证法与古典朴素唯物论的历史激荡与辩证融合，在反抗殷商神权与宗教文化的过程中，构建了中国古典朴素唯物辩证法和以人为本的人文主义。以此为世界观和方法论，提出了"仁德义道"的共同富裕论和"元亨利贞"的群众实践观，奠定了中国古典经济学的坚实理论基石。

中国古典经济学的内核是关于经济体系的学说。体系与技术大体等价于战略与战术。体系与技术对应于系统中结构与要素的关系，体系对应结构，技术对应要素。体系涉及系统性复杂，技术涉及细节性复杂。

在经济学的领域，《国富论》《资本论》的焦点都是体系研究，其他多数经济学著作是技术研究；中国的《六韬》和《周易》的焦点是体系研究，《管子》《史记·货殖列传》和桑弘羊的思想等更偏向技术研究。其中，《六韬》提出的"仁德义道"搭建了中国古典共同富裕论的架构，《周易》提出的"元亨利贞"搭建了中国古典群众实践论的架构，两者构成了价值正义框架，构成了中国古典经济学的体系框架。本质上，经济体系和经济技术都属于经济文化，都是经济分析

的思想工具,而工具至关重要。

从经济的价值观和方法论向道德和哲学延伸,经济的“仁德义道”价值观形成了哲学和伦理的“仁义道德”的正义价值观,经济的“元亨利贞”实践方法论,及其基础唯物辩证法,成为具有丰富哲学和伦理内涵的理论体系。

(二)中国古典经济学的特征、含义及中西共识

1. 中国古典经济学的主要特征

中国古代经济学说的重要起源是《六韬》的“仁德义道”价值观和唯物论与《周易》的“元亨利贞”方法论和辩证法,主要特征是以价值正义作为价值分析主线来展开逻辑体系,具有鲜明的古典经济学特征和完整的体系结构,所以,中国古代经济学说是古典经济学。

2. 古典经济学中“古典”和“经济学”的含义

古典经济学以供给为基石,以价值为主线构建其分析框架,以哲学作为基本分析工具,强调价值、劳动、要素主导的均衡,讨论经济运动的内在规律及其表现形式——从本质到现象。

新古典以后的经济学重回供需分析体系,以需求为基石,以价格为主线构建其分析框架,把价值隐含在价格内部,以数学作为基本分析工具,强调价格、货币、市场主导的均衡,讨论经济运动的表现形式及其内在规律——从现象到本质。

两条进路从对称的方向共同构建了经济学分析的框架。其中,价值分析处于内在的本质地位,所以,对价值问题的理解、分析和运用构成了经济学最基本的问题,价值分析是经济分析的主线。

古典经济学的历史年代比较早,在超越供需分析的过程中形成了以价值分析为主线的鲜明特征,由此形成两个公认的含义,一是古典意味着以价值作为分析主线,二是分析逻辑能够体系化。因此,那些以价值分析为主线的经济学说就是古典经济学说,那些能够形成体系的经济学说就是经济学,那些以价值

分析为主线的经济学就是古典经济学。中国古代经济学说以价值正义为主线，具有鲜明的古典特征，又具有完整的体系结构，因而称为中国古典经济学。

3. 中西经济学的其他共识

除了对古典和经济学的共识之外，中西经济学还有很多共识，下面是涉及价值正义的三点共识。

(1)价值是经济和经济学的核心范畴

从经济实践看，价值是经济运动的形而上者，价格是经济运动的形而下者，两者构成了经济运动的同一个硬币的两面；从经济本质看，价值范式是根，群众路线的本，价值范式是群众路线的主线；从经济逻辑看，价值范式是经济学的基石，价值分析是经济学的主线，价值范式提供了价值分析的基础和依据。

价值范式是价值分析的基石，有了价值范式，价值分析就有了核心价值观，有了坚实的立足支撑，有了明确的导向依据，经济分析有了清晰而坚韧的主线，能够形成以简驭繁、提纲挈领的逻辑体系——经济学。

(2)经济学是一种思想工具

《六韬·文韬·文师》说："能生利者，道也。道之所在，天下归之。"发展经济是人心所向的天地大道，其中能够提高劳动效率的工具是"能生利者"，是大道根基。

在人类劳动史上，围绕着提高劳动效率形成了两条交织在一起的发展路线，一条是创造工具以提高效率的技术路线，一条是深化协作以提高效率的群众路线，其中，深化劳动协作的基础性思想工具就是经济学。

因此，经济学是一种思想工具——知识体系，是关于经济实践的学问，是"能生利者"之"道"，本质在于指导人们深化劳动协作，提升组织水平，从而提高劳动效率，更好地创造财富，改善生存条件，提高生活质量，创造社会繁荣和实现共同富裕。所以，从本质上看，经济学是关于劳动协作的学说。

(3)经济学是奠基于价值正义的逻辑结构体系

从目的论看，经济学是关于价值正义的学说，即是关于价值优化的学说，是关于创造财富、改善人们生活条件、提高人们生活水平、创造社会繁荣和实现共同富裕的学说。

从工具论看,经济学以历史唯物论为基础,凝练出供给与需求作为市场的基本关系,构建了价值正义的辩证逻辑结构,使其成为价值分析的基本框架和经济分析的逻辑主线。

从领域方面看,经济学是关于经济生活领域——商品的生产、流通、分配、消费的学说,其核心范畴是生产力和生产关系及其相互关系,包括:劳动者、劳动资料、劳动对象等生产力三要素,生产资料归谁所有、人们在生产中的地位和关系如何、产品如何分配等生产关系三要素,它们构成了价值正义的核心领域。

从内涵方面看,经济学是关于经济活动规律的一套逻辑体系,其基础逻辑是通过价值正义的价值分配和产权配置提高人们劳动协作的努力程度和能力水平,从而实现经济繁荣,所以,经济学既有是非对错也有策略方法,既讲胸中大志也讲腹中良谋,核心是所有制度、分配制度、配置制度等三大基本制度及其内涵逻辑,关键在分配与激励的关系、稀缺资源的配置优化,着力解决谁来决定、谁来生产、生产什么、生产多少、怎样生产、怎样交换、怎样分配、谁来消费、消费什么、消费多少、怎样消费等问题。

从方法论看,经济学是关于价值观的学说,是关于价值的认识、构成、内涵、创造、测度、比较、运用等的学说,奠定了效率、公平、正义等价值问题的基础,并展开社会实践,构成了价值正义的实践领域。财富是价值的载体——形而下者,价值是财富的本质——形而上者,两者构成了形而上与形而下的关系,而在市场中财富表现为商品,商品的生产、流通、分配、消费本质上就是价值创造和价值实现。因此,经济学是关于价值正义的学说体系,是做大价值、创造社会繁荣和实现共同富裕的思想工具。进而我们可以说,劳动能够致富就是“有道”,劳动不能致富或者不劳动反而能够致富就是“无道”。

(三)中国古典经济学的体系结构

1. 共同富裕和群众路线构成价值正义,是中国古典经济学的本质特征

价值体系是经济学的内核,价值体系=价值范式+实践范式。价值正义是中国古典经济学的内核,价值正义=共同富裕=群众路线,价值正义是中国古典经济学最本质和最鲜明的特征。

中国的价值范式是共同富裕的价值范式,实践范式是群众路线的实践范式,具有集体主义文化人格的鲜明特征。集体主义文化人格表现在劳动价值论的内涵上:在“器”的层面上,从组织整体看是劳动创造财富,从人的个体看是分配获得财富,在“道”的层面上,掌握知识真理的水平决定了劳动的效率,所以,从组织整体看是知识真理决定财富创造能力;人们的社会关系决定个人的财富创造能力和分配状况,所以,从人的个体看是社会关系决定财富创造和获得能力。而联系组织整体和个体价值的纽带就是劳动协作,劳动协作是创造知识、财富和社会关系的三位一体的价值体系。所以,本质上人是社会关系的总和,人们的社会关系决定了劳动协作能力,决定了人们创造财富的能力和获得财富的能力。共同富裕是劳动协作的价值范式,群众路线是劳动协作的实践范式,劳动协作是共同富裕和群众路线的逻辑纽带。

本质上,所有经济学都是价值体系,都是关于价值观的学说,都内涵了价值正义的效率与公平,所以,价值正义是经济繁荣的内在逻辑。但是,中国古典经济学明确提出正义的价值范式,在效率和公平之上附加了正义原则,形成了价值范式与实践范式的有机统一。共同富裕与群众路线融合贯通,是中国价值体系的独特之处和本质特征。因此,中国价值体系以正义指向,称价值正义体系,简称价值正义。

2. 共同富裕是一个价值体系,是群众路线在价值范式上的具体表现

共同富裕在生存维度上,强调生存的机会平等,体现了生命平等的原则,实践中落实免除死亡、解决苦难、消除祸患、解救危急四个基本生存条件。生存机

会平等是价值正义的第一条底线,称生存原则。在发展维度上,强调发展的机会平等,体现自由平等的原则,实践中鼓励竞争,鼓励自由发展,强调尊重人们的自由选择、创新精神、自主决策、自我负责,尊重人们的奋斗。发展机会平等是价值正义的第二条底线,称自由原则。在正义维度上,强调表达的机会平等,体现意志平等的原则,实践中"义"与"议"统一,通过辩证关系构建,形成有效观点辩论和思想竞争,形成共识、订立社会契约,建构共商、共情、共识、共约、共有、共治、共建、共享的价值创造和价值共享体系,本质上是群众路线在价值范式上的体现。意志机会平等是价值正义的第三条底线,称正义原则。前两条底线构成了效率和公平的体系,第三条底线正义原则使得效率和公平有了坚实的群众基础。正义原则是中国价值范式的本质特征,中国的价值体系称为价值正义体系,简称价值正义。

3. 群众路线是一个行为体系,是共同富裕在实践范式上的具体表达

群众路线体系做到了以下四点。一是在框架上"四论"统一。目的上为了群众;态度上相信群众,尊重群众和群众的首创精神;方法上密切联系群众,依靠群众,从群众中来到群众中去;实践中向群众学习,教育群众,发动群众,组织群众,团结群众;历史观上坚持人民群众创造历史。形成了认识论、目的论、方法论、实践论的四论统一,也形成了经济工作的根本态度、工作方法和思想认识路线。二是立场上以人为本,也称为以人民为中心。发展为了人民,从需求方面看,就是要更好满足人民群众日益增长的美好生活需要;发展依靠人民,从供给方面看,就是要更好地发动群众、组织群众,发展生产、丰富供给;由此构成为了人民与依靠人民的辩证统一。三是观点上的唯物论。坚持发展生产力,不断提高社会创造财富增长价值的能力和水平,让人民群众共同享受发展的成果,包括物质财富和精神财富。中国文化认为最大的仁义就是让人们生活丰裕,而且是劳动带来的富裕,坚持劳动创富、劳动致富,不相信天上掉馅饼,更加反对脱离物质基础的绝对精神论。四是方法上的辩证法。坚持形式和内容辩证统一的辩证法。在经济领域,坚持市场体系作为实现价值正义的辩证形式,坚持价值分配和产权分配的正义原则，通过主观正义性激励人们劳动和协作，通过客观正义性提高人们创造财富的能力，用辩证实现正义，让群众路线契合群众的价值认同，走进群众的内心。

价值正义、共同富裕、群众路线和经济辩证法四位一体，涵盖价值、正义、辩证、效率-公平、委托-代理、正义-辩证、自由-秩序、真理-人文等经济学的基本范畴。由这四位一体构成的中国古典经济学涉及九个方面：价值正义的框架；信息结构，价值正义的基本约束；经济辩证法，价值正义的正义之源；价值原初，价值正义的价值之源；需求，价值的逻辑起点；供给，价值的核心主体；市场机制，价值正义的实现形式；货币与金融，价值测度与促进交易；产业，价值正义的重要载体。而本书研究的焦点不在经济学的分析技术，而在经济学的体系——逻辑框架。

本章小结

财富增长论、劳动价值论、剩余价值论、生产协作论和市场均衡论等五论构成古典经济学的框架。本书以集体主义为基石的人文主义和辩证唯物主义为基本分析方法，尝试将（西方）古典经济学的五论体系重构为包括共同富裕论、价值正义论、群众路线论和市场辩证论等四论的中国古典经济学体系。

价值正义要求价值分配和产权分配能够契合人文和真理。首先是符合人文，能够激励人们的奋斗精神，决定人们的奋斗程度，这是主观各尽所能；其次是符合真理，能够提升人们的奋斗能力，决定人们的奋斗效率，这是客观各尽所能。以投资为例区分真理与人文。投资行为分为投资和投机，投资投的是资产，投机投的是时机；投资指长期持有，投机指短期交易；投资分析是基础分析，投机分析是技术分析；投资分析看市场结构和技术结构，投机分析看交易图形。由此可以看出，投资主要涉及真理问题，投机主要涉及人文问题。

在非此即彼的思维中,个人与集体是对立的二元关系,但是中国人的合和文化强调两者的辩证统一。在价值正义理论中,既有群体的劳动价值论,也有个体的分配价值论,价值正义就是协调两者关系的辩证法。

中国古典经济学是围绕价值正义展开的实践框架,其基本逻辑是:追求更多的财富和更大的价值是人的天性,也是价值正义所在;人们实现价值正义需要走好群众路线,人们实现价值正义才能走好群众路线;走好群众路线经济就能实现经济繁荣;市场是实现价值正义的辩证机制,也是实现经济繁荣的群众路线。其中,价值正义的基本共识包括:保障生存、机会公平、提高效率,即以保障生存为前提,以自由和竞争促进公平与效率的良性互动,不断提高生产力,不断提高人们的财富水平或价值水平,最终实现“各尽所能,各得其所”。而各尽所能是经济繁荣的核心,所谓天道酬勤,只要人人都努力又高效地奋斗,经济就能够繁荣。

第二章　信息结构

子非鱼，安知鱼之乐。

——《庄子》

信息是解决问题的方法的材料，是照亮未来的光芒。“子非鱼，安知鱼之乐”，信息稀缺和不对称是经济活动的基本条件，也是价值正义的基本制约。本章讨论信息的价值与质量、信息的基本特征和基本结构、信息结构下的两个原则、信息审查的困境、加强调研工作等五个方面的问题。

一、信息的价值与质量

“历史照亮未来”，因为历史提供了未来的信息，所谓“履霜，坚冰至”，这是信息价值。在经济活动中，信息是配置劳动和科技劳动的条件、前提，信息水平决定了配置水平和科技水平。

（一）信息的价值

市场经济是一个分散决策机制，信息是决策的前提和条件，更进一步看，知识是信息的成果，因此，信息是劳动质量和效率的基础。

1. 价值函数启示的经济价值

从价值函数 $mcv=h[[R_{(d,s)}(c_1,v_1),T(c_2,v_2),F(c_3,v_3)]$ 看，质量因子 $R_{(d,s)}$

(c_1, v_1)和技术因子$T(c_2, v_2)$都与信息相关。

从质量因子$R_{(d,s)}(c_1, v_1)$看，资源配置本质上是数学规划的问题，即带约束的优化问题，就是在给定的资源c_1, v_1约束下，最优化需求d与供给s的契合度即质量因子$R_{(d,s)}$，所以，信息是配置资源的基础，优化资源配置的前提是掌握更加充分的信息，包括需求的信息和供给的信息，还包括处理这些信息的技术。从技术因子$T(c_2, v_2)$看，信息还是科技进步的基础和结果，科技进步以信息增加和信息处理能力提高为基础，科技成果以知识为载体，本身也是信息形式。所以，从价值函数看，信息首先能够提高质量因子，其次能够提高技术因子，因而提高全要素生产率，是经济效率的核心要素。

更进一步看，mcv最大化的条件是全部资源的边际效用相等，即，

$$\frac{\partial mcv}{\partial c_1}=\frac{\partial mcv}{\partial v_1}=\frac{\partial mcv}{\partial c_2}=\frac{\partial mcv}{\partial v_2}=\frac{\partial mcv}{\partial c_3}=\frac{\partial mcv}{\partial v_3}$$

所以，经济发展的优化依赖于这些函数的信息。事实上，这些函数的信息难以全部获得，因此，经济发展的最优化难以做到，但是，获得更多的信息，不断提高经济发展的优化水平，就是经济的繁荣之路。

2. 一个寓言启示的信息价值和信息结构

有一个寓言说，一个人得到上帝的恩赐，让他穿过苹果园去摘苹果，但是，只能一直往前走。这个人想摘得最大的苹果，于是他一直往前走，最后走到了出口都没有摘下苹果，因为他总希望后面的苹果更大。这个寓言可以有许多寓意，比如戒贪、把握当下，等等，但是，它在信息价值方面可能是更为重要的启示，这个启示是：如果他有充分的信息，知道哪个苹果最大，就能够做出正确的决策。信息总是稀缺的，而人的理性总是有限的，人们需要在信息有限的条件下，立足当下，优化决策。立足当下就存在视野的问题，不同的人具有不同的视野，构成了信息的委托-代理结构，那些具有更多信息的人称为代理人，他们具有信息优势；那些具有较少信息的人称委托人，他们处于信息劣势。在其他条件相同的情况下，代理人的劳动效率更高，委托人的劳动效率较低；同时，委托人与代理人的关系是相对的，比如，在信息领域A中甲相较乙占据优势，则在信

息领域 A 中甲是代理人而乙是委托人，但在信息领域 B 中甲相较乙占据劣势，则在信息领域 B 中甲是委托人而乙是代理人。

（二）信息的质量

这里用解决九宫格填数字的四种信息格局来说明信息的价值和信息的内在质量。

九宫格的填数字问题：给定 9 个整数 1—9，每个数填入九宫格的一个格，使得九宫格的横向三个数、纵向三个数、对角线三个数之和等于 15。对于这个问题，解答者拥有的信息不同则解法也不相同，由此也带来信息的质量与价值的不同。

（1）拥有河图洛书的知识。河图洛书就是九宫格填数字问题的答案，只要照着图 2-1 的河图洛书的点数换算成 10 进制，对应填入九宫格就可以了，得到图 2-2 的答案。

（2）拥有解题口诀。中国有两句古语“九五至尊”和“外圆内方”就是九宫格填数字问题的解题口诀。九宫格的九个格子中，只有中间的格子没有对偶，所以是至尊位；9 个数字中，只有 5 是没有对偶的数字，其他数字都有对偶，比如，1+9=10，2+8=10，等等，都是和为 10 的对偶，所以，5 要填在中间的至尊位，称“九五至尊”。其他的 8 个格子中，邻接至尊位的 4 个构成了内四角，需要填入单数，单数属阳，阳就是方，这是“内方”，由此，1 和 9 对称，3 和 7 对称，就填出内四角的数；不邻接至尊位的四个格子构成了外四角，需要填入偶数，偶数属阴，阴就是圆，这是“外圆”，由此，1 的两端填 8 和 6，其中，8 填在 3 的一列，6 填在 7 的一列，剩下 4、2，4 填在 3 的一列，2 填在 7 的一列，得下图 2-3。其实还有其他填法，只要按照口诀就行。

（3）没有口诀，但有一定的数学常识。1 到 9 这 9 个数存在对偶性，所以，只有 5 是没有对偶的数字，应当找到没有对偶的位置，而九宫格也只有中间的格子不是对偶位置。所以，5 填进中间的格子。三个数字相加等于 15，意味着两

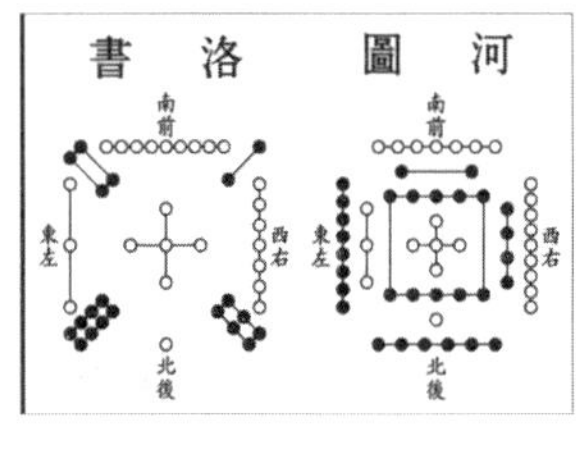

图 2-1

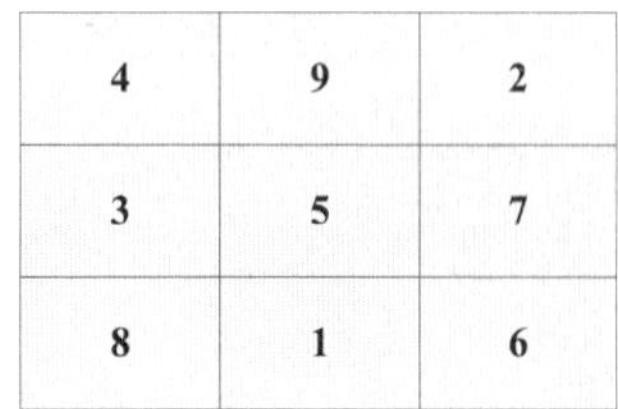

4	9	2
3	5	7
8	1	6

图 2-2

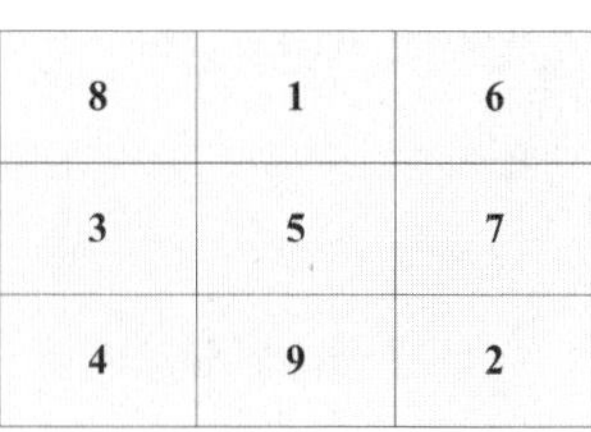

8	1	6
3	5	7
4	9	2

图 2-3

种可能,一种是 3 个数字都是奇数,1 种是只有一个是奇数。所以,内四格只能填奇数,外四格只能填偶数。否则,颠倒过来纵横都只有 2 个奇数 1 个偶数,其和只能是偶数,不能加出 15 这个奇数。所以,按照内四格填奇数、外四格填偶数,就是“外圆内方”的口诀,得到上面图 2-3 的九宫格表格。

(4)如果没有数学常识,那就只能枚举法,或者随机填入,基本上没有可能正确填上。所以,信息很重要,是我们解决问题的方法的材料,是照亮未来之路的光芒。信息也有不同的质量,比如,第一类是答案类信息,直接针对问题,信息质量最高;第二类是口诀类信息,针对问题的专业知识,信息质量其次;第三类是一般专业知识,不针对问题,信息质量不高,需要信息处理能力比较强,用好了也有价值。而没有信息就很难解决问题。

二、信息的基本特征和基本结构

“子非鱼,安知鱼之乐”,信息稀缺是基本特征,信息不对称是基本结构,两者构成经济活动的基本条件,也构成价值正义的基本制约。

(一)信息的基本特征

1. 信息具有客观性

世界是物质的,物质是运动的,运动是有规律的,因为运动所以有能量,因为规律所以有信息。规律支配着事物的运动,所以,信息、能量、物质构成了物质世界。其中,信息是规律的表现形态。《道德经》说“人法地,地法天,天法道,道法自然”,这个“法”,从上往下就是规律支配的意思,从下往上就是遵从规律的意思,正是有了规律的支配和对规律的遵从才有了“道并行而不相悖”和“万物并育而不相害”,而“大衍之数”和“万物皆数”都描述事物有规律和信息,可以通过数来表达这些规律和信息。所以,知识就是人们通过信息认识和把握规律创造的成果。

2. 信息具有先导性

《礼记 · 中庸》说“博学之,审问之,慎思之,明辨之,笃行之”,贯穿其中的核心就是信息问题。信息的本质就是消除不确定性,是事物本质及其运动规律的呈现。人们获得更多的信息就是掌握了更多事物发展的规律,能够更加有效地驭使自然力、社会力和人力,提高劳动效率。这是信息的先导性。

所谓劳动就是以人力驾驭物力,劳动的本质就是运用规律,支配事物的发展。人力有智力和体力,构成脑力劳动和体力劳动。人们常说“心灵手巧”,心灵形容脑力劳动,手巧形容体力劳动,而劳动是两者的统一,即“知行合一”:人们改造主观世界的劳动是脑力劳动,以脑力劳动为基础的改造客观世界的劳动是体力劳动。脑力劳动是设计,体力劳动是施工。设计当中有施工,设计图也需要画出来,这个画出来的过程就是施工;施工当中有设计,施工设计是施工的重要内容。所以,在知行合一的劳动中,脑力劳动是劳动的先导、核心和关键,但体力劳动是改造客观世界的实现形式,脑力劳动的成果要通过体力劳动来实现。所以,两者是同一个硬币的两面,不能偏废一方。但信息更加基础和稀缺。《孙子兵法》说“知彼知己,百战不殆”,这说明了信息很重要,但信息也很稀缺。

3. 信息的隐藏性

(1)一个信息隐藏的案例

求解方程:$(3+(3+(\cdots(3+(3+x)^{\frac{1}{2}})^{\frac{1}{2}}\cdots)^{\frac{1}{2}})^{\frac{1}{2}})^{\frac{1}{2}}=x$。这个问题很简单,其简化版$(3+(3+(3+x)^{\frac{1}{2}})^{\frac{1}{2}})^{\frac{1}{2}}=x$。初看这个问题有点乱,事实上,只要令$(3+x)^{\frac{1}{2}}=x$,则有$(3+(3+x)^{\frac{1}{2}})^{\frac{1}{2}}=(3+x)^{\frac{1}{2}}=x$。所以,求解方程$(3+x)^{\frac{1}{2}}=x$得$x=\frac{1\pm\sqrt{13}}{2}$。

这里就是信息隐藏问题,方程通过形式复杂化,隐蔽了简单的方程$(3+x)^{\frac{1}{2}}=x$。这些都是简单的信息隐藏,还有更加复杂的信息隐藏。比如,人的天赋隐藏可能是一个突出问题,人的天赋有差异而无优劣,需要个人自我发现和发展,也需要组织发现和培育,因此,人的配置非常重要也非常困难。再比如,数据隐藏需要通过专业的统计方法才能在大量的数据中找到规律,抽象出隐藏的信息,在现代的大数据分析中,过去是“算法+数据”,现在是“数据+算法”,数据成为核心,因为数据是信息的重要形式。特别在高质量的生产体系中,装备的 AI 化带来了 AI 算法的参数调整,这些参数需要在样本数据的训练中获得调整,事实上这些样本数据就是参数信息的数据载体。在 AI 算法中,参数极其重要,而样本决定参数的收敛速度和精度。人们常把这种训练数据称为数据陪练。因此,获得高质量的训练样本是算法参数更高精度的关键。但是,人们获得的样本通常存在异常数据,或者数据样本的质量不高,而剔除强异常数据和调整弱异常数据、提高数据样本的质量是数据清洗工作的任务。同时,数据的层次、秩序和使用频度等也构成影响参数收敛速度和精度的核心要素,需要在数据清洗中重构数据样本,这些工作本身也需要 AI 辅助的人机结合来完成。能够胜任这项任务的人需要深厚的数学和数据处理功底,以及专业知识和长期专业工作形成的灵感,他们是新质生产力的大国工匠。

(2)两个信息误导的案例

隐藏信息还有一种特殊形式就是信息误导,这类问题很多。这里看两个案例,一个是商船与火炮,一个是管道结冰与解冻。

一、商场与火炮的案例。商船受到飞机的轰炸,人们在商船上安装火炮。一段时间后,商船的火炮打下来的飞机并不多。有人认为商船的火炮没有作用,反而占据了商船的空间,增加了商船的重量,提高了商船的运输成本,认为应当拆除商船上的火炮。这个时候有人提出,商船安装火炮的目的不是打飞机,而是保卫商船,人们需要统计的数据不是打下的飞机而是商船的损失。后来他们统计了商船的损失率,发现自从安装了火炮后,商船损失率显著减少,说明商船的火炮具有明显的效用。这个案例说明信息识别的意义,很多时候人们识别信息未必精准,导致工作目标不精准,因而工作质量不高。

二、管道结冰与解冻的案例。施工工地上,天降暴雨后又下雪,气温突降,一批水管进水后结冰影响了施工进度。人们提出了很多化冰的解决方案,但是都比较耗费时间。后来一个人提出一个很简单的方法,就是用电炉和电吹风集中对小批量水管加热,并倾斜放置水管,在水管内与冰的结合部分融化时敲击水管震动,将冰滑落出来,由此很快解决了水管的结冰问题。他们总结说,我们不是要化冰而是要把冰从水管中分离出来,两者完全不同,所花费的能量不同,时间也不相同。这个案例表明对信息的理解精确很重要,集中力量办大事也很重要。

4. 信息带有主观性

(1)第一个故事

三个朋友自驾外出调研,在高速公路进入休息区间的通道停了一辆车,影响到车辆的进出,其中一个身材瘦小的朋友非常愤怒,他对身材高大的朋友说:我如果有你这么高大的体格,我肯定揍这个小子(指那个乱停车的人)。

大个子的朋友听了觉得有点道德绑架了,但他一直很尊重这位身材瘦小的朋友,于是他说:行,你先坐进休息区,吸一支烟,然后再做决定,如果你到时还决定打他,那你就上去给他一个耳光,剩下的事情交给我。

第三个朋友感到奇怪,问道:为什么要先吸一支烟?为什么要他先上去打一个耳光?

大个子朋友解释道:正确决策的三个基本条件是信息、理性和责任。一是要有必要的信息。虽然信息总是稀缺的,但是,能够收集到必要的信息还是正确决策的必要条件。在这里,我们没有决策所必须的信息,这已经是我们决策的极其不利的条件。二是要有良好的心态。不能意气用事,只有在平静的心态下,人们才能理性思考,《孙子兵法》说“主不可以怒而兴师,将不可以愠而致战”,佛家说“戒、定、慧”,《道德经》说“致虚极,守静笃”,《礼记·大学》说“止、定、静、安、虑、得”。在这里,让他吸一支烟就是为了让他平复情绪,回归理性。三是要有责任担当。没有责任的决策是不负责的,容易失之于轻率。所以,人们常说“站着说话不腰疼”。只有躬身入局,挺膺担当,承担责任,才能真正体会压力、体验艰辛,才能认真权衡利弊,趋利避害,做出理性决策。在这里,要他打一耳光就是要他来启动事件,让他躬身入局,承担事件的后果,支付事件的成本,强化他的责任担当。现在,我们没有任何关于事件的信息,如果后两个条件还不重视,这样的决策肯定不行。

果然,在一支烟后,这个瘦小的朋友决定不打架了,因为没有必要。这个故事给我们一些启示,其中,信息是决策的基础,信息的处理和行为的责任极其重要。更为重要的是,来自人们的信息具有主观性,受到个人利益的影响。

(2)第二个故事

一个工程因不可抗力而终止,其核心设备被封存起来。三年后一个同样设计的工程出来了,总承包方与核心设备供应商都希望启用这台设备。这就需要拆开包装箱查验设备的状况,而包装箱的价格较高,双方同意分摊这个成本,但是,对于各自分摊多少却没有达成一致,都希望自己分摊少一些对方分摊多一些。

后来有个人建议按照股份制度来分摊。他认为这是一次共同投资,投资的利润应当按照投资比例划分,同样,也可以按照利润比例倒推出各自的投资比例。这个包装箱的成本就是总投资,其比例应当按照买卖双方的利润比例分摊,即按照这个比例分摊。而作为专业机构,生产者剩余和消费者剩余都有共识,就可以按照生产者剩余与消费者剩余的比例来确定拆包装箱成本的分摊比例。因为大家都认同股份制度的分配原则,所以大家也都赞同他的建议。

这个故事的寓意在于,利益决定人们的立场、观点和方法,人们看到的信息受到自身利益的影响,所谓利益决定立场,位置决定脑袋,坐标决定视野。因此人们发现,讨论分配原则比讨论利益分配更容易达成共识,因为原则距离利益较远,分配距离利益更近。由此也形成了“原则在先,分配在后”的价值分配和产权分配原则,以及“先讨论工作原则,后讨论工作方案”的工作方法。价值正义必然涉及利益相关问题,因此可能讨论原则和方法比讨论结果更为重要。本质上这是一种更高维度的思维方式,把具体问题抽象为方法,构造出一个蕴含原问题的高维度问题,然后解决高维度问题,原问题作为高维度问题的特例也就自然解决了。代数学就是升维思维的典型,其中求解数学规划的拉格朗日乘子法是常用的升维方式,复数、矩阵等也是常用的升维方式,人们也把这类升维方式称为降维打击——用高维度的方法解决低维度的问题。

(二)信息的基本结构

信息的基本结构就是稀缺性及其导致的不对称性,占有信息较多的一方称委托人,获得信息较少的一方称代理人,信息的不对称结构也称委托-代理结构,或委托-代理关系。

1. 信息具有稀缺性

思想是概念化的信息,知识是体系化的思想。信息是劳动的成果,而且是协作劳动的成果,人们大规模的协作劳动产生了细分的专业化,形成了思想深度思考的可能性,在协作中展开讨论和交流,形成了思想的激荡、信息的爆炸、知识的喷发,由此引发财富的加速增长。毕竟,创造思想是创造财富的先导,创造思想需要组织化的体系协作,所以,人们说“思想植根于实践,发展于讨论”。

人们创造了解决信息问题的方法,但是,信息的稀缺仍然是人们工作的难点,也是人们工作生活的基本状况。其实,信息的稀缺性是绝对的,信息的丰裕性是相对的,人们不可能获得解决所有问题的信息,但需要获得解决主要问题的信息。

经济的整体格局就是一个数学规划问题,但是求解这个数学规划就存在信息稀缺的问题。在人口数量巨大和人们需求多元的条件下,社会经济规划设计的变量众多,约束条件众多,因而形成了运算量的组合爆炸问题,求解这样的巨量运算需要超天文级的算力,人类近期甚至可以预见的将来都无法获得。

人们通常并不整体求解这个社会经济的数学规划，而是分解成许多局部问题来解决，每一个局部问题又都构成一个局部经济的数学规划，人们对这些数量众多的数学规划独立求解、局部优化，这就是市场分散决策的原理。

对于这些数量众多的数学规划，人们也不是都求其最优解，许多规划人们采用的是启发式算法求解。所谓的启发式算法就是算法的数学原理满足求解规划的必要条件，但是不满足求解规划的充分条件。从而，启发式算法的结果未必是最优解，但是，这些结果足够优化，能够较好地满足人们的要求。只有那些能够满足规划充分条件的算法才能提供最优解，但是，这些充分条件的运算量通常都非常大，没法实现。

人们还把多个启发式算法堆垒起来，利用多个启发式算法求解规划，这样能够较好地平衡求解精度和运算量的矛盾。所以，寻找启发式算法的原理，即寻找那些规划的必要条件，也是一种信息工作。当然，这些算法堆叠也同样增加运算量，形成算力要求，因此合理构造启发式算法的组合也是一种信息工作。

关于信息稀缺的事例很多。一个是《墨子·鲁问》记载的关于鲁班造飞机的故事。在这个故事里，墨子提出了"利于人谓之巧，不利于人谓之拙"的科学精神的价值观，但是他以此说明飞机没有用则未必正确。由此也说明，理解事物发展很困难，原因就在于信息的稀缺性。一个是古典经济学的"钻石与水的悖论"，钻石价格很高，原因在于钻石稀缺，获得钻石的边际成本高，而这个边际成本主要就是探寻钻石和设计装备的成本，即信息成本，所以，钻石的稀缺源于信息的稀缺。财富是稀缺的，信息也是稀缺的，而信息稀缺又是财富稀缺的先导。

2. 信息不对称是常态

在现实生活中，信息的稀缺性分布不均衡。人的天赋不同、工作不同、关注点不同，都会对所拥有的信息产生差异。从而，信息占有差异是社会生活的常态，在经济学中，这种状态被描述为"委托-代理"结构，占有信息优势的一方称为代理人，处于信息劣势的一方称委托人。市场交易也是一种委托-代理关系，购买者是委托人,出卖者是代理人,出卖者比购买者占有更多的信息优势,人们常说“买家没有卖家精”就是这个意思。关于委托-代理结构的形成,可能有许多原因,这里谈两个基本的原因:天赋差异与用功不同。

天赋差异即所谓的“物竞天择”,人们的天赋不同,可能并没有优劣之分,只是适者占优——在不同的情况下,不同的天赋特点适用性不同,从而效率不同。比如,有些人具有打篮球的天赋,有些人具有踢足球的天赋,哪一种天赋更重要不好说。但是,有篮球天赋的人打篮球更有效率,有足球天赋的人踢足球更有效率。获得信息、加工信息都是重要的脑力劳动,当然也就具有不同的要求,具有相关天赋的人就更有效率,从而,他们更加容易成为“代理人”。

用功不同即所谓的“用进废退”。人们的能力是一种积累,在哪一个领域投入的时间、精力更多,就会在这个领域积累更多的信息,并且获得更多的经验、能力、社会关系等,这些又能够转化为专业的信息。比如,打篮球的人拥有更多篮球运动的信息,也更容易获得篮球运动相关的信息。因此这些专业人士具有信息优势,成为特定专业领域的“代理人”。

“天道酬勤”是“天赋+用功”的奇异发酵。关于劳动效率的影响因素众多,综合影响的结构会很奇异,有时候会很颠覆人们的直觉想象,对这种情况人们常说“意料之外,情理之中”。比如,学习能力是一种天赋,人们通常认为,学习速度快的人,能够把事情做得更好。但是,现实的情况可能是,学习速度快的人更加适合成为通才,他们往往具有多个领域的通识。相反,学习速度稍慢而长久坚持的人更加适合成为专才,他们往往具有单一领域的精深知识。关于这个结论的微观解释——人们在学习过程面临两种选择:一是深入练习,精益求精,开辟新境界,所谓“炒旧饭”;二是开辟新领域,追求新鲜感,获得新知识,所谓“做新饭”。学习速度快的人,更适合选择“做新饭”的方案,他们能够从新领域的学习中获得更多的知识,获得“不断扩展”的广度自由带来的快感,同时,他们跨越心理非舒适区的时间较短,短时间的非舒适区带来的心理痛苦较小,相对而言他们对于较长时间处于舒适区带来的心理疲劳就会更加敏感(人们通常形容为“审美疲劳”）。相反，学习速度稍慢而长久坚持的人，更适合选择“炒旧饭”的方案，他们能够在旧领域的重复多次中体会精益求精，获得“游刃有余”的深度自由带来的快感，同时，他们跨越心理非舒适区的时间较长，长时间处于非舒适区带来的痛苦较大，相对而言他们对于较长时间处于舒适区带来的心理疲劳就不太敏感。所以，学习速度快的人更加适合成为通才，学习速度稍慢而长久坚持的人更适合成为专才。因此，勤奋是沃土，努力方向是肥力结构，天赋是树种，只有三者统一才能长成参天大树；不同的树种需要不同的肥力结构，长成不同的良才，具有不同用途；而能不能才尽其用，还要看社会的资源配置能力和个人的事业机遇。所以，成才不易，大用更难，对个人而言勤奋是必要条件和能动要素，对社会而言珍惜人才和优化配置是发展的必要条件。

因此，人的劳动能力有差异，信息结构不对称，都是现实生活的常态。信息是质量的关键，面向信息稀缺和信息不对称问题通常有三大对策：一是加强调查研究，掌握更多的信息，改善信息的稀缺性。二是委托掌握更多信息的人，让信息占优者代理工作——所谓“用专业的人，做专业的事”，形成“委托-代理”结构关系；这个方面通常需要配套制度安排的激励相容，完善“委托-代理”关系。三是逆向信息审查，充分利用信息的不对称关系，制度安排上设立举证责任倒置，强化代理人的自证责任要求，构成信息责任框架内部的“信息多=责任大”的机制，强化代理人的责任，司法中的“坦白从宽，抗拒从严”就是这种制度安排的重要实例之一。

三、驾驭信息结构的两个原则

信息是人们认知世界的通道，人们能够感知的世界极其复杂，呈现丰富多彩的现象，但是在这些纷繁复杂的现象背后，人们发现了本质规律的易简性，创立了驾驭信息的两个原则：易简原则和矛盾原则。

(一)易简原则

1. 易简原则的世界图景

《道德经》说“图难于其易,为大于其细”,这句话启示人们一个世界图景:复杂现象对应简单本质,其中的逻辑纽带是结构,复杂结构是简单结构的组合与层垒。进而提出了改造世界的认识论和方法论:认识论是“易”,所谓“解难为易”——解构复杂原理使之结构简明易于理解;方法论是“简”,所谓“化繁为简”——拆分复杂过程使之结构简单便于操作。把握易简原则就能不断累积成功,圣人总是积小成为大成,积小胜为大胜,最终成就伟大的事业。

2. 易简原则的逻辑

《周易·系辞》提出了“易简原则”:“易则易知,简则易从。易知则有亲,易从则有功。有亲则可久,有功则可大。可久则贤人之德,可大则贤人之业。易简,而天下之理得矣;天下之理得,而成位乎其中矣。”翻译过来就是:能够解难为易就容易理解和把握,能够化繁为简就便于运用和笃行;理解和把握就会亲和认同,运用和笃行就会成功发展;亲和认同就能长久坚持,成功发展就能累积壮大;长久坚持才能成就贤人的品德,累积壮大才能成就贤人的事业。

(二)矛盾原则

矛盾包括主观矛盾和客观矛盾,矛盾原则包括主观矛盾观和客观矛盾观,构成了人们共识的内在矛盾结构,也是达成群体共识的基本原则。

1. 客观矛盾观

客观矛盾观认为矛盾是事物发展的内在力量,是推动事物发展的根本动力。所以,人们必须尊重事物发展的矛盾规律,顺应矛盾格局转换的势力变化,把握主要矛盾和矛盾的主要方面,驾驭发展规律,不断推进事业发展。

2. 主观矛盾观

主观矛盾观认为人的认知逻辑存在内在矛盾。这主要是由人的有限理性所致。而理性之所以有限，一方面是因为信息获得不够，另一方面是因为逻辑能力不足。

信息获得不够体现在三点：一是个人天赋不同，因而获取信息的能力有差异；二是个人专业不同，因而获取信息的渠道有差异；三是个人利益不同，因而关注的信息有差异。

至于逻辑能力不足为何会造成有限理性，形成矛盾的内在结构，这个问题比较复杂。对于这个问题，哥德尔不完备定理是重要的理论支撑。运用易简原则可以把问题抽象为二进制的“0”与“1”来讨论，就会变得简单明了。

首先，从数学上看，一切数制都可以同构于二进制，二进制本身就描述了“一阴一阳之谓道”的矛盾关系，同时，“0”的引入也打破了集合论中关于“群”的定义要求，作为一个量（基数）的运算是“乘法”，而“0”在乘法意义上不可逆，因而二进制具有不完备性。由同构性可知，自然的数制体系不具有完备性，内涵逻辑矛盾是数制的内在本质，这也从认识论上反映了人的有限理性和世界的内在矛盾性。

其次，从哲学上看，在二进制中对于“0”的理解涉及有限空间的逻辑无法解构和拆分无限空间的逻辑，造成两种逻辑之间的矛盾，正如《庄子》所说的，“以有涯随无涯，殆矣”。“0”是无限空间的范畴，关于“0”老子说“无”、庄子说“虚”、佛陀说“空”。《道德经》说“有无相生”，从本质上看，“0”代表了“无”，“1”代表了“有”，天地万物都是“有”的形式，数量也是“有”的称量和测度。“0”其实就是一个无限的结构，而这个“0”又是万物的创生之源，《道德经》说“万物生于有，有生于无”，人们化用为“无中生有，有生于无”。而非“0”的所有数都有逆元，代表了“有”的可测度、可称量，人类关于数学的逻辑都是对“1”（“有”）的解构、拆分、组合、运算和推演；而“0”没有逆元，代表了“无”的不可测度、不可称量。“无”是“有”的创生，蕴含“有”的一切，具有无限可能，“无”又是最小的范畴，所以无可解构、无可拆分，也就无所界定、无可理解。而“有无相生”，人们的认知就存在盲区。在近世代数里，在包含“零元”的集合上定义的二元运算代数系统最多只能是半群而不能是群，半群在逆运算上逻辑不完备，在信息完备性上存在瑕疵。不仅“0”的内在结构存在盲区，其实，它的边界也是盲区，这个边界构成了“0”与“1”或“无”与“有”之间的逻辑连续，但是这个连续依然是无穷逻辑，难以在有限逻辑中理解，即所谓逻辑上的无穷小（对称就是无穷大）问题。所谓“非有非无”或“非有非非有”。人们能够从数学上证明“实无穷”蕴含“潜无穷”，“潜无穷”是“实无穷”的必要条件，“实无穷”是“潜无穷”的充分条件，“实无穷”是本质，“潜无穷”是现象，本质是现象的充分条件，现象是本质的必要条件。人们只能用逻辑来描述和解构无穷，但是，依旧不能从结构上理解无穷，不能理解无穷的内在结构，从而不能完成从有限向无穷的结构连续。这是“0”的边界逻辑盲区的重要内涵。

关于认知盲区，人们把意识设想为一个称为“识海”或“小宇宙”的空间，在识海的上空飘荡着一团灰色蒙蒙的云雾，构成了人们认知和逻辑的“黑洞”，这就是“0”或“无”的范畴，人们用生命起点的“蛋”的形象“0”来描述。人们能够感知它的边界，却无法感知它内部的一切，这构成了人的认知和逻辑盲区。在这个闭合范畴之外是“1”或“有”的世界，人们能够感知或理解它的结构。

因此，人们的逻辑具有不完备性，构成了逻辑的内在矛盾与冲突。但是，人们带着这样不完备、不完美的逻辑结构和知识体系，展开了自己伟大的实践征程，创造出辉煌灿烂的劳动历史。

（三）两条推论

易简原则和矛盾原则的结合推演出两条子原则，一是自然原则，一条是和谐原则。

自然原则也称不折腾原则，或不生事原则，其含义可以借用《心经》“不生不灭，不垢不净，不增不减”来描述，也如人们常说的“没病别吃药，有病吃对药”。“没病别吃药”这是告诫人们别折腾，象辞说“潜龙勿用”；“有病吃对药”这是告诉人们别僵化，爻辞说“亢龙有悔”。

和谐原则也称包容原则,或不多余原则,即不要解决所有问题或所有矛盾,务必解决重要问题或主要矛盾,紧紧盯住潜在系统风险。出自《荀子》《韩非子》的成语“提纲挈领”、苏辙说的“执简御繁”,讲的都是这个道理。

四、信息审查的困境

人们需要获得信息和运用信息来解决问题,特别是处理价值正义的问题,但是,人类面临的第一个短缺就是信息短缺,由此带来了信息审查的困境。

(一)五种基本困境

这里讨论信息审查的五类困境:有错与无错的认定困境;价值创造中劳动贡献的划分困境;多目标下无绝对优势的决策困境;组织规模的困境;代理人选择的困境。

1. 有错与无错的认定困境

有错与无错的认定困境就是审查存在一定概率的错误判断,也称“错抓”与“错放”的两难。“错抓”即“以真为假”,把合格的判定为不合格,比如,把好人误判为坏人,把合格品误判为不合格品,把有能力做好事情的人判定为没有能力做好事情的人,等等;“错放”是“以假为真”,把不合格的判定为合格,比如,把坏人误判为好人,把不合格品误判为合格品,把没有能力还贷款的人判定为有能力还贷款的人,等等。

在信息审查水平一定的情况下,有错与无错的认定是一个概率问题。假定在审查水平 H 下,需要认定的事实是 W,比如,W 代表一个人犯错误,认定一个人有错的正确概率是 P,错误的概率就是(1-P)。也就是说,在这个审查水平下,人们需要决定是抓还是放,如果抓就有概率(1-P)的错抓可能,如果放就有概率 P 的错放可能。事实上,这个 P 很重要,提高 P 能够降低错抓的概率,但是提高了错放的概率;降低 P 就会提高错抓的概率,但是降低了错放的概率。人们往往根据错抓与错放的成本来决定这个 P，比如，错放的危害过大、成本过高时，人们会把这个 P 值设定较低，极端情形就是“宁可错抓，绝不错放”；反之，对于那些错放成本不大而错抓成本较大的事前，人们会把这个 P 值设得较高，极端情形就是“宁可错放，绝不错抓”，人们总是要在错抓与错放之间做出选择。当然，要想提高正确的概率 P 就只能提高信息审查水平 H，做出更加深入全面的调查，相应的要求付出更多的劳动和更高的成本。但是，即便提高成本也不能做到绝对的正确，即不可能要求 P = 100%。所以，信息审查总要在错抓与错放之间做出选择，这就是信息审查的认定困境。

2. **价值创造中劳动贡献的划分困境**

作为个人的独立劳动可以直接通过成果来评价其劳动贡献，但是，在群体劳动协作中，个人的劳动贡献体现在群体的劳动成果中，评价个人的劳动贡献不太可能准确。人们只能做出评估，即主观大致的估计而不是准确的评价。《韩非子 · 内储说上》中南郭先生的故事就表达过人们在协作中可能会利用劳动贡献评估的不准确而赚取不当得利。这就是所谓的“搭便车”行为，通过偷奸耍滑，付出较少的劳动，获得较多的回报，本质上就是占有他人的劳动，窃取他人的劳动成果。针对这种情况，人们强化劳动成果认定，通常的方法是计件制，最极端的方法就“单干”或“个人承包”。其中，计件制通常需要一定的条件，比如个人的生产数量不会直接影响整个生产过程，而且，计件制会引发质量“得过且过”的问题，与高质量要求的“精益求精”缺少内在逻辑一致性。但是，计件制还是被广泛采用，因为这种办法能够大体平衡群体协作与个人激励的关系。比如，论文的“级别+数量”考核、上课的数量考核、医生看病人的数量考核等都是升级版的计件制。极端的“单干”可能提高了个人的劳动积极性，但是不能获得劳动协作效应，劳动效率会降低。因此“单干”在很多时候不可取，人们还是要协作。但是如何提高协作的劳动贡献认定水平，始终是劳动协作面临的一个重要问题。人们通常认为，竞争是体现劳动贡献的有效办法，而辩证法就是竞争的简约形式，市场交易就是价值认定的辩证形式。因此，人们创设了市场，用市场的竞争机制评估人们劳动协作中的具体贡献。

3. 多目标下无绝对优势的决策困境

个人的需求很多样，而群体的需求是个人需求的集合，就更为多样，因此，群体的目标不止一个，这也形成了多目标的决策问题。多目标的决策分为直接比较和间接比较两类。直接比较就是把多目标汇总形成多维向量，然后进行向量之间的比较。剔除那些劣解，留下那些非劣解，非劣解之间不能比较，因为向量比较不满足经济学价值比较的完备性要求。面对这种情况，人们采用随机决策或转为间接决策。随机决策就是对非劣解进行编号，然后在编号段内生成随机数，对应随机数选择决策方案。这个原则古已有之，即如果不能理性决策那就随机选择。古代的蓍草占卜、铜钱占卜等都是这种方法的具体运用，只是在朴素的古典数学中加入了神秘主义的色彩，更加具有文化和群体心理上的震撼力而已。

间接比较通常采用归一化的方法决策，即把不同维度的目标值换算成一个维度的目标值，这就构成了单一目标的比较，而在基数条件下单一目标是可以按照数值进行比较的。市场用货币来换算就是这种方法的具体运用，所有的商品，不管是有形的还是无形的、物质的还是精神的、知识的还是技能的，都在市场上讨价还价，形成价格，进行交易。货币成为一般等价物和价值尺度，把不同的商品、不同商品的效用都换算成货币，人们在货币的层面上进行价值比较，围绕货币展开交易，这就是归一化决策方法的运用。

但是，货币只是市场交易的工具，只能在市场竞争的交易过程中承担一般等价物和价值尺度的职能。在垄断条件下，或者在没有竞争的条件下，讨价还价就会难以进行。或者说，在没有竞争的条件下，价值正义不能实现。人们的讨价还价不具备条件，就会存在“敲竹杠”行为，比如拆迁时拥有决定权的一方就可能会“敲竹杠”。人们通常采用裁定的方法解决这类问题，裁定有直接裁定和代理裁定两种基本形式。直接裁定又分两种，一种是直接大众裁决方法，所有人或利益相关者参与表决。这种办法比较公平，但是未必合理。有两个基本的缺陷,一是有可能人数太多导致成本太高,二是裁决者缺乏必要知识和信息导致能力不足。但是,这种办法确实是共识即正义的原初意思,是主权在民的具体实现形式。所以,人们又创设了第二种直接裁定方法——随机抽样裁决方法,它是直接裁定方法的简约版,随机抽样组成裁定群体,降低了人数过多的裁决成本问题,但裁决者能力不足的问题依旧存在。代理裁定就是人们不直接进入裁决群体,而是选择自己认为能力较强的代理人组成裁决群体,由代理人讨论、争议、表决、裁定,这种方法解决了直接裁决的成本过高和能力不足问题。但是,选择代理人的问题又出现了,天下没有免费的午餐。这里需要注意一个问题,正义的原意是协商而不是裁决,所以,在价值正义的体系中,协商高于裁决,即是说,协商的正义性高于裁决的正义性,人们总是优先协商,协商不成时,双方同意,再行裁决。本质上,裁决是一种委托-代理关系。

4. 信息审查的规模困境

市场经济是市场运用交易推动分工,组织①运用管理推动协作,市场实行结果管理,组织实行过程管理。市场的效率通过组织实现,人们希望扩大组织规模,推动社会生产更加有组织有计划。但是,组织的规模不能太大,制约了这种希望,这就是信息审查的规模困境。这种困境主要有两个方面的原因,一方面是组织规模扩大带来信息关系的平方数增长,形成信息审查成本超线性增长,这个问题将在后面的产业问题作进一步讨论。另一方面是信息渠道扭曲,一是信息审查成本提高带来信息审查质量下降,导致寻租成本下降,增加了寻租利益,诱导寻租行为的增加,降低组织效能;二是组织规模扩大,寻租利益带来的成本分担给更多人,人均负担成本降低。比如,寻租利益 100 万元,由 100 人的小规模组织分担是人均 1 万元,由 1 万人的大规模组织分担是人均 100 元。人们对高负担更加敏感,对低负担不够敏感。因此,大规模组织内部人的信息审查自觉性较低,错放的概率提高。通常是组织规模越大,错放概率越高,寻租行

---

① 这里的"组织"是名词的概念,主要是企业组织、政府组织,非政府组织。作为动词,"组织"是管理职能之一,管理的五大职能有:计划、组织、指挥、协调和控制。

为更多。这些寻租行为都是道德风险，降低了组织效率，提高了组织成本。因此，当组织成本超过市场成本，组织效率变为负时，就达到了组织规模的极限。

下面对市场与组织的效率特点做进一步分析。通常市场适合规模较大的生产体系，组织适合规模较小的生产体系。这里主要考虑决策成本与契约成本，两者相加得到总成本。市场的契约成本高于组织的契约成本。市场的特点分散决策与分别签约，组织的特点是集中决策与批量签约；因此，市场的契约成本比组织的契约成本要高。

当规模较大时，市场的信息成本低于组织的信息成本。市场的核心是竞争，竞争是"赛马"机制，能够满足激励相容的条件，在信息不对称的委托-代理关系框架内，可以分散决策——每个主体独立决策，无损整体利益，因而其信息成本较低，并且随市场规模呈线性增长。组织的核心是协作，协作的核心是管理，管理是"相马"机制，不能满足激励相容的条件，在信息不对称的委托-代理关系框架内，需要集中决策——集体协商决策，保障整体利益，因而其信息成本较高，并且按生产体系的规模超线性增长。

当生产体系的规模较小时，契约成本是总成本的主导因素，市场的契约成本大于组织的契约成本，市场总成本因而大于组织总成本。因此当规模较小时，生产体系采用组织化方式更有效率。

当生产体系的规模较大时，信息成本是总成本的主导因素，市场的信息成本小于组织的信息成本，市场总成本因而小于组织总成本。因此当规模较大时，生产体系采用市场化方式更有效率。所以，降低契约成本和信息成本对提高劳动效率至关重要。

组织方式是通过管理直接按照优化方案配置资源，内在逻辑相对简单；市场方式是通过交易形成分散决策，形成持续改进完成资源配置的优化，内在逻辑比较简单，即在劳动要素充分流动条件下，通过竞争推动边际性局部优化而形成持续改进。首先，通过竞争一对一的比较劳动要素，给出每一对劳动要素的边际效用，实现优胜劣汰；其次，在优胜劣汰的基础上，通过流动促进每一种劳动要素流入自己的比较优势分工领域，流出自己的比较劣势分工领域，形成劳动要素的配置结构优化。所以，市场的信息审查成本低于组织，这也是社会生产难以形成一个统一组织的原因，也是单一计划经济的困难所在。

5. 代理人的行为风险

代理人的行为风险问题就是信息“委托-代理”结构带来的，人们占有信息不均衡，占有信息优势的一方能够提供更高效率的劳动，能够创造更多更好的价值，因此人们说“用专业的人做专业的事”，这也是价值正义的重要方面。委托人与代理人利益一致称激励相容，否则称激励不相容。激励不相容时就会出现委托人选择代理人的“逆向选择”和委托人管理代理人的“道德风险”。选择代理人有相马与赛马两种基本制度，在相马制度下备选代理人隐藏信息赢得竞选，从而引发“逆向选择”问题；委托人管理代理人存在信息劣势，代理人隐藏信息获得不当利得引发“道德风险”问题。逆向选择是代理人选择的困境，道德风险是代理人行为的困境，即是说，逆向选择的问题在用错人，道德风险的问题在办坏事，逆向选择在达成契约之前，道德风险在达成契约之后，无论是逆向选择还是道德风险，都降低了奋斗的努力意愿和能力效率，即无法实现“各尽所能”，也无法实现“各得其所”。

（二）相马与赛马两种制度

在信息不对称结构下，优化人才配置的基本方法是“专业的人做专业的事”的“委托-代理”结构，选拔信息占优的专业人士作为代理人，信息劣势的非专业人士作为委托人。由此，代理人的选择成为重要问题，人们提出了赛马制度与相马制度等两种方案。

赛马制度就是不看相关指标，不做相关评估，只看实际结果，所谓“是骡是马拉出来遛遛”，特别能够解决“千里马常有而伯乐不常有”的问题。市场经济实际是一种赛马制度，它只以成败论英雄，在价格竞争和质量竞争中“一刀切”，而且，“只切一刀”——优胜劣汰，不讲情面，也不切更多刀。在赛马制度下，代理人没有办法逆向选择。所以,赛马制度是更好的制度安排。在实际工作中,很多招标都是要求相关工作业绩的资质累积,这就是赛马制度的一种替代。

赛马制度虽好,但是可能没办法实施,比如,一项新的工程,招标人就没有历史业绩可言;再比如,人才选拔的行为模式多样,考核成本过高或者考核难于实现。相马制度作为赛马制度的一种低成本的替代性制度安排,它的存在总有其合理之处。在相马制度中,考核的内容越全面而且反映工作实际,代理人逆向选择的可能性就越小,成本越高,但是,考核成本也越高。

(三)逆向选择和道德风险

在不对称的信息结构下,人们"用专业的人做专业的事"提高劳动效率和质量,但形成了"委托-代理"关系,引发了逆向选择和道德风险两类问题。

1. 逆向选择

逆向选择指代理人在代理关系的契约之前,代理人利用占有的信息优势,按照委托人的选择偏好,展示更加符合委托人选择偏好的信息,从而成功当选代理人。在表面上看是委托人选择代理人,在本质上看是代理人诱导委托人的选择,这个选择事实上是代理人做成的,所以称为逆向选择。这样选择的结果未必是最好的备选代理人当选,只是成功扮演最符合委托人选择偏好的备选人成为实际代理人。比如在人才选拔中,人们更多是对照人才选拔的标准去展示自己的行为,这些行为未必是他们的真实行为模式,只是一种逆向选择的结果。

逆向选择也导致了相马制度的困境。在"委托-代理"结构下,一个合理的办法就是找到最好的代理人,让他成为实际代理人,所谓"人尽其才"。这就是相马制度的合理性。但是,逆向选择的问题打破了相马制度的配置优势,形成了现实中的资源错配,降低了劳动效率。所以,韩愈才感叹道"千里马常有而伯乐不常有"。人们用"人事"一词来表达三层含义:一是先做人,后做事;二是有什么人,做什么事;三是要做事,先找人,要做好事,先找对人。因此,逆向选择导致的找错人和用错人可能是最大的资源错配和效率损失。

2. 道德风险

道德风险是备选代理人成为实际代理人后,未必按照委托人的要求工作,因为他们占有信息的优势,委托人难以监管代理的实际行为,委托人能够看到的往往就是代理人经过选择之后给出的信息,这些信息同样符合委托人的行为偏好,但却不是代理人的真实行为,从而,代理人获得更多的利益,而委托人的利益遭受损失。道德风险的行为内涵是在努力程度上不是尽心尽力,甚至是反向努力形成寻租,在收益上不努力增加,在成本上不努力节约。禀赋理论和晕轮效应都认为,人们容易放大自己而缩小他人,因此通常人们花自己的钱办自己的事是既节约钱又办好事,花自己的钱办别人的事是只节约钱但不办好事,花别人的钱办自己的事是只办好事但不节约钱,花别人的钱办别人的事是既不节约钱又不办好事。

在道德风险中,代理人选择信息给予委托人,本质上这也是一种逆向选择,道德风险是逆向选择的一类具体表现。因此把道德风险与逆向选择并列是基于其内在共同特征都是信息筛选行为,都会给委托人带来利益损失,都会给代理人带来利益。只不过是人们把代理人获得代理权之前的逆向信息筛选行为称为逆向选择,把代理人获得代理权之后的逆向信息筛选行为称为道德风险。当然,道德风险还多了一个代理人损害委托人利益的结果,这在获得代理权之前没有办法做到。

个体经济和合伙制度都是逆向选择和道德风险的防范和控制机制。在劳动生产中,产权分配能给劳动效率带来重大影响,也能给个人带来重大利益,从而成为逆向选择和道德风险的高发领域。这里行使产权分配权力的人称配置者,他们是逆向选择和道德风险的高发人群。人们为了弱化甚至消除逆向选择和道德风险,要求劳动生产组织中的产权配置者提交财产进行抵押,由此构造激励相容的产权结构。所谓激励相容就是双方(各方)的利益一致。在这里,就是产权配置者与委托人的利益一致,而且,无论是逆向选择还是道德风险,风险一旦爆发,配置者首先承担风险后果。由此,委托人与代理人变成了同一个人,个体经济和合伙制度就是这样的制度安排。由于配置者就是出资人，承担经营的风险，因此他们也获得补偿风险的收益。原来他们只是代理人，付出配置劳动，获得劳动收入，挣到“汗钱”，承担风险之后，他们作为出资人，获得风险回报的收益，挣到“血钱”，两者相加他们挣到“血汗钱”。其中，“血钱”代表风险收益，“汗钱”代表劳动收益，血汗钱的结构打破了纯粹按劳分配的格局，形成了个体企业和合伙制企业的收益结构。所以，个体经济和合伙制度都是逆向选择和道德风险的防范和控制机制。但是，个体经济和合伙制度存在规模扩张问题，人们创设股份制通过资本集中扩张规模，形成集中力量办大事的制度安排，但是引入资金就存在委托代理关系，这就构成了规模扩张与激励相容的两难困境。

现实生活的贪污、腐败、行贿受贿等都是道德风险的问题，这些道德风险的原因主要在于没有激励相容。激励不相容就是利益冲突或不一致，代理人就会利用信息优势扩大自己的利益，损害委托人的利益。所以，无论是逆向选择还是道德风险，都有两种基本防控方法，一是通过制度安排，创设激励相容的制度体系，比如，贷款抵押制度、合伙制度和个体经济，等等，能够有效抑制逆向选择和道德风险；二是加强信息调研，形成委托人的局部信息优势，在此基础上实行信息披露的责任倒置，要求代理人依规披露信息。

五、加强调研工作

做好调查研究工作才能获得更多更好的信息，而做好调查研究工作需要尊重认识论和信息科学的内在规律。

（一）格物致知以优化信息条件

格物致知是科学认识论。格物致知是传统认知的科学方法，虽然历史上有多种理解，但从认识论的角度，包括五个基本的方面：一是分类比较，二是辩证思维，三是系统思考，四是正心诚意，五是实践笃行。

1. 分类比较

《周易・同人》说"君子以类族辨物"，这是"格"的第一个内涵，要把事物分类比较，在分类中比较，在比较中分类。认识论认为，人们在比较中认识事物，在分类比较中认识事物的是与非、自我与他者。比如，"格竹子"就要在竹子与非竹子的比较中，直观地认识竹子，理解什么是竹子和什么不是竹子，理解竹子的内在本质，认识不同竹子之间的共同本质和差异，认识竹子与非竹子的本质差异。其实，理解和认知都是比较的结果。所以，《道德经》说"有无相生……前后相随"，格物不只是推究，而是分类究竟，既要分类又要究竟，在事物的是与非、自身与他者的区别中理解，在对照中理解。

2. 辩证思维

"格"的第二个内涵是在事物的基础上，从正反两个方面的比较中展开认识，既有正面的内涵认识——是什么，也有反面的外延认识——非什么（不是什么）。所以，《周易・系辞》说"一阴一阳之谓道"，格物就是要在是与非的比较中找究竟、穷事理。而比较的最简约形式就是辩证，就是找到正反两个方面展开对照和比较，所谓"究竟是非"。特别强调事物的是非关系，厘清楚哪些能够证实、哪些能够证伪、哪些既不能证实也不能证伪——认识的盲区。比如，认识竹子要从"是与非"的正反两个方面形成辩证关系来理解竹子，还要在形式上展开竹子内涵和外延的讨论，达到明辨的目的。

3. 系统思考

"格"的第三个内涵是在辩证思维的基础上，展开系统、全面、深刻、细致的思考，《周易・系辞》说"探赜索隐"。就是从分类开始辩证认识过程，其认识内涵的范畴结构要从哲学三大规律和五个范畴展开。三大规律是对立统一规律、量变质变规律、否定之否定规律。五大范畴是现象和本质、内容与形式、原因与结果、偶然与必然、可能性与现实性等五个关系。比如，认识竹子，要分类比较和辩证讨论，每一个分类的比较和辩证讨论都要针对竹子从哲学三大规律和五个范畴来比较和认识其中的是与非。

4. 正心诚意

“格”的第四个内涵是正心诚意的意思,通“恪”。《庄子·齐物论》说“天地与我并生,而万物与我为一”,既有着恢宏的大气,更有着极致的虔诚,追求无物忘我、天人合一、燕处超然、万物唯心、全心一念的纯净的内心世界,着力强调了探索真理的态度。比如,研究竹子就是要认真研究竹子,内心不能有杂念,务必干净、纯粹,只有竹子没有他物。所以,格物致知的其他方面强调方法,正心诚意强调态度,方法与态度同样重要,这是车之两轮、鸟之两翼。这种态度要求的格除物欲、内心无私也引发了“致良知”的心学思考。

5. 实践笃行

“知信行合一”是“格”的第五个内涵。《礼记·中庸》说“博学之……笃行之”,强调了知、信、行的关系。人们也常说“实践出真知”,只有能够正确指导实践的才是真知,才能真信,也需要在实践中提高认识和强化信念。人们总是在实践中深化认识、强化信念、检验真理和发展真理。从汉字的会意构造上看,“知”的意思就是能够射中靶心还能说出道理,就是实践能够成功还能说清楚成功的道理,这才是真的知,这样的知才真正可信。比如,格竹子还需要去种植竹子,在种植竹子的实践中认识竹子的生长规律,认识竹子与非竹子的生长规律的不同,认识相同竹子共同的生长规律,也认识不同竹子的不同生长规律,要在这种正反两方面的辩证比较中,认识竹子的本质和规律。只有种好了竹子,对于竹子的认识才是可靠的、可信的。

6. 小结

格竹子不是简单的对着竹子枯坐,仔细观察竹子只是基础,在这个基础上,要以分类方法切入,以辩证思维为主线,以系统思维为结构,认真专注地进入实践,观察、思考和种植竹子,在种好竹子的实践过程中深化对竹子的认识,也通过种好竹子触类旁通,提炼和抽象出认识方法和认识论,帮助我们理解其他事物。

从认识论的视角，人们认识事物的切入点是分类把握，人们正是在分类中认识事物的同与异，甚至是自我与他者，这也是“科学”的原始本意——分类究竟、分科学习。所谓格物致知就是从分类究竟着手的研究方法，所以，格物致知与科学是同义的研究方法，是人们实践中创立的探索真理的重要方法。但要注意，无论是格物还是科学，都是探索真理的方法，不是真理本身。

格物致知就是通过调查和研究的辩证统一来改善信息状况，解决信息的稀缺性问题，包括调查和研究两个方面。

在调查方面，一是加强深入实践，深入基层，深入生产和科学研究的一线，更加贴近信息生成的源头，更好地获得直接信息；二是加强专业理论的学习，从历史上他人的实践经验、理论总结、知识体系等获得间接信息。

在研究方面，人们形成了一系列的科学研究方法，比如，哲学的认识论、数学的统计、现代信息技术的数据挖掘和大数据技术等，对信息进行整理、加工、抽象，形成体系化的信息——理论逻辑。而且，概率论的原理说明，在更高层次的抽象上对信息进行检验，在更高抽象层次上形成统一，理论所接受的检验领域就越加宽广。接受的检验数量更多、质量更高、标准更为严苛，理论的真理性和正确性就更高，适应领域更广，可靠性更好，对实践的指导价值更高。

（二）调查研究的基本结构

《周易·系辞》说“探赜索隐，钩深致远”，“探赜索隐”就是调查研究，“钩深”就是更好把握规律，“致远”就是成就事业。所以，其意思就是强调做好调查研究，深刻把握事物发展的规律，做好工作，成就事业。

调查研究是认识过程的两个关联活动，一是调查，从外部获得信息，这是感性活动；二是研究，这是理性活动，从内部获得信息，即通过既有的信息的加工、处理和抽象，获得更多的信息。做好了调查研究才能把工作做好。

要遵循各个具体学科专业的实验规范，正确地开展实验和记录结果。要遵循信息科学的研究规律、方法和理论，正确地分析、归纳、演绎既有的信息，抽象

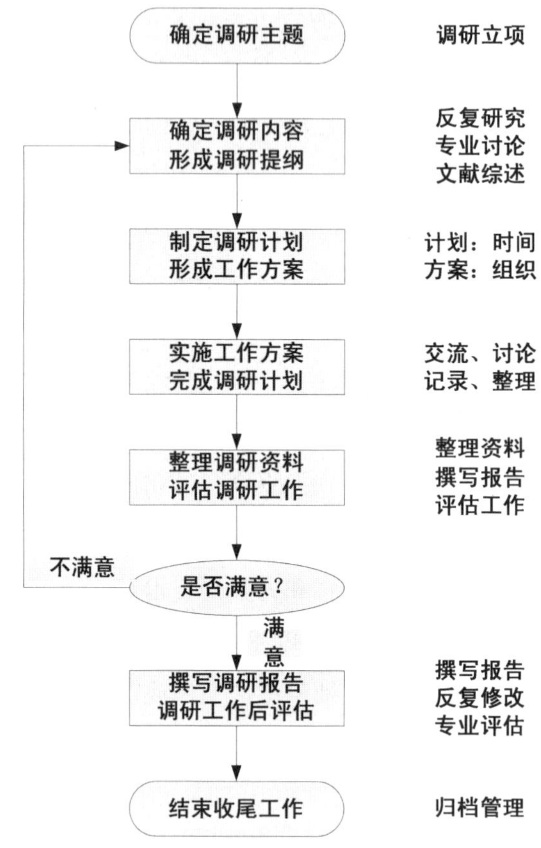

图 2-4　经济调研工作基本流程

出更多合乎逻辑的信息。

经济调研工作的基本框架：(0)确定主题。(1)确定调研内容，形成调研提纲。(2)制定调研计划，形成工作方案。(3)实施工作方案，完成调研计划。(4)整理调研资料，评估调研工作。(4.5)评估不通过，升级调研，重回(1)；评估通过，转入(5)。(5)撰写调研报告，调研后评估——基本判断：优良中差？闪光点在哪？还有哪些可改进？这是不断提高调研能力的关键——总结经验教训。其中要特别注意调研提纲设计的三个原则：相关性、可答性和可达性。所谓相关性就是要认真设计调查提纲，通过严密数学分析，保障调研内容的主题相关性，案例选择、提纲设计等都要围绕主题展开，切忌出现不相关的调研选项，形成信息干扰，降低调研质量。可答性就是被调研者能够回答，不能超出被调研者的能力、意愿去设计，变成形式调研或虚假调研。可达性就是设计调研内容能够涵盖主题，通过调研能够形成解决问题的方案，不为解决问题的调研都是形式调研或虚假调研。其中的相关性分析比较复杂，人们通常通过统计的相关系数来分析。但是，相关系数难以区别共因相关与因果相关，比如，人的长高与小树的长高具有正相关系数，它们都是时间的结果，但它们之间没有关系。人们通常还采用异步相关系数来分析，所谓同步时序分析就是同一时间的数据对应，比如，2020 年的数据对应 2020 年的数据，2021 年的数据对应 2021 年的数据，依次类推，计算相关系数；所谓异步就是把时间序列的对应关系错开，比如，用 2020 年的数据对应 2021 年的数据，2021 年的数对应 2022 的数据，依次类推，计算相关系数。认为异步相关系数能够更好反映变量的因果性，在时序关系上，原因超前于结果，前置原因变量数据而统计的相关系数会大于同步计算的相关系数，反之，前置结果变量数据而统计的相关系数会小于同步计算的相关系数。

举一个关于信息处理技术的逻辑案例。一个人要上自己的汽车却找不到车钥匙，他不停地翻口袋，这时他的一个朋友对他说："你先靠近你的汽车，看看能不能打开车门。这是感应钥匙，如果能够打开说明钥匙在你身上，你再翻口袋，如果打不开车门说明钥匙不在你身上，就不用翻口袋了，得想想是不是放在家里忘记带出门了。"于是，这个朋友靠近汽车，但打不开车门，回到家里就找到了钥匙。感应钥匙提供了一种功能，令汽车钥匙在不在身上与能不能打开车门产生了逻辑关系，这种逻辑关系能够提供一定的信息。人们创造了许多分析信息的技术，比如统计学、复式记账法，等等。复式记账法是使用了信息审查原理，构造了两条不同的核算路径，通过独立核算后的结果对比，运用了独立事件共同出错概率是各自概率的乘积，而概率不大于零，因而共同概率变小，而共同出现相同错误的概率更小。本质上，所有的自然科学都是信息处理的技术，都是通过信息揭示事物规律和运用规律的技术。

(三)调查研究的技术问题

1. 调查研究的案例选择

调查研究是获得信息的基本形式,要遵循辩证法的原则,正反两方面的案例都要有。其实,调查研究就是“摸着石头过河”,即“先试点,后总结,再推广”,核心就是调查研究,不过这个调查研究包括了实践本身。所以,案例的选择既要有成功的经验总结,也要关注失败的教训归纳。真正成功的要素是成功案例共有而失败案例共无的,那些只是成功案例共有的要素未必是成功要素。

成功的案例极其重要。人们可供选择的备选方案很多,缺少成功案例就没有经验可以借鉴,寻找正确的路线和方案就是“大海捞针”,所以,那些成功的案例就是大海航行中的灯塔,能够给人们提供前行的方向。统计学的学习原理就是一种价值调整的确证机制,人们更信任那些带来成功的方案,认为成功次数越多的方案具有越大的成功概率,所以,方案每一次成功,都会增加人们对方案的信任度,人们也会在计算中提高方案的成功概率设定值。即是说,人们的知识积累也是基于成功与失败的学习,在成功中总结经验,对这些带来成功的经验给予更大的信任,成功的经历越多,给予的信任越大,人们常说“提高信任权重”。反之,对于失败的教训则降低其信任权重。

我们也需要高度重视失败的案例。没有失败的案例也会带来三个问题。一是缺乏理论边界。人们认识的世界丰富多样,不同的领域具有不同的规律,具有不同的信息边界,这构成了科学的基本特征。科学的认识论认为,科学总存在边界,存在适用的领域,超越这些边界,科学理论就会失效,寻找这些边界就称为“证伪”。失败的教训就是来自实践的证伪,是全部科学边界逻辑的基础。缺乏理论边界,人们就难以确定行动的始终,既难以善始也难以善终,正如《周易·文言》所说,“知至至之,可与言几也。知终终之,可与存义也。”二是缺乏应对危机的经验。一方面,缺乏失败经历的人们容易缺乏危机意识。具有危机意识人们才会主动规避风险,做到《孟子·尽心》说的"知命者不立乎岩墙之下",《论语》说的"危邦不入,乱邦不居",《史记·司马相如列传》说的"坐不垂堂";另一方面,缺乏失败的教训就缺乏应对危机的实践,应对危机的对策措施也就缺乏实际的基础,这样的理论体系只能飞在天上,没有提供软着陆的办法,不能形成《周易·文言·乾》中"知进退存亡而不失其正者"的格局,《周易》用"亢龙有悔"来形容其危险。三是过于保守。完全没有失败的案例,带来的理论体系就会标准过高。从审查理论看,在一定审查水平下,人们需要在"枉抓"与"错放"的两难之间做出选择,要想提高审查水平就需要更多的信息,带来更多的成本。缺乏失败的案例就说明样本的标准过高,过于保守,漏掉了很多好的项目,把这些好的项目当成了不好的项目。这种问题在风险投资中非常重要,在实践的市场竞争中也很重要。过度保守的态度和做法,容易使人犹豫不决,缺乏进取精神,难以面对瞬息万变的市场机会,也容易错过那些战略性新兴产业和未来产业的优质项目。

因此,正面的成功案例要调研,负面的失败案例也要调研。人们说"失败是成功之母"更多的是鼓励人们不要怕失败;更完整的说法是"失败是成功之母,胜利是成功之父"。

2. 找什么人调查

每一个人的信息都是有限的,对于调研对象的信息要从两方面看,一是不可不信,二是不可全信,东汉王符的《潜夫论·明暗》说"兼听则明,偏信则暗"。

被调研者回答问题不可能完全客观,这有两个方面的因素:一是信源不完备,这是客观因素。人们获得的信息从源头上就是不完备的,前面讨论了这个问题;二是信源扭曲,这是主观因素。人们内心会不由自主或不自知地放大对自己有利的信息,利益格局框定人们的信息选择,人们不是用证据来支持观点,而是用观点来修改证据,形成信息过滤原理:人们更容易关注对自己有利的事物,记住对自己有利的信息。

信息过滤原理还可以进一步展开。利益决定立场、观点和方法,立场、观点和方法决定信息，人们有选择性记忆、选择性视觉，对那些没有利益和兴趣的内容会选择性地无视和遗忘，对那些有利益和感兴趣的内容会选择性地正视和牢记。

因此，调查研究需要多方面的人员构成，形成不同的利益群体，能够从不同的视角给出不同的观点，从不同的观点中抽象、对比和推理，由此及彼、由表及里、抽丝剥茧、去伪存真，才能找到事物的真相，所谓“兼听则明，偏信则暗”。所以，调查对象的选择要兼顾典型性与随机性，还要满足利益相关性，那些利益不相关的人未必需要参与调查。被调查的人不是越多越好，不相关人员的参与可能增加了无效信息量，形成不真实的信息样本，给后面的研究工作带来困难。

3. 关于迭代进化的一个争议

有人认为可以先写调研报告，理清思路，带着更加清楚的问题去调研，在调研的过程中不断深化认识，逐步完善报告。

这种观点背后的逻辑是“雪球理论”——自身的知识越多看到的知识就越多。这种观点的另一个变化是不写成调研报告而是写出研究报告的一级提纲并写出相应的内容注释，包括讨论什么内容、主要思路、基本观点、相关理论等，这个带注释的提纲比三级提纲信息量更大，本质上就是没有过度修饰但已成文的报告，这就是所谓的“做功课”。

有人不赞同这个观点，认为这样做会产生先入为主的偏见，影响后续调研工作的客观公正。这两种观点都有道理，调研本身是一个迭代进化的过程，在调查研究和亲历实践中深化认识，报告也是在调研的进程中写出，又在调研的进程中随着认识的深入不断修改完善。所以，事先查资料写出报告也是迭代过程中的一个环节。

但是，这样做需要遵循辩证法的“执其两端”原则，把课题大纲划分为两组，确定具体问题的两种对立观点，在调研进程中深化认识，强化争议，明辨是非，形成结论，当然也可能没有结论。通过这样的辩证两端设计，既能够获得雪球效应带来的更高信息效率，也能够更好地避免先入为主的偏见影响，更能够在充分的辩论中激发思考，启迪思想火花，更好地发挥调研组的创造力，提高调研质量。

本章小结

信息稀缺和不对称带来了人们决策的困难，人们只能掌握相对真理，不能掌握绝对真理，只能了解局部真理，不能了解全部真理。人们的认识带来不同信息、不同知识体系形成的不同偏好，决策多少带有不确定性或风险，人们带着风险走进历史。为了降低这种风险，人们遵循统计学的大数定律和学习强化规律。按照大数定律，人们实践群体决策，降低决策的风险；按照学习强化规律，人们不断提升实践成功者的权重和降低失败者权重，降低决策风险。这些原则构成了辩证机制的内在结构，成为辩证法追求真理和达成共识的数学基础和实践基础，在价值关系上也成为价值辩证机制实现价值正义的数学基础和实践基础，而市场机制就是人们为实现价值正义创设的价值辩证机制。因此，信息结构及其相关的统计理论是人们设计辩证机制以探索真理和达成正义的数学基础，也是人们创设市场机制以实现价值正义的数学基础和实践基础。

第三章　经济辩证法

万物负阴而抱阳，冲气以为和。

——《道德经》

辩证法是人们探索真理的重要方法，也是人们实现正义的重要方法。经济辩证法是人们为实现价值正义而创设的辩证体系，以市场体系为核心，以政府和市场为主线，构成价值正义的基本框架。本章讨论经济辩证法的形式辩证和内涵辩证，包括辩证法的内涵、经济辩证法的基本框架、福利与经济发展的辩证关系、增加消费内涵的辩证关系。

一、辩证法的本质

辩证法是人们探索真理的重要方法，其古典含义是通过辩论明辨是非、求证真理；其古典形式要求设立辩论的双方，这是辩证法的形式辩证；其古典内涵要求执其两端而用其中道，这是辩证法的内涵辩证。辩证法是形式辩证和内涵辩证的统一。

(一) 关于辩证法的故事

1. 故事[①]

一个大户人家有四个小孩,小孩每天都在私塾读书,一天家里有喜事,请来戏班唱戏,孩子们都获准看戏,看完戏后,父亲把四个小孩叫到跟前,问:今天看戏你们觉得好吗? 孩子们答:好。父亲接着问:平时让你们读书,你们觉得好吗? 孩子们想了想,还是回答:好。父亲接着再问:那你们觉得是读书更好还是看戏更好?

老大遵循自己的内心偏好,实事求是地说:我觉得看戏更好。父亲虚晃了一下戒尺,轻轻拍在老大手上,说:好逸恶劳,以后不会有大出息。

于是老二认为自己知道了答案,说:我觉得是读书更好。父亲拿起戒尺打在老二手上,说:口是心非,人品有点问题啊,将来就不是成就大小的问题了,而是出不出事的问题了。

老三不知道该怎么说,正在茫然中,老四抢先回答了:我觉得读书与看戏是同样好,没有差别。父亲拿起戒尺在老四的手上重重打了两下,说:调和主义搞折中,本质是墙头草,两边倒,投机主义搞取巧,人品恶劣,将来就不是出不出事的问题了,而是出事大小的问题了,大家要好好看着他,加强教育和管束啊。

老三这时明白过来了,他说:我觉得吧,读书就是看戏,看戏也是读书;但是,读书有读书的特点,看戏有看戏的特点,读书不能取代看戏,看戏也不能取代读书;所以,当读书时则读书,该看戏时还看戏。父亲很高兴,伸出手来慈爱地摸着老三的头说:执其两端,用其中道,得辩证法之精髓矣。

2. 分析与讨论

这个故事涉及的是经济学的价值比较问题。价值比较是困难的,为了进行价值比较,经济学提出了三个基本假设:一是稀缺性假设,也称多多益善假设,假设财富越多越好。这里注意,拥有财富不存在边际效用递减的问题,边际效

---

① (清)梁章钜.浪迹续谈:卷六[M].福州:福建人民出版社,1983:168-169。此处笔者对故事有所改动。

用递减是消费财富的问题，不是拥有财富的问题。二是逻辑一致假设，也称传递性假设，如果 $A\geqslant B$ 且 $B\geqslant C$ 则 $A\geqslant C$，不能出现如果 $A\geqslant B$ 且 $B\geqslant C$ 但 $C\geqslant A$ 的情况。三是完备性假设，给定 A 和 B，则 $A>B$ 或 $A<B$ 或 $A=B$，三者必居其一，不能出现 A 与 B 不可比较的状态。其实，向量未必都可以比较，向量不满足完备性假设。对于向量比较问题，人们通常进行归一化处理，将向量转化为数量进行比较，不过这本质上已经不是向量的比较了。

老大的回答可以算是他的个人偏好，应当说老大的回答是实事求是的，所以，虽然他的回答不具有开放性和创造性，但是从实事求是的视角看也算是秉性纯良。中国传统文化强调的“自强不息”与“厚德载物”，他在自强不息上有所不足，厚德载物还是基本做到了。

老二的回答属于数学推论。他的逻辑符合数学的“抽屉定理”，就是抽屉里放着两个球，抽出来 1 号球剩下的就是 2 号球，抽出 2 号球剩余的就是 1 号球。在读书与看戏的两个球中，不是读书就只能是看戏。所以，他的回答具有坚实的数学基础。但是，他忽略了一个问题：附加条件不存在。也就是说，问题被他们自己附加了非此即彼的条件，当父亲提出问题的时候，大家都自动把读书与看戏的“二中选一”作为条件附加上去，由此形成了抽屉定理。但是，这个条件是不存在的。

老四突破了这个附加条件，依据价值比较的完备性假设，创造性地提出了两者同样好的新见解，这个创新有着坚实的经济学和数学的理论支撑。但是，老四的回答依旧是封闭式的思维，不是开放式思维，而且是封闭式思维下的“以结论定逻辑”而不是“以逻辑定结论”，或者简称“预设正义”，违背了实事求是的正义原则。

老三说的“读书就是看戏，看戏也是读书”，本质上把握了事物矛盾的普遍性和事物的普遍联系性；“读书有读书的特点，看书有看书的特点，读书不能取代看戏，看戏也不能取代读书”，本质上把握了事物矛盾的特殊性；“当读书时则读书，该看戏时还看戏”，本质上把握了事物矛盾的运动发展变化性；在总体上，他没有就事论事,而是以开放的思维面对问题,在读书与看戏这两个设定的对立中,从“冲气以为和”的内在矛盾观点看待事物,从“事物的内在矛盾是事物发展的内因”出发,以事物的矛盾运动看待事物的发展变化,把握住事物争议的两端,在争议中“和光同尘”。所以,老爷评价他“执其两端,用其中道”,避免了“非此即彼”的机械思维。

(二)辩证法的本质

1. 辩证法的逻辑形式

故事是要表明,辩证法的原始含义是运用辩论以求证真理的方法,古典辩证法要求设立对立双方相互否定,逻辑形式上通过否定对方的观点来深化认识。要求每一方尽力否定另一方的观点,被否定方则有两种选择,一是认同对方的否定,在自己被对方否定的观点之外寻找新的观点;二是否定对方的否定,在否定之否定中形成自己的新观点。辩证法的逻辑形式的数学原理如下:存在一个包含真理的观点集合,双方的每一次否定都是对这个观点集合的切割,剔除了不包含真理的子集,而包含真理的集合空间变小了。辩证法就是通过设立对立的双方形成相互否定,不断切割包含真理的观点集合,剔除不包含真理的子集,缩小包含真理的观点集合的空间,从而不断接近真理,最终找到真理和达成共识,这是辩证法逻辑形式的数学基础。在故事中,前面三个小孩都是认同对方的否定,在己方被否定的观点之外寻找新的观点。父亲在否定这三个小孩的过程中深化了认识,形成了“三个不是”的观点:不是读书更好、不是看戏更好、不是读书和看戏一样好。第四个小孩则在这个“三个不是”的基础上,否定了父亲的读书与看戏的比较关系,形成了新的观点。其实,“三个不是”涵盖了比较读书与看戏的全部可能性,“三个不是”表明,问题的答案(真理)不在读书与看戏的比较之中,而在读书与看戏的比较之外,因此,“三个不是”为第四个小孩否定父亲的观点,跳出读书与看戏的比较,奠定了基础。这种设立辩论双方在不断否定中深化认识的形式是辩证法的逻辑形式。辩证法设立的辩证形式通常是双向的相互否定关系，但也不排斥单向否定关系，故事里只有父亲否定小孩，没有小孩否定父亲，就是单向否定关系。辩证法的辩论不同于一般的辩论，辩证法的辩论目的是在不断否定既有的认识中深化认识并且达成共识——对立统一，不是为了辩论的输赢，所以《资治通鉴·周纪》中邹衍说："夫辩者，别殊类使不相害，序异端使不相乱。抒意通指，明其所谓，使人与知焉，不务相迷也。故胜者不失其所守，不胜者得其所求。若是，故辩可为也。"事物内在矛盾是一种对立统一的关系，辩证法的逻辑形式是一种对立统一形式，力求通过认识的对立统一形式反映事物矛盾的对立统一关系，达到形式与内容的统一。在故事中，通过辩论——问答，大家不断否定原有的认识，理解就更加深入，最后得出的结论既不是读书好，也不是看戏好，而是"合"——读书即是看戏，看戏也是读书。在逻辑形式的基础上，辩论的内涵设立读书好还是看戏好，形成两者选一的对立——矛盾关系，后面的"合"是深化认识的结果，最后的"当读书时则读书，该看戏时还看戏"则引发了"当"与"不当"的新矛盾关系。在这里的辩论之"辩"与明辨之"辨"是因果关系，有辩论才有明辨。所以，辩证法是一种追求真理的方法，在形式上设立对立的双方展开辩论，在辩论中辨明是非、优化信息、确证真理。比如，故事中的读书与看戏是构造出来的对立的两极，形成矛盾的"正方"与"反方"，通过对矛盾双方的比较、讨论、分析，找到矛盾的均衡点，也就是通过"正"与"反"达成"合"，这个"合"不是非此即彼，而是相互联系、相互包容、相互贯通，故称"中道"。这个"中道"源于《中庸》的"执其两端，用其中于民"。这里"中道"强调"合"不是发展的终点，而是实践的起点，又在实践中蕴含着新的矛盾体，构成新的"正与反""阴与阳"的对立统一，而且，"正中有反，反中有正"，"阴中有阳，阳中有阴"。这种"执其两端，用其中道"的"正""反""合"的过程不断发展，就像太极图的阴鱼中有阳眼，阳鱼中有阴眼，阳鱼与阴鱼相互圆转不断一样，反映了事物发展的内在逻辑，构成人们的认识过程。这就是辩证法。

《周易·系辞》说"一阴一阳之谓道"，人们认为阴阳的这种对立统一关系是事物的根本规律,这种对立统一关系被称为辩证关系,这种观点被称为辩证观。辩证观是辩证法的哲学基础,辩证法是辩证观的实现形式,在辩证法的发展过程中形成了包括三个基本观点(普遍联系、运动发展、对立统一)、三大基本规律(对立统一、质量互变、否定之否定)、五对基本范畴(现象和本质、内容与形式、原因与结果、偶然与必然、可能性与现实性)、四大思维方式(归纳与演绎、分析与综合、抽象与具体、逻辑与历史相统一的方法)等思想内涵,简称辩证思维。辩证法作为辩证观的实现形式,涉及形式和内涵两个基本方面。在形式方面,辩证法的基本形式是设立辩论双方,而辩论的核心是主体和主权。在主体和主权上,辩证法强调了群众路线。人是辩证关系的构成主体,以观点划分群体,参与辩论和竞争。由此,辩论的主权属于参与辩论的群众,不是非参与者,《道德经》说"鱼不可脱于渊",在这里的鱼就是主权,渊就是参与群众。在形式和内涵的关系上,辩证法强调实质辩证包含形式辩证和内涵辩证,形式辩证是内涵辩证的基础和条件,所以,形式辩证是实质辩证的前提和保障。其中,形式包括了流程规则和实体规范,流程规则指导人们"做什么",实体规范指导人们"怎么做"。实质辩证的指向是内涵辩证,但是其关键却在于形式辩证。

辩证是对立与统一的矛盾关系,这种矛盾辩证关系是事物发展的内在力量,在事物发展过程中内生对立与统一、量变与质变、否定之否定等辩证规律。辩证法是遵循辩证原理,立足对立统一的辩证关系,强调普遍联系和运动发展,运用对立统一的矛盾辩证关系及其辩证发展规律,探索真理、挖掘信息、达成共识、办好事情的方法。辩证法强调"执其两端,用其中道"的"正、反、合"的辩证过程,强调先有执其两端,后有用其中道的"辩证"过程,强调明辩之后才有明辨,明辨之后才有真理,拒绝没有通过辩证过程的预设真理和预设正义。"明辩"之明是光明正大、充分明了的意思,"明辨"之明是清楚明白的意思,明辩到明辨就是通过充分的辩论达到能够明辨是非、优化信息、确证真理的目的,强调以形式的辩论达到内容的辩证。

经济与司法是实践辩证法应用最充分的两个领域。在经济领域,人们通过建设市场设计出买卖双方的辩证关系,通过创设市场和政府设计出私人产品与公共产品的辩证关系,由此形成了民营经济与国有经济的关系、市场调节与政策调控的关系、金融市场与财政税收的关系、政策目标与政策工具的关系等。在司法领域,人们设计控辩双方构成辩证关系,特别强调必须通过控辩双方的充分辩论才能够作出判决,即使对于那些明显可以判定的是非也务必给予充分辩护的机会,坚决反对剥夺辩护权利的预设正义主张。

2. **辩证法的内在要求**

辩证法的实质是通过思想与观点的竞争来深化思想认识和达成群体共识,因此辩证法需要关注三个方面的问题:一是利益诱导,二是冲突对立,三是势力均衡。

一是利益诱导方面。辩证法的实质是通过构造形式的博弈关系,形成利益的竞争关系,诱导和引发观点的冲突,在利益诱导的观点冲突中增加人们的思想深度,有效形成"博学之,审视之,慎思之,明辨之,笃行之"的认识过程和实践过程。关于利益影响人们认识的问题,在信息部分已经讨论过。

二是对立冲突方面。从人们的认识心理过程看,从单一的角度认识问题很难深入,正如一个人自己与自己下棋,很难走出特别好的棋路,但是,在与他人的对抗中,就容易走出精彩神奇的棋路,甚至,有时是在被逼入绝境之时,人们的内心世界才能爆发出不可想象的力量,在不可能中创造可能。人们的这种心理现象可能源于人们思想焦点的形成机制。人的能力有限,只能关注那些焦点问题,形成思想焦点,围绕思想焦点思索,形成有效思想体系,而这就不可能关注太多的问题,那样会耗费太多能量而难以生存,这是生命内在的"经济"规律。而辩论能够相互形成思想焦点,激励人们的思想聚焦,形成人们的思想激荡,让人们的思想飞扬。另外,人们的这种心理现象也可能源自内心的竞争与征服的天性,这种天性始终成为主导人们行为模式和思维范式的内在动力。

三是势力均衡方面。辩证的本质是观点的竞争性交流,这要求辩论各方的势力基本均衡,不出现一股独大的绝对压倒性势力,在势力基本均衡的条件下,大家的观点能够获得比较充分的表达，也容易受到尊重，人们能够在辩论中找到行为、思维和价值的边界。如果缺乏边界和边界意识，《周易·文言·乾》提出了三个方面的负面结果，第一在进退之间只知道进而不知道退，第二在存亡之间只知道存而不知道亡，第三在得失之间只知道得而不知道失，陷入《周易》说的“亢龙有悔”格局。如果具备边界和边界意识，《周易·文言·乾》提出了两个方面的正面结果，第一知道事物发展的结局和自己的目标，就能够探讨事物的奥义，从事责任重大的工作；第二知道事物发展进程的终了，就能够完成自己的目标责任，能够协商大事，成就伟大的事业；这正反两个方面的结果，就是《周易》说的“见群龙无首，吉”的格局。

3. 辩证法的逻辑基础

事物的内在关系是辩证的，人们认识事物的逻辑也应该是辩证的，只有这样人们的认识才能反映真理，这样的认识才能给实践带来好的结果，这是认识的真理性要求，真理性要求是辩证法的逻辑基础之一。《道德经》说“万物负阴而抱阳，冲气以为和”，万物都内涵阴阳构成的矛盾体系，阴阳二气激荡与和谐是促进事物共生和推动事物发展的内在力量，形成既对立又统一的辩证矛盾体系：在矛盾平衡中稳定，在矛盾异化中发展，在矛盾激化中崩塌，内在矛盾关系是推动事物发展的根本原因和基础动力。

由此可以推出，社会矛盾是推动社会发展的根本原因和基础动力，经济矛盾是推动经济发展的根本原因和基础动力。面对社会问题、经济问题，都要避免走向两个极端。一方面，不是要消除矛盾，如果矛盾消失了，人类社会和经济体系也就消失了；另一方面，要把矛盾控制好，控制在一个矛盾均衡良序的状态而不是一股独大的失衡崩塌状态，所谓“群龙无首，吉”，运用好矛盾的动力一面，控制好矛盾阻力的一面，在矛盾的冲突激荡中把控均衡，推动社会和经济不断发展。

《道德经》说“人法地……道法自然”，人们要遵循事物内在的矛盾规律，才能办好事情。遵循自然规律，人们创立了辩证法，按照《中庸》的“执其两端”原则，构建极端对立的观点，通过“博学之……笃行之”的过程，找到内在均衡点，“用其中于民”。在数学上，这个逻辑就是同构与同态的关系，构成认识论的数学基础。这里同态定义为：设$(A,*)$和$(B,\times)$是两个群，映射$\sigma:A\to B$，$\forall a,b\in A$，有$\sigma(a),\sigma(b)\in B$，且$\sigma(a*b)=\sigma(a)\times\sigma(b)$，称$\sigma$为$A$到$B$的同态，如果$\sigma$是双射，则称为同构。辩证法是阴阳两端的变化关系，同构于二进制。二进制是最简约的数制，按照“易简原则”，二进制也是效率最高的数制，按照“万物皆数”的原则，与二进制同构的辩证法是效率最高的认识方法，能够高效率地认识事物规律，人们才能更好地实践，这是认识的效率性要求，效率性要求是辩证法的又一个重要逻辑基础。家庭有男有女，电子有正有负，空间有实有虚，运动有动有静，有刚有柔，事物自从诞生起就开始了否定的过程，生命诞生后就开始向死而生，《周易・系辞》说“一阴一阳之谓道”。

认识是一个抽象关系，认识的对象构成原象，认识的本身构成映像，映像与原象构成双射（一一映射）关系，这样的抽象关系是同构；映像与原象构成单射关系，这样的抽象关系是同态。本质上，人们的认识都是同态，人们做不到同构，毕竟，认识总是有限的，是一个逐步深化和完备的过程，人们的认识可以逐步接近真理、逼近真理，但不可能达到真理，更不可能超越真理，超越真理就是谬误。这种关系就是同态接近同构，甚至是无限接近，但不可能完全同构。这就是抽象一词的本义——总会抽掉一些内涵。

其实，法分自然法与人造法两类，自然法称规律，人造法称规则，其中，社会行为的负面清单称法律，社会行为的正面清单称礼仪。自然法是客观存在，《易经・贲》称“天文”，人们常称为“真理”。人造法是劳动创造，人造法能够遵循真理就是有道，能够善治，称为良法；不能遵循真理就是无道，不能善治，称为恶法。中国人把善良与凶恶对称，善的对称是凶，良的对称是恶，不能善治就是凶治。《易经・履》说：“眇能视，跛能履，履虎尾，咥人，凶。武人为于大君。”

人造法统称为制度，制度是人们认识的结果。《国史大纲》说“在制度背后有一套思想与精神之存在”①,《苏联社会主义经济问题》指出了人们需要尊重自然规律和社会规律②,人们依据自己的共识创造制度,人们的认识可能契合真理,也可能违背真理,如果人们的认识契合真理,人们创设的制度就契合真理,即人造法契合自然法,人们的实践就能成功;如果人们的认识违背真理,人们创设的制度就违背真理,人造法违背自然法,人们的实践就会失败。

人们遵循自然之道,创设了辩证法,就是要提高人们认识真理的水平,也提高人们认识真理的效率,提高人造法对自然法的契合度,提高主观正义对客观正义的契合度,提高正义的水平。

二、经济辩证法的基本架构

价值正义是经济辩证法的目的,为了实现价值正义,人们在劳动史上创设了市场机制和政府机制,在私人产品的价值体系内运用市场供需构建价值辩证关系,在公共产品的价值体系运用政府与市场的两手构建价值辩证关系,在辩证逻辑过程中实现价值正义。

(一)市场机制是经济辩证法的核心

市场体系是辩证逻辑关系的具体实现机制。经济辩证法的核心是创设供给与需求形成一对辩证逻辑范畴,由此形成价格机制,构建经济辩证体系的元框架,形成买卖交易关系、投入产出关系等静态框架和风险收益关系、资本与资源关系等动态框架,由此构成经济活动的逻辑体系,解决价值正义问题。

1. 价格机制是竞争主导的价值进化机制

正义本质上是各得其所,内容上是真理与共识,实现方法上是辩证机制,价值正义的辩证机制核心是市场交易,《周易 · 系辞》所提出的“交易而退,各得其

① 钱穆.国史大纲[M].北京:商务印书馆,1996:415.

② 斯大林.苏联社会主义经济问题[M].北京:人民出版社,1952:1-7.

所”，就强调了经济领域要通过市场交易来实现价值正义。

辩证的本质是竞争，所谓竞争就是比较与选择，优胜劣汰。经济辩证法就是辩证法的经济运用，其代表是市场价格机制。市场价格机制让买卖双方构成矛盾的竞争关系，卖方持有“价高者优先”的价值主张，买方持有“价低者优先”的价值主张（经济学上称买卖双方这种竞争关系为博弈关系）；然后运用矛盾推动价值提升——消费商品获得的使用价值的提升和生产商品耗费的劳动价值的下降。卖方“价高者优先”的价值主张形成激励买方提升价格的竞争，推动买方优化商品的使用，提升商品的使用价值；买方“价低者优先”的价值主张形成激励卖方降低价格的竞争，推动卖方优化商品生产，降低生产商品的劳动价值；通过提高商品的使用价值和降低商品的劳动价值，提高商品的劳动剩余。因此，是价格机制的辩证关系所构成的竞争推动了劳动剩余的提升。价格机制不仅要激励生产者降低生产商品的劳动价值——降低生产成本，提高商品的使用价值——提高商品功能和质量，也要激励消费者提高技能和创造更好的场景，提高商品的使用价值。

2. 市场体系是经济领域的基本辩证形式

市场经济是人类经济活动的主要形式，核心就是价值正义。按照“理念+原则+规则制度”的框架形成“一条主线、一门技术和一套机制”的体系，即供需关系是主线，复式记账法是技术，价格体系是机制。供给与需求是价值辩证关系的一对矛盾范畴，构成价值辩证分析的基石和经济辩证法的主线，创造了整个经济体系的核心活动——生产和交易，是整个经济学体系的分析主线。复式记账法以“有借必有贷，借贷必相等”的原则记录交易为中心的经济活动，从流量关系记录经济活动的事实，揭示和解释经济活动的内在辩证关系，为经济辩证法提供技术支撑。

市场是经济辩证法的具体实现形式，通过设立买方和卖方构建了内在利益对立冲突又辩证统一的逻辑关系，双方的讨价还价体现辩证法的辩论、争议、对立过程，在各自利益的充分主张下形成矛盾冲突中的辩证统一，找到均衡点，实现利益的统一。所以，讨价还价的过程就是追求价值正义的辩证实践过程，市场的价格机制就是辩证关系的实践机制，市场就是人们创立以解决经济内在矛盾、实现价值正义的辩证实践方案。供给与需求的对立统一辩证关系构成经济发展的内生动力，质量互变规律构成经济发展的周期过程，否定之否定规律推动经济呈现周期性发展。

市场机制的内涵辩证关系与法律制度的内涵辩证关系都是辩证法的典型社会实践形式。法律是道德的底线，法律制度设立了控方和辩方，设立了控辩双方的律师，构成“委托-代理”关系，作为代理人的双方律师服务于本方委托人，凭借专业知识和敬业精神，在控辩双方的辩论过程中求证真理，构成辩证法的逻辑关系和实践体系。所以，法律制度拒绝预设正义，强调辩证过程的程序正义。同样，市场制度也拒绝预设正义，设立了卖方和买方，在买卖双方之间展开讨价还价的辩证过程，在市场规则的框架内展开价格竞争和质量博弈的辩证过程，由此形成了比较合理的价值分配关系。它完成了“博学之……笃行之”的辩论过程，真实表达了价值正义要求的“明辨之后才有真理”的逻辑关系。

3. 市场体系是群众路线的辩证法

市场体系把价值正义的基础建立在市场内部，让人们在市场行为中决定价值关系的核心内涵——价值分配。价值分配包括产品的分配、价值分配和产权分配等，由此决定了怎样交换、谁来交换、交换什么、交换多少、怎样分配、谁能获得、获得什么、获得多少、谁来消费、消费什么、消费多少、怎样消费等。产权分配涉及谁来决定、谁来生产、生产什么、生产多少、怎么生产、生产资料归谁所有、产出产品归谁分配等问题。这些价值分配和产权分配都在人们的市场行为中完成，由群众自主进行，主要是通过价格机制构建的价值辩证关系来完成。

市场通过价格机制实现人们对价值正义的表态和表决，这种表态和表决不仅表现在商品市场上，也表现在劳动力市场和资本市场上。在主观正义上人们对配置状态的认同构成了人们就业的选择方向，本质是价值的选取方向，同时也构成人们劳动工作的内在工作动力，形成了奉献精神和协作精神的具体状态；在客观正义上，配置状态的水平影响人们劳动生产的能力，这是真理问题。主观正义与客观正义共同决定了生产质量和生产效率。所以，市场体系以群众（卖者和买者）作为主体广泛参与活动，以群众作为主体形成讨价还价的辩论过程，在群众主体的价格竞争中形成价值辩证关系，实现价值正义。由此实现价值辩证与群众路线的内在统一，构建起群众能够广泛和有效参与的共商、共情、共识、共约、共有、共建、共治、共享的社会价值创造体系。综上可知，市场是坚持群众路线的价值辩证形式，也是坚持群众路线以实现价值正义的具体实践形式。

4. 价格机制是价值正义的制度基础

物价不是越低越好，也不是越高越好，适度合理才是价值正义，因为人们在市场体系内具有买者和卖者两种角色，在参与生产过程提供劳动产品的时候是卖者，在参与消费过程实现消费的时候是买者，在市场上出售商品的时候是卖者，在市场上购买商品的时候是买者。作为卖者，人们当然希望价格越高越好，作为买者则希望价格越低越好。正是人们的卖者与买者角色构成了价值正义的辩证形式，正是卖者的抬价行为和欲望与买者的压价行为和欲望构成了价值正义的辩证内容。因此，价格是价值正义的表现形式，是市场通过价值辩证关系实现的价值正义形式。

从资源配置的视角看，劳动需要投入，产业需要生产资料，过低的价格导致产业发展缺少必要的生产资料投入，劳动得不到更多的资源匹配，因而科技进步不足，劳动效率提高不够，劳动剩余不足，产业发展不好，有效供给不足，消费者得不到有效供给。所以，商品价格在合理空间内，既能够带给消费者比较充分的好处，也能为劳动者和产业提供比较充分的发展机会。这个空间必须也只能是以使用价值为上限，以劳动价值为下限，在讨价还价中形成具体价格。

从劳动剩余的视角看，劳动剩余需要足够大，才能维持和提高供给。所以，利润一定要够，才能推动技术进步，而技术进步才能提高利润率。价格过低本质上是一种不公平，因为劳动者获得合理的价值回报更有利于增加劳动投入，更有利于专业化发展,从而让科技获得更大进步。这是效率主义的解释。价格决定了劳动剩余的分配,合理的价格能够提高产业发展水平,促进经济增长,也体现社会公平。因此,价格是价值正义的现实形式。

(二)政府与市场是经济辩证法的主线

1. 政府与市场构成了经济活动的完整体系

关于政府与市场关系的讨论由来已久,西方经济学的争议不多说,它的历史比较短。中国的《管子》应当是较早的政府管理经济的理论体系,而经济自由主义的代表是《道德经》的"我无为,而民自化",而代表性争议是汉代的桑弘羊与贤良文学之辩。但是,从经济辩证法的视角,这些都是两端之说,政策的执行还是要用其中道。辩证法认为,实践需要执掌两端的理论,要推动这些观点极端的理论形成思想辩论的辩证过程,在思辨过程中深化认识,形成思想的中道形式,甚至认为,理论与实践也是两端,理论可以走极端,有时候非极端不能明辨,但是实践必须走中道,坚决不能走极端。

公共产品与私人产品的供给是政府与市场辩证关系的基础。从产品分工逻辑看,社会的经济活动存在公共产品和私人产品两大领域,政府主要提供公共产品,市场主要交易私人产品,两者构成社会经济活动的基本分工体系。

从经济协作关系上看,公共产品与私人产品存在辩证关系。在工具理性上,公共产品优先于私人产品,在价值理性上,私人产品优先于公共产品。公共产品是协作生产的基础,没有公共产品就无法协同生产私人产品,无法有效创造财富。公共产品与私人产品共同分配社会资源,两者构成竞争关系。私人产品的生产是产生社会财富的主要领域,私人产品是公共产品的主要物质支撑。因此,公共产品和私人产品存在既有竞争又有协作的辩证关系。

政府提供公共产品,维护社会稳定,创造社会秩序,行为主体是行政机构,行为属性是服务,行为重点是约束,行为基础是正面清单,强调法无授权不可为;市场交易私人产品,激发劳动激情、想象力和创造力,释放人的自由,行为主体是经济组织，行为属性是创造，行为重点是解放，行为基础是负面清单，强调法无禁止即可为。由此，政府与市场形成既有分工又有协作的互补关系，政府行为服务市场需求，市场行为遵守行政规章制度，共同构成完整的社会经济活动体系。系统论的功能主义和结构主义认为，体系就是局部结构分化明确、局部功能独立、相互功能互补、整体功能完整和放大的系统结构，能够带来"整体大于部分之和"的系统结构。因此，市场和政府的关系就是体系关系。

可以从城市职能角度来理解公共产品与私人产品的重要性。人们建设城市来解决人们外在的安全和经济问题与内在的孤独和自由问题。城市有两个基本职能：一是"城"的安全职能，《周易·系辞》中的"重门击柝，以待暴客"就是描述城市的安全职能，安全是公共产品；二是"市"的经济职能，《周易·系辞》说"日中为市，致天下之民，聚天下之货，交易而退，各得其所"，市场本身也是公共产品，交易的商品则是私人产品。私人产品在作为公共产品的平台的市场上进行交易。通过这两个职能，城市进而解决了人们的内在孤独和自由问题：一是城市形成的人口集聚，有效排解了人们内心的孤独；二是劳动集聚降低了人们协作的成本，人们因而获得了生存自由。城市的基本职能提示人们，社会经济既要提供公共产品也要提供私人产品。

我国早就有关于公共产品的论述，比如《六韬》就提出了"仁德义道"四大公共产品，《孟子》提出了"城郭、宫室、宗庙、祭祀之礼""诸侯币帛饔飧"和"百官有司"等三项，桑弘羊提出了"府库之藏""执备之用"和"备塞乘城之士"等三项，而《管子》认为国家管理经济的职能即是公共产品。因此，经济是一个社会协作体系，既要有私人产品也要有公共产品。为此，人们设计了社会经济的两条职能路线，一是行政体系，用以解决公共产品的供给，其中的资源来自财政资金；二是市场体系，用以解决私人产品的生产、分配、交易、消费，其中的资源来自市场交易和劳动协作。由此构造了政府与市场的两大体系，也构成了产权配置与交易竞争的辩证关系。

2. 政府与市场需要合理分工和辩证协同

经济的根本问题是劳动问题，只要在动员劳动、组织劳动和配置劳动上做好了,经济就能繁荣发展。如何才能做好这三件事呢?这涉及生产力的释放与激励。

释放观认为人们有发展经济的内生动力,只要给予人们更多的自主和自由,人们就会发挥主观能动性,创造出强大的生产力。人们天然具有创造欲,人们内心渴望创造,也始终在创造。激励观认为人们需要有外部激励才会有动力,需要有行政的介入构成激励政策,人们才会努力工作,形成强大的生产力。前者形成了经济发展的市场观,后者形成了经济发展的管理观。人们都认同集中力量办大事,但是,在集中力量办大事的问题上,前者重视金融工具的运用,比如股份制度,后者重视财政工具的运用,比如税收制度。

要释放和激励生产力的释放与激励,就必须认识政府与市场的辩证关系,并以此进行合理分工。

一是有为政府与有效市场的辩证关系。政府有公权,负责提供公共产品;个人有私权,可在市场上交易私人产品;政府和市场构成社会经济活动的完整体系。引发了公权与私权的辩证关系。在经济方面,公权过大会挤出私权,人们经济活动的自由空间不足,市场的创造能力有限,经济的活力不够,经济就会萧条;公权过小就会放大私权,社会活动的秩序不足,经济活动的环境动荡,人们的自由保障不够,市场的创造条件较差,经济发展能力不够,经济也会萧条;而公权的错位会带来经济活力不够与能力不足并存的结果,经济更加萧条。所以,公权既不能过大,也不能过小,更不能错位,而是需要合理定位,为其提供适度空间,从而形成有为政府与有效市场的辩证关系。市场机制的本质就是通过合理的制度安排,构建一个激励相容的活动空间。所以,政府的有为首先表现在通过制度创新来完善市场,提高市场的效率。

二是对政府经济职能必要性的辩证思考。政府需要提供经济发展所需的公共产品,主要是社会秩序和经济政策,还要提供社会经济活动的政治动员力,特别是要构建制约资本的力量。这种制约力量主要有三:(1)政治力量,它独立于资本体系,负责制定政策,维护市场公平正义;(2)经济力量,它是独立于私人资本的国有资本,一方面具有“鲇鱼效应”,能更好地促进市场自由竞争,另一方面是能够保障经济安全,作为价值正义的压舱石,确保国家经济能够独立于私人资本;(3)组织力量,这种力量能够让企业内部劳动力形成组织,从而让企业从单纯的资本控制转向劳动者与资本的共同控制,更充分地体现劳动价值观,更充分地赋予劳动者以权利。

三是对市场经济职能主体性的辩证思考。本质上,市场是一种演化力量,它通过分散决策机制、竞争机制、强化机制,即模拟大自然的进化机制,形成一种优胜劣汰的演化力量,不断推动科技进步和生产力发展;而行政是一种设计力量,它通过集中决策机制、统一行动机制,面向确定的目标,形成强大的效率。当前,科技越来越复杂,科研分工越来越细化,科研前景越来越不可预期,因此在科技竞争中,市场的演化机制可能更强于行政的设计机制。毕竟,一次性的设计很难处理大量的不确定信息,而演化的迭代机制分解了这些不确定信息要求,充分运用了在实践中检验真理和发展真理的信息修正原则,运用了发展过程中不断获得的修正信息——统计学称为贝叶斯原理——更加充分地运用了信息,也运用了更加充分的信息,所以,演化机制更有活力,也更有效率。

四是对市场与政府经济职能的辩证关系思考。政府的经济职能与市场的经济职能产生了替代与互补两种关系,政府在行使经济职能中也尽量运用了经济手段,而运用经济手段的能力也是国家治理能力的一种体现。政府与市场的经济职能分别形成了国有企业与民营企业两种经济形式,涉及经济繁荣的三个细分维度:活力,即不确定目标的创新能力;效率,即确定目标的劳动效率;稳定,即具有稳定社会经济的职能。

国有企业的治理结构是“代理-代理”形式,国有资产的管理者本身就是代理人,人民才是委托人。因此,对国有企业有两个基本要求,一是做好过程管理,强化监管力度来解决代理人的逆向选择和道德风险;二是履行政治和政策职能,并不追求利润最大化,而是平衡利润与政策的关系,成为经济发展的压舱石。这两个基本要求及其治理结构形成了国有企业的能力特征:在稳定和政策维度上占有优势，通过财政或者混合经济形成资本集中，也能构成规模经济，形成效率优势，但过程管理的制约只能实现次优效率。因此，国有企业的特点是稳定和政策性占优，效率次优，活力一般，并非只有经济效益的单一目标，而是具有多元目标。民营企业的治理结构是“委托-代理”形式，企业的管理者是代理人，企业资本所有者是委托人，后者出资作为风险抵押，构成了利益关系的激励相容，治理结构形成盈利维度上追求利润最大化的目标导向，形成结果管理而不是过程管理，能够较好地解决治理结构中的逆向选择和道德风险，从而其活力维度上更具优势。即是说，它的创新能力和抗风险能力更强，同时也能够通过股份制的资本集中扩大规模，形成效率优势。所以，民营经济和国有经济各有优势，两者的互补涵盖了经济发展的活力、效率和稳定三大维度。进一步看，活力和效率称广义效率，广义效率目标亦称效益性目标，非效益性目标称功能性目标。民营经济在效益性目标上更有优势，国有经济在功能性目标上更有优势。由此，两种经济构成了既竞争又互补的辩证关系，均为市场的经济主体，丰富了经济发展的工具，提高了经济发展的能力。

三、福利与经济发展的辩证关系

福利是中国价值正义的“德”政内核，中国价值正义提出了四德政。福利是经济发展的核心目的，人们通常认为，社会福利越高越好，但同时认为税收越低越好，而社会福利来源于税收，这就构成了福利与税收的辩证关系，也是福利与经济发展的辩证关系，这个辩证关系不是形式辩证而是内涵辩证。

（一）社会福利事业没有增加社会财富总量

1. 社会福利事业涉及社会财富的分配

社会福利事业是“取之于民用之于民”的一种事业体系，社会福利的支出来源于对劳动剩余（m）的分享，社会福利的增加量等于其他收入的减少量，我们

可从流量方程①中看劳动剩余分配:

$$
\text{分配}\begin{cases}
m=zo-zim \text{ 市场劳动剩余等于总产出减去市场总投资}\\
zim=c+v \text{ 市场总投资等于市场的生产资料加上工人工资}\\
m^{+}=m-zip \text{ 社会劳动剩余等于市场劳动剩余减去公共投资}\\
zip=mpc+mpv \text{ 公共投资等于公共设施加上人员工资}\\
m^{+}=\Delta^{+}+mx^{+} \text{劳动剩余分配为投资追加与非投资支出}\\
\Delta^{+}=\Delta+\Delta zip \text{ 投资追加等于市场追加加上公共追加}\\
\Delta=\Delta c+\Delta v \text{ 市场追加划分为生产资料追加与工资追加}\\
\Delta zip=\Delta mpc+\Delta mpv \text{ 公共追加划分为设施追加与工资追加}\\
mx^{+}=mc+mwf \text{ 非投资支出划分为资产者消费与纯粹福利}
\end{cases}
$$

其中,mx 是非投资支出;公共产品的投资 zip 来源于财政税收,是非福利的公共服务支出,比如,教育、基础设施建设与维护,公务员、事业单位人员的工资等。Δzip 是公共产品的追加,包括公共设施追加 Δmpc 和工资追加 Δmpv;mc 是资产者消费;mwf 是社会福利,比如医疗的公费支出、养老金支出,等等,这些社会公共服务的非劳动支出,也称纯粹福利。整理这些等式可得:

---

① 关于方程中变量的说明:变量不全是英语单词的缩写,有的是汉语拼音的缩写。以下为变量的注释:m 为市场劳动剩余,沿袭了《资本论》的用法。zo 为总产出;其中,z 为汉语拼音“总”(zong)的首字母,o 为英文单词“产出”(output)的首字母。zim 为市场总投资;其中,z 用法同前,i 为英文单词“投入”(input)的首字母,m 为英文单词“市场”(market)的首字母。c 为生产资料,沿袭了《资本论》的用法。v 为工人工资,沿袭了《资本论》的用法。m^{+}为社会剩余价值,是市场剩余价值扣除公共投资的部分;沿袭剩余价值的用法,增加了上标以区别于市场剩余价值。zip 为总的公共投资;其中,i 用法同前,p 用法同前。mpc 为公共投资中的设施部分,对应生产资料的 c;其中,m 表示来源于市场剩余价值,p 用法同前,c 对应生产资料。mpv 为公共投资中的人员工资,对应人员工资的 v;其中,m 表示来源于市场剩余价值,p 用法同前,c 对应人员工资。$m^{+}=\Delta^{+}+mx^{+}$沿袭了人们对《资本论》讨论的习惯 $m=\Delta+mx$,其中,m 是剩余价值,$\Delta=\Delta c+\Delta v$ 是追加投资,mx 是剩余价值被资产者消费的部分;这里增加了上标,表示是社会剩余价值的分配,以区别市场剩余价值的分配。mc 为资产者消费;其中,m 是剩余价值,c 是生产资料,两者合成代表生产资料所有者的消费,是剩余价值的一部分。在人们对《资本论》的讨论中,资产者消费往往用 mx,不考虑福利扣除。但从社会视角看,资产者消费不是社会剩余价值中用于消费的全部 mx^{+},还要扣除社会福利部分 mwf,所以,这里用了 mc,强调资产者的消费。mwf 为社会福利;其中,m 表示来源于剩余价值,wf 为英文单词福利(welfare)的缩写。

$$
\begin{cases}
m^{+}=\Delta^{+}+mx^{+} \\
=\Delta+\Delta zip+mx^{+} \\
=\Delta c+\Delta v+\Delta mpc+\Delta mpv+mx^{+} \\
=\Delta c+\Delta v+\Delta mpc+\Delta mpv+mc+mwf
\end{cases}
$$

可以看出，社会福利 mwf 只是劳动剩余的分配，社会福利不会增加社会的财富，它是社会财富的分配渠道而不是社会财富的创造路径，所谓“羊毛出在羊身上”。但是，不能增加财富不等于不能增加福利——效用，既定财富总量的效用可以因为配置不同而有所差异，这就构成了资源配置问题。通过优化资源配置可以提高财富的效用，这就是经济学资源配置的价值所在。

2. 公共产品的社会供给可以提高资源配置效率

在这里，劳动剩余划分为两类：一类是市场劳动剩余 m，对应的劳动剩余分配是 $m=\Delta+mx$；一类是社会劳动剩余 m^{+}，对应的劳动剩余分配是 $m^{+}=\Delta^{+}+mx^{+}$。有 $mx=m-\Delta=mx^{+}+(zip+\Delta zip)$，可知 mx 没有扣除公共产品及其追加投资，以它作为消费存在虚高的估计；同时，$m=m^{+}+zip$，不太准确，可以用毛利润来对应 m，用净利润来对应 m^{+}，m^{+}是真正的劳动剩余，m 则是没有扣除公共产品时虚高的劳动剩余。这就是经济效用的内部性与外部性问题，公共产品为企业生产提供了外部经济价值。这就是财政税收的价值所在。

对于企业组织而言，公共产品提供了外部经济价值，参与了企业生产组织的价值创造工程，是生产价值链的重要生态，属于间接环节或称隐藏环节。所以在本质上，公共产品的支出不构成社会福利，至少不是纯粹福利。

$\Delta c+\Delta v+\Delta mpc+\Delta mpv$ 是生产性投资及其带来的消费，这些要素构成了社会生产的要素供给，从供给方面决定社会生产的供给能力，即从生产投入方面决定社会供给；进一步看，Δmpc 是用于公共服务的公共设施，Δmpv 是用于公共服务的工资追加，记 $\Delta c^{+}=\Delta c+\Delta mpc$，$\Delta v^{+}=\Delta v+\Delta mpv$，则 $\Delta^{+}=\Delta c^{+}+\Delta v^{+}$，即，社会的投资追加包括两类，一类是生产资料和公共设施的追加，一类是工资的追加，包括市场的工人工资与公共服务的人员工资；有 $mx^{+}=m^{+}-\Delta^{+}=mc+mwf$，$mx^{+}$是社会的非生产性消费,其中,$mc$ 是资产者消费,$mwf=m^{+}-\Delta^{+}-mc$,是纯粹社会福利。这是从市场视角计算的社会福利。

这里要注意,资产者消费 mc 是指得自财产收入形成的消费,而能够带来收入的财产就是资产——资本性财产。投资者有两类收入,一类是劳动收入,一类是资本收入。在"主体-客体-对象-目标"的四位一体中,投资者是主体,资本是客体,投资项目是对象。投资者是投资行为的主体,投资行为本身是投资的主体行为,是配置资源的脑力劳动,这种收入是劳动收入,不是资本收入;与之对应的另一类是资本性收入,来自投资的客体——资本。资本不是主体,是投资行为的客体,所以,资本收入不是劳动收入。这个问题放在职业投资领域就比较好理解。职业投资人获得的收入是劳动收入,资本所有者获得的收入是资本收益;如果投资人就是所有者,他既得到投资的劳动收入,又得到投资的资本收入;如果他不是所有者,他只得到投资的劳动收入而得不到投资的资本收益,资本收益由资本所有者获得。因此,资产者两种角色带来其消费本质上分为劳动者消费与资产者消费,劳动者消费是其作为投资劳动的收入带来的消费,计入劳动者消费部分;资产者消费是其资产形成的资本收益带来的消费,计入资产者消费部分。

3. 市场与社会两个视角的再生产具有形式不变性

我们从社会视角计算社会福利。上面的计算表明,对应于市场的 Δc^{+} 有社会 $c^{+}=c+mpc$,即社会生产资料等于市场生产资料加上公共服务的生产资料——比如公共设施等;对应于市场的 Δv^{+} 有社会 $v^{+}=v+mpv$,即社会工资支出等于市场工资支出加上公共服务的工资支出——比如公务员工资、事业单位员工工资等;令社会劳动剩余 $m^{+}=m-(mpc+mpv)$,有 $c+v+m=c^{+}+v^{+}+m^{+}$,这里 m 是市场劳动剩余,m^{+} 是社会劳动剩余;令 $z=c+v+m$,有 $m=z-(c+v)$,$m^{+}=z-(c^{+}+v^{+})$,即,劳动收益 z 减去市场投资就是市场劳动剩余,减去社会投资就是社会劳动剩余。代入流量方程组得:

(1)简单再生产

$$\begin{cases} \text{I}(v^{+}+m^{+})=\text{II}(c^{+}) \\ \text{I}(c^{+}+v^{+}+m^{+})=\text{I}(c^{+})+\text{II}(c^{+}) \\ \text{II}(c^{+}+v^{+}+m^{+})=\text{I}(v^{+}+m^{+})+\text{II}(v^{+}+m^{+}) \end{cases}$$

(2)扩大再生产

$$\begin{cases} \text{I}(v^{+}+\Delta v^{+}+mx^{+})=\text{II}(c^{+}+\Delta c^{+}) \\ \text{I}(c^{+}+v^{+}+m^{+})=\text{I}(c^{+}+\Delta c^{+})+\text{II}(c^{+}+\Delta c^{+}) \\ \text{II}(c^{+}+v^{+}+m^{+})=\text{I}(v^{+}+\Delta v^{+}+mx^{+})+\text{II}(v^{+}+\Delta v^{+}+mx^{+}) \end{cases}$$

可以看到,社会视角的流量方程组与市场视角的流量方程组具有完全相同的形式,这就是形式不变性。由于存在形式不变性,对于流量方程组其实无须变动形式,只要对变量的内涵代入不同的含义即可得到相应的方程组。不过,采用不同变量的变形形式,可以更加直观地进行对照比较。在这里,社会劳动剩余 $m^{+}=z-(c^{+}+v^{+})$,而社会非劳动消费 $mx^{+}=m^{+}-\Delta^{+}=mc+mwf$。这里的计算简单了许多,这是计算的路径不同的结果,复杂度不同,但结果一致。而两组方程组的等价性表明,作为广义的产品,非福利的公共服务是生产资料,其职能部门在经济意义上属于第一部类;福利性公共服务是生活资料,其职能部门在经济意义上属于第二部类。本质上两组方程就是等价的。

社会福利不增加社会财富,只是重新配置社会财富,所谓"羊毛出在羊身上""天上不会掉馅饼",福利都是社会劳动剩余的分配。而且,社会福利构成了经济追加投资的负项,即,在既定的劳动剩余条件下,福利支出越多则追加投资越少,经济增长率越低。

(二)社会福利事业增加了社会福利总量

社会福利事业不增加财富,但调整了社会财富分配,优化了资源配置,可以提高社会福利水平。正是社会福利具有在既定财富水平上提高福利水平的可能性,人们才将这类公共产品称为社会福利。有三个原理可以解释为什么社会福利事业可以提高社会福利水平:一是风险补偿,二是规模经济,三经济效用的边际递减原理。

1. 风险补偿与概率分析

人们面临风险,需要预备一定的风险补偿。比如,人们可能会生病,这就需要预备一定的存款,一旦生病就需要动用存款。但是,如果这些风险补偿能够纳入社会福利,就可以利用风险的概率原理,在社会整体上节约储备,提供更高水平的消费,从而形成更高的社会福利水平。

举个例子。假定人们预计自己未来有1%的生病概率,治病的预期费用是1000元。这样,每个人自己预备疾病风险金就要拿出1000元,因为如果没有这个储备一旦生病就有大麻烦。但是,如果纳入社会福利,每个人通过税收多交1000×1%=10元,只要人数超过100人,就能筹集到1000元的医疗预备金,在生病的时候就能够得到医治,而节省下来的1000-10=990元则可以用于消费,提高了每个人的消费水平,整个社会的福利水平更高。此外,在信息不对称的现实条件下,比之于个人,专业部门的管理更加专业化,社会福利部门的监管能够提高医疗服务水平,这就进一步提高了整个社会的福利水平。但是,提供这项服务本身(医疗资金管理,不是指医疗本身)需要相应的设施和人员工资,这些也都需要增加税收。比如,上面的税收增加不是10元而是12元,其中的10元是疾病医疗,2元是医疗资金管理。这个服务可以纳入公共服务,由行政部门提供,也可以纳入市场,由保险公司提供,纳入公共服务的就是公共福利——社会医疗保险,纳入市场服务的就是商业医疗保险。

2. 合理的社会福利结构和规模能够增加社会总体流动性

如上文所述,社会福利一方面通过规模经济产生的专业管理提高了服务水平,另一方面利用规模经济形成风险平衡,降低了社会总储备额度,提高了社会流动性。货币是社会交易的润滑剂。根据货币流通方程 $M \cdot V=Q \cdot P$,在资金周转率 V 和商品价格 P 不变的条件下,流通中的货币量 M 与市场交易量 Q 同步变化。社会福利降低了社会储备水平,增加了流通中的货币量 M,有利于促

进市场交易量 Q 的提高。假定有 10000 人,个人自行储备风险金,则社会总储备需要 10000×1000＝1000 万元;而由社会提供服务的话,只税收增加 10000×12＝12 万元,社会总储备减少了 1000－12＝998 万元,这些钱增加了社会的流动性。

3. 边际效用递减原理带来社会福利优化的可能性

在边际效用递减的条件下,财富状况的不均衡导致每个人的消费边际收益不同。总体上看,那些财富更多因而消费更多的人,随着消费的边际效用递减,他们消费带来价值的边际收益比较小;反之,那些财富较少因而消费较少的人,他们消费的边际效用递减不多,他们消费带来价值的边际收益比较大。社会福利的本质就是转移支付,在既定的财富水平内,从那些边际收益较小的人群转移一些消费到那些边际收益较大的人群,整个社会福利的总体价值水平提升了。

比如,有 A、B 两人,A 的财富状况较好,因而消费较多,需求的满足程度较高,所以,其增加消费的边际效用较小。假定其增加(减少)100 元消费能够增加(减少)6 小时生命价值的快乐。B 的财富状况差一些,因而消费较少,需求满足的程度较低,所以,其增加消费的边际收益较大,假定其增加(减少)100 元消费能够增加(减少)9 小时生命价值的快乐。那么,通过社会福利事业的公共性,A 的消费减少了 100 元,而快乐水平减少了 6 小时的等价快乐,B 的消费增加了 100 元,而快乐水平增加了 9 小时的等价快乐,社会总的财富水平没有变化,但是,社会总的快乐水平增加了 3(＝9－6)小时的等价快乐。

当人们消费的边际收益完全相等的时候,就达到了既定财富总量约束条件下的社会福利最大化。所以,福利事业形成了一定的财富转移,平衡了社会财富的分配,降低了社会财富差异化水平,提高了社会福利的总体水平。为此,《道德经》说“天之道,损有余而补不足”。

(三)社会福利的适度性讨论

社会福利也存在制约因素,有适度性问题,得与社会经济发展水平相适应。

适度性问题的产生主要有两方面的因素:一个是社会的经济发展水平,一个是社会福利的管理规模。

1. 经济发展与社会福利

社会福利需要局限在$(0,mx^{+}]$的范围内,超过mx^{+}的水平就形成了对投资的挤占,减少了社会财富的产出水平。福利是财富分配的份额之一,减少社会财富的产出水平就是减少社会福利总水平。所以,社会财富的分配原则设定为:生存是先决——功德;发展是关键——利害;福利是目标——便宜。所以,纯粹福利要控制规模,尽可能不挤占投资,不挤占发展资源。正是从这个意义上考虑,《六韬》提出了“德”的四项内容是免死、解难、救患和济急,不主张过度提高福利水平,重视把非生存的改善和发展需求交给人们自行决定,并由此降低税收水平,增加人们自我决策的自由度,提高人们劳动创造的积极性和能力水平。后来,作为儒家正统的《孟子》,提出“城郭、宫室、宗庙、祭祀之礼”“诸侯币帛饔飧”和“百官有司”等三项公共产品,既反对过高的税率也反对过低的税率,始终强调税率的合理性。

2. 社会福利的管理风险及其规模限制

社会福利的规模在$(0,mx^{+}]$的区间内,社会消费在资产者消费mc与社会福利mwf之间转移配置,不影响投资,只是会面临道德风险的问题。

首先就是享受福利者的道德风险,比如,买了车险的人在保险范围内更加不小心,享有医疗福利的人有可能滥用医疗福利。面对这些道德风险,保险机构的解决方案是差异化服务,对出险赔付者加大保险金额度,这样就形成了保险机制的激励相容;公共福利则比较困难,公共福利本身强调平等,难以形成这种差异化的服务,激励不相容是其主要特征,只能通过加强监管来控制这类道德风险,这会进一步增加管理成本。

其次是作为管理者的代理人的道德风险。在信息的委托-代理结构中,代理人占有信息优势,同样有可能产生道德风险。因此,社会福利的管理部门也存在监管问题,这进一步加大了社会福利的成本。而且,委托-代理结构的监管问题涉及过程管理,管理成本随规模增大而超线性增长,即不仅成本增长而且边际成本递增。所以,社会福利的规模存在上限。

这种规模的限制问题在现实中表现为小国的社会福利水平更高,因为其总体规模不大,治理成本较低;大国的社会福利水平需要控制,因为其总体规模大,治理成本较高。这里的社会福利包括教育、公共工程和公共服务等一般社会福利,也包括非商业性的医疗、养老等纯粹社会福利。当然,规模限制只是决定国家社会福利水平的因素之一,但不是唯一因素,甚至不是关键因素,国家经济发展水平和社会治理能力才是。而经济发展水平与国家治理能力正相关,因此,现实中经济发达国家的社会福利水平较高,经济不发达国家的社会福利水平较低。

(四)关于社会福利讨论的小结

社会福利是经济发展的核心目的之一,也是经济发展的动力之一,社会福利事业能够提高社会福利水平。但是,社会福利存在规模制约,福利规模不能过大,福利水平不能过高,需要与经济发展水平、社会治理能力和社会文化发展水平相适应。因此,社会福利问题涉及经济资源的合理配置,回到流量方程就是要“尽力而为,量力而行”,资源分配的原则是“生存第一,发展第二,享受第三”,对应“功、利、便”的三个等级,来自在水德文化中的“水利”——水的好处:生养之功,灌溉之利,舟楫之便。生产资料优先发展,但是,前提是保障基本民生——基本的生存条件,发展之后才能带来享受。

四、增加消费的辩证关系

社会消费与经济发展具有辩证关系。需求与供给的关系——增加消费是工业革命以来的老问题[①],马尔萨斯较早提出了“有效需求不足”的问题。在经济学的讨论中,人们意识到需求是经济发展的重要因素[②]。关于如何扩大消费的问题,人们提出了刺激消费的所谓需求管理政策,相关争议参阅供给学派与需求学派的争论[③],这里不再赘述。从流量方程组看,消费是供给与需求的辩证统一,扩大消费需要从有效供给与有效需求两个方面展开,同时要考虑消费逻辑的问题。

(一)增加消费的必要性讨论

1. 社会再生产方程的分析

扩大需求就是增加消费,以简单再生产的均衡方程为例。

$$\begin{cases} \mathrm{I}(v+m)=\mathrm{II}(c) & (1) \\ \mathrm{I}(c+v+m)=\mathrm{I}(c)+\mathrm{II}(c) & (2) \\ \mathrm{II}(c+v+m)=\mathrm{I}(v+m)+\mathrm{II}(v+m) & (3) \end{cases}$$

方程表明,供给与需求是社会生产的一体两面,有需求才需要供给,有供给才能满足需求,供给与需求的均衡是社会再生产的实现条件。从流量均衡看,社会生产水平要提高、经济规模要扩大,需要从供给和需求两个方面实现均衡,需求与供给要均衡扩张。所以,从社会再生产看,扩大需求即需求问题也是供给问题,两者是同一个硬币的两面。简单再生产的逻辑比较简单:(1)人们生产是因为市场有需求;(2)人们消费是因为自身有需求。而扩大再生产的逻辑比较复杂:(1)人们生产一是因为市场有需求,二是因为劳动能增值(边际利润大于零,增加劳动能够增加劳动剩余);(2)人们消费一是因为消费有价值,二是因

---

① 萨伊.政治经济学概论[M].北京:商务印书馆,1997:142,443-446;约翰·穆勒.政治经济学原理(上)[M].北京:商务印书馆,1991:505-507。

② 凯恩斯.就业、利率和货币通论[M].北京:商务印书馆,2021:17-22.

③ 米尔顿·弗里德曼,安娜·施瓦茨.美国货币史(1867-1960)[M].北京:北京大学出版社,2009:209-296;默里·罗斯巴德.美国大萧条[M].上海:上海人民出版社,2003:85-104;保罗·罗伯茨.供给学派革命[M].上海:上海译文出版社,1987:74-80。

为消费能增值。社会追求扩大再生产，因而消费的基本逻辑是有价值和能增值，其中能增值特别重要，它意味着劳动者增加消费能够提高劳动效率和增加劳动时间，高度发达的市场能够把这些提高的劳动效率和增加的劳动时间转化为劳动者新的财富和收入，真正实现“时间就是财富，效率就是生命”的理念，真正体现时间的价值和效率的价值。因此，建设有效市场是提振消费和增加需求的根本所在。建设有效市场要做到三点，一是能够充分发挥群众的创造力，二是能够充分转化群众的劳动力，三是能够充分调动群众的积极性。为了实现这三个目标，市场需要具备三个特点，一是市场势力均衡，市场能够充分竞争；二是市场流动性强，特别是信息和要素能够充分流动；三是市场实现了实质自由，能够有效维护市场主体行为的独立自主，拒绝道德绑架。其中，信息充分流动是市场避免逆向选择和道德风险的重要保障，特别是进入高质量发展阶段后，市场的质量鉴别极为重要，需要组建网络质量联盟来保障市场信息的有效生成和充分流动。

2. 从供给看扩大消费

从经济的正常状态看供给，扩大消费就是加大劳动要素 v 的比重，降低生产资料 c 的比重。这个考虑有两个基本点：绝对稀缺性和相对稀缺性。

(1)从绝对稀缺性看，劳动是最根本的生产要素，其中劳动者素质是劳动效率的根本。随着经济发展中创造和创新的经济贡献不断加大，社会生产需要更多的脑力劳动和复杂劳动，脑力劳动和复杂劳动作为创造和创新的核心要素越来越稀缺，社会需要更多地投资于人来解决这个稀缺性，这就需要增加消费——消费的本质就是投资于人。

(2)从相对稀缺性看，在工业化的早期，生产资料 c 相对劳动要素 v 是稀缺要素，投资生产资料 c 的边际收益更大，所以，经济发展要优先投资于生产资料 c；但是，随着工业化的发展，特别是进入工业化的中后期，生产资料 c 相对丰裕，劳动要素 v 变得相对稀缺，投资劳动要素 v 的边际效用更大，所以，经济发展要更多投资于劳动要素 v，即扩大消费。

3. 从需求看扩大消费

构建效用函数 $u(c,v)$，与约束函数 $c+v\leqslant m$，构成数学规划。从效用函数的全微分看，$\frac{du}{dv}=\frac{\partial u}{\partial v}+\frac{\partial u}{\partial c}\cdot\frac{\partial c}{\partial v}$。其中，$\frac{du}{dv}$是投资引致的总效用变化，$\frac{\partial u}{\partial v}$是投资的直接边际效用，$\frac{\partial u}{\partial c}\cdot\frac{\partial c}{\partial v}$是投资引致消费变化带来的效用变化，$\frac{\partial c}{\partial v}$是投资引致的消费变化，$\frac{\partial u}{\partial c}$是消费的边际效用。令 $\theta=(\frac{\partial u}{\partial v})/(\frac{\partial u}{\partial c}\cdot\frac{\partial c}{\partial v})$，即 θ 是投资引致的投资效用变化与消费效用变化之比。(1)若 $\theta>0$，则说明$\frac{\partial c}{\partial v}>0$，$c+v<m$，此时投资与消费构成互补关系，数量变动上同增减和正相关，说明资源运用没有处于有效边界，市场尚未出清，资源仍有富余，没有达到可能性边界，社会没有达到充分就业的状态，这个时候增加投资能够带动就业，增加消费。在经济的下行周期，经济社会就处于这个状态，资源没有充分利用，因此可以通过增加投资、增加就业、增加消费来提振经济。这是经济学需求管理的逻辑基础。(2)若 $\theta<0$，且$-1<\frac{\partial c}{\partial v}<0$，则说明 $c+v<m\rightarrow c+v=m$，此时投资 v 和消费 c 构成替代关系，资源运用从非有效边界迁移到有效边界，市场从非出清状态转向出清状态，资源从非充分利用过渡到充分利用，社会从非充分就业达到充分就业状态，投资与消费形成资源竞争关系，此时增加投资就会挤出消费。这个状态是经济周期的复苏阶段。(3)若 $\theta<0$，且$\frac{\partial c}{\partial v}=-1$，则说明 $c+v=m$，经济完成复苏周期，处于正常周期的状态，需要减少对市场的干预。这是经济学供给管理的逻辑基础。古典经济学通常研究这个阶段。其中，若 $\theta=-1$，则说明 $c+v=m$ 且投资和消费的结构处于最优状态，消费边际效用等于投资边际效用$\partial u/\partial c=\partial u/\partial v$，这个结果与拉格朗日乘子法求得的$\frac{\partial u/\partial c}{\partial u/\partial v}=1$ 是一致的，也与边际分析的最优定律相一致，表明社会达到充分就业状态。因此，市场出清未必最优，人们忙碌未必富有，资源配置很

重要。

进一步从需求看，当工业化后期，第一部类供给不再稀缺之后，消费就构成经济发展的制约因素。

一是第一部类的消费水平Ⅰ$(v+m)$过低，市场均衡条件是Ⅰ$(v+m)$=Ⅱ(c)，从而第二部类从第一部类获得的货币不足，由此第二部类没有足够的资金购买生产资料Ⅱ(c)，抑制了第一部类生产水平Ⅰ$(c+v+m)$的提高，社会生产处于较低水平的均衡状态。

二是第二部类的消费水平Ⅱ$(v+m)$过低，第二部类的生产水平Ⅱ$(c+v+m)$较小，对生产资料Ⅱ(c)的购买能力不足，均衡条件Ⅰ$(c+v+m)$=Ⅰ(c)+Ⅱ(c)，Ⅱ(c)的购买能力不足将抑制第一部类生产水平Ⅰ$(c+v+m)$的提高。

三是第一部类生产Ⅰ$(c+v+m)$受到抑制，进而制约第一部类自身的生产资料Ⅰ(c)的需求，更进一步制约第一部类生产Ⅰ$(c+v+m)$的水平；所以，消费不振导致了第一部类生产Ⅰ$(c+v+m)$和第二部类生产Ⅱ$(c+v+m)$处于较低的均衡水平，也就是整个社会生产的均衡水平较低。这是在需求方面的影响。

由此可知，消费不足会从供给与需求两个方面影响社会生产，在生产资料的稀缺性逐步降低而劳动要素的稀缺性逐步提高的条件下，增加消费和扩大需求就成为经济发展的必要条件。

社会生产的两条腿，一是生产资料的投资，即狭义的投资，其变动来源于对生产资料的追加Δc；一是生活资料的投资，即消费，其变动来源于对工资的追加Δv；最优状态是两者的均衡，即$\partial m/\partial c=\partial m/\partial v$。但是，这是静态均衡，并非现实的可行方案。现实方案还要考虑时间周期的缩短，这就是动态均衡。首先是优先发展生产资料，直到边际收益$\partial m/\partial c<\partial m/\partial v$；而后反过来，优先发展生活资料，直到边际收益$\partial m/\partial c>\partial m/\partial v$；如此反复，就像是人类的行走，$\Delta c$是左腿，$\Delta v$是右腿，两条腿依次迈进，每一次迈进都超越另一条腿，这就是动态均衡，但在动态均衡中Δv在$(\Delta c+\Delta v)$中的占比不断加大，即右腿迈步大于左腿。相较于静态均衡，动态均衡的发展速度更快。因此，现实的消费需要是经济发展进入到迈右腿的周期——扩大 Δv 在($\Delta c+\Delta v$)中的占比。这是流量方程所揭示的经济发展规律。

(二)增加消费的实现路径讨论

1. 消费逻辑之必要条件

从流量方程组看,增加消费有两个方面的条件,一是有效供给,二是有效需求。这个有效就是消费者的口袋里面要有钱。所以,增加收入是扩大消费的先决条件。

增加收入有两个条件,一是要增加就业(直至充分就业),二是产业升级。而增加就业和产业升级的先导条件是技术进步,包括技术创新和技术扩散两个过程。这需要扩大投资来实现,而且由市场扩大投资来主导。投资包括两个方面,一个是组织生产,一个是组织研发,扩大投资用于组织生产就是技术扩散,技术扩散带来产业扩张;用于组织研发就是技术进步,技术进步带来产业升级,也称内涵扩张。技术扩散增加了就业,技术进步提高了工资,两者结合,人们的收入增加了,消费能力提高了。所以,扩大投资以增加就业和推动技术进步,这是提振消费、扩大需求的根本。

科技进步的核心条件是产业组织和创新组织的组织化水平提高和社会协作水平提高。这涉及上市公司和高水平大学这两类核心组织。上市公司是通过市场形成集中力量办大事的核心组织,它通过资本集中极大提高了自身的社会协作水平和科技创新水平。高水平大学是知识创新和知识传授的组织,形成了强大知识交流与讨论的氛围和机制,人员的知识结构错综复杂带来了知识创新所要求的头脑风暴机制,学术团队的青春流动更替形成了知识更新的结构机制,大学因此成为科技创新的策源地。

由此,扩大消费存在一条必要条件的链条:增加收入-增加投资-(增加就业+产业升级)-技术进步-科技创造组织化水平提高(核心是上市公司和高水平大学)。这里注意是必要条件,不是充分条件。

2. 消费逻辑之充分条件

人们不是有钱就会消费,而是消费有价值和能增值才会消费。有钱是消费的必要条件,有价值和能增值是消费的充分条件。

消费有价值就是供给更加契合需求,人们从消费中能够得到更多的需求满足,带来比消费的金钱更大的价值,从而吸引消费。在 1980 年代,人们常说的一句话"生产适销对路的产品",就是提高有效供给水平。有效供给是供给对需求的契合度,是供给的内在质量。要提高供给的有效性就需要市场有效,有三个基本条件,一是能够在信息上高效敏捷,及时、准确和有效沟通消费者与供应者;二是市场流通和诚信水平高,买者和卖者能够及时高效地完成交易,人们能够放心高效地卖出自己供应的商品和买入自己所需要的商品;三是优胜劣汰机制高效,能够及时淘汰那些不能满足市场需求的企业,有效集中资源到能够精准满足市场需求的企业。

消费能增值就是消费能够带来时间的节约和效率的提升,这些节约下来的时间能够转化为劳动时间,这些增加的劳动时间和提高的劳动效率能够通过高效率的市场转化为劳动者新增的价值和新增的财富,而且这些获得的价值增加值大于消费的价值——消费能够带来劳动剩余。消费增值的核心是有效市场——市场必须能够充分发挥群众的创造力,能够充分转化群众的劳动力,能够充分调动群众的积极性。只有当市场有效,能够把劳动效率和劳动时间转化为财富,带来劳动剩余,人们才会有充分的动力,更加专业地从事自己的工作,把精力和时间集中在核心业务——自己最有竞争优势的业务,把那些自己没有竞争优势的非核心业务外包出去。只有市场能够鉴定劳动质量,能够让高质量的劳动获得高水平的报酬,人们才会投资自己,提高自己的劳动技能和劳动素质,由此创造更大劳动分工体系,提高经济的发展水平。比如,相较于经济不发达地区,经济发达地区的人们更多地选择把家政外包出去、下馆子或点外卖等,尽量节约非专业劳动的时间,把更多的时间和精力集中在专业劳动上。

他们把精力和时间用在工作上,能够获得更多的收入,这些收入能够补偿外包家政的花费,能够补偿点外卖的花费。这是机会成本问题。他们自己做家务、自己洗菜的机会成本,就是这么做所损失的时间本能赚到的收入。所以,在一个高效率的市场体系中,人们的劳动价值能够得到很好的体现,机会成本很高,人们需要把更多的时间和精力集中在专业工作上,用劳动创造更高的价值。而这样一来,消费就提升了,分工就细化了,产业链就拉长了,人们越专业化,劳动成果就越多,生活水平就越高。这就是消费与供给的辩证关系——通过供给创造需求来形成消费的动力。市场的效率决定了消费的激励,因此加强市场建设,不断提高市场配置资源的效率,让劳动更好地创造剩余,让知识更好地创造财富,人们就会更加愿意消费。

(三)增加消费所内含的辩证关系

1. 增加投入所内含的辩证关系

流量方程组表明,增加收入要通过扩大投资来实现,扩大投资是增加就业和产业升级的前提和动力。扩大投资包括了技术扩散与技术进步两大内涵,其中,技术扩散就是产业扩张——扩大生产规模,自然增加了就业,因此是数量型的增长方式;技术进步就是产业升级——提升生产质量,增加了劳动内涵,因此是质量型的增长方式,也称为内涵增长方式;产业扩张与产业升级构成了产业发展的两大内涵,所以,扩大投资就是产业发展,是增加就业和产业升级的根本。

但是要注意,这个投资主要是市场投资,是流量方程组中的 Δc 和 Δv;而通过财政转移支付的部分 Δmpc 和 Δmpv 则要适度,注意与市场投资的匹配——公共服务是生产资料,市场的组织生产才是价值创造的最后一公里。同时,要特别注意控制非劳动消费的支出 mx^{+},包括资产者消费 mc 和纯粹社会福利 mwf。以充分必要为界限,尽量不要过多挤占投资,以免抑制经济发展潜力。这就是经济发展内在的辩证关系。社会福利不超越经济发展水平,与经济发展水平相适应,则社会福利是经济发展的助推器。

2. 充分就业与产业升级的辩证关系

解决充分就业的核心和关键是扩大投资，推动技术扩散，在这里就需要讨论技术进步与就业增长的关系。有人认为，技术进步会挤出工作岗位，产生失业问题。从静态看好像是如此，但从动态看，则反而是解决了失业问题。纵观历史，人类从农耕文明走向工业文明，科技日新月异，无数的农民在农业的内部失业了。但是，工业却创造了更多的岗位，社会性的总量失业并没有出现，更多的人从农业人口转变成为工业人口。人们常说“当上帝关了这扇门，一定会为你打开另一扇门”，这句话用在这里很贴切，只不过，是人们的创造力为自己打开了门，而不是上帝。技术创新带来了失业，但也提供了新的就业机会。其实，从第一把锄头的诞生，技术就在提高人们的劳动效率，就在挤出人们的劳动岗位。但是，历史的发展很吊诡，虽然随着技术进步，劳动效率极大地提高了，但是人们也越来越忙了。人们的需求越来越多，生活的条件也越来越复杂，因此，人们要通过交换得到更多，就要付出更多的劳动。人们工作的复杂度和技术复杂度越高，人们需要学习的时间就越多，这些又创造了新的培训、咨询等产业，形成新的就业岗位。

近几年，AI（人工智能）成为人们的知识代理，形成了知识劳动领域的委托-代理结构，极大提高了人们知识创造的能力，加速了技术进步；而物流和信息技术的进步又扩大了产业半径，同时使产能过剩，加剧了市场竞争，经济进入“内卷”带来的差异化和创造需求时代。通过产品的差异化可以降低产品之间的替代性，缓解消费的边际递减效应，从而弱化产业内部的竞争，同时提高人们的使用价值。而要解决产能过剩问题，就需要创造新的产品和产业，创造新的需求，增加新的消费品种，提高人们的使用价值，进而消化过剩产能。其实，经济发展水平越高，生产力水平越高，劳动效率越高，产能越大，越是需要供给多元化，创造更加丰富多样的需求。本质上，经济发展就是人们更多的需求得到更好的满足，而这就需要更为强大的供给能力支撑。所以劳动效率提高不是失业的根源，而是经济发展的根源。

经济发展就是人们更多的需求得到更好的满足，还可以从边际理论有三个基本定理进行理解。第一定理为边际效用递减定理，认为人们消费相同物品的边际效用递减。所谓相同物品指具有完全替代性的物品。消费物品越多则边际效用越小。第二定理是最优定理，认为在资源总量既定和消费物品种类既定的条件下，各种物品消费的边际效用相等时，总的效用达到最大化。第三定理称创新定理，认为在资源总量既定和消费物品种类既定条件下的总效用达到最大时，如果还想增加总效用就需要增加新的消费物品。因此，经济发展就意味着人们获得的效用水平不断提高，人们获得的消费物品不断增多，供给体系供给的商品不断增多，供需之间的关系更加复杂，需要更高水平的市场组织供需，也需求更加庞大和优质的供给体系组织生产。所以，经济发展是人们更多需求得到更好满足的过程，也是市场和供给体系得到更好发展的过程。

在当下，由 AI 主导的现代科技体系极大提高了知识创造能力和技术进步能力，知识创新呈现出梅特卡夫定律、摩尔定律和达维多定律等三大增长规律，本质上是知识累积的“雪球效应”内生边际增长加速的呈现，知识创新不断加速带来技术进步不断加速，生产力和劳动效率极大提高，既定需求结构的市场不能有效消费生产力创造的商品，产业内部同质竞争惨烈，人们称为“内卷”，也称为产能过剩。产能过剩一是浪费了生产力，二是降低了市场流动性，三是制约了消费效用的提升，阻碍了人们生活水平的提高。我们从边际效用理论三个定理来思考解决办法：一是产品差异化，通过产业内部的产品差异化降低商品同质性，降低边际效用递减规律的影响。注意到边际效用递减的条件是消费物品的同质性，产业差异化能够降低产业“内卷”程度，还能提高人们的效用水平；二是产业差异化，企业通过市场的优胜劣汰重组产能，创造满足人们更高需求层次的商品，形成更高水平的产业，本质上这种产业差异化就是产业结构升级。无论是产品差异化还是产业差异化，都能有效降低“内卷”程度，并提高人们的效用水平。这种差异化和产业升级需要 AI 帮助人们开展数据分析，更加高速、精准地挖掘人们的内心，创造社会需求，同时完成技术创新、产品开发、生产组织和商业组织等的产业化进程,拓宽经济发展空间。这种差异化时代还影响到商业模式,从社会流量模式转向社区流量模式,这个社区不是地理社区,而是具有共同商品需求特征的人群。

经济发展水平越高,人们的需求就更多元,经济的政策目标就更多,因而需要创造更多的政策工具并引入更多的竞争关系,形成更强的经济发展动力。天下没有免费的午餐,政策工具越多则政策组合的复杂度越高,经济发展的风险越大,政策工具增加带来更强发展动力的同时也增加政策组合的复杂度,形成经济发展的内生风险。所以,经济发展的水平越高,经济内生的复杂度越高,经济社会的风险越大。应对这种情况的思路是回到易简原则,尽量减少政策目标。比如,货币政策的币值稳定、充分就业、经济增长和国际收支平衡四大目标,通过财政工具推动充分就业,金融政策推动币值稳定,而充分就业和币值稳定能够促进经济增长,充分就业、币值稳定和经济增长又能够促进国际收支平衡。因此四大政策目标就可以简化为币值稳定和充分就业两大目标,这就降低了经济内生的复杂度和风险度,提高经济发展稳定性。

要特别注意的是,产业升级和产业结构调整导致的岗位变迁——形成了“下岗-上岗”或“失业-再就业”——是一个痛苦的过程,需要社会的高度关注,需要建立社会福利保障机制和再就业机制。同时,要特别注意扩大投资中的技术创新与技术扩散的比重,推进产业升级的“小步快跑”与产业扩张的“快速扩大”相结合,通过“小步快跑”的产业升级缩小产业升级的技术梯度,通过“快速扩大”的产业扩张提升产业的就业能力。这样能够尽量减少失业总量,同时减少岗位变迁带来的知识升级要求,减少岗位变化带来的工作压力,缩短岗位变化的时间周期,有效减轻社会发展的阵痛。

在这样的动态发展中,经济体系通过技术进步与技术扩散的有机结合,在挤压原有岗位的过程中,创造出新的岗位,这些新的岗位科技含量更高,劳动效率更高,实际工资也更高,社会的总体收入得以提高。当然,人们也需要更多的脑力劳动、复杂劳动、熟练劳动。正是这些更复杂的劳动提高了商品的劳动价值。同时，产业升级提高了产品的质量——供给更加契合需求，消费体验更好——提高了商品的使用价值，提高了商品的价格，带来更多的劳动剩余，也就提高了工资。

3. **技术进步所内含的辩证关系**

技术进步是快一点好还是慢一点好，这个问题也存在辩证关系。上面的分析表明，科技创新是一种生产力的创造，技术扩散则是一种生产力的实现，科技创新耗费的价值需要在技术扩散的实现中获得补偿，而这个补偿是一种过程，需要一定的时间。如果科技创新的速度过快，投资回收的周期太短，投资就没有办法收回，本质上就是价值没有实现，马克思在《资本论》中就说过："商品的惊险的跳跃……如果不成功，摔坏的不是商品，但一定是商品所有者。"[①]关于创新的破坏力量，熊彼特已有阐述[②]，此处不再赘述。这里要说明的是创新的辩证性，创新也带来了生产组织的困难，当一种创新的产出不能补偿投资的时候，本质上就是劳动剩余为负值，就是劳动亏损。当这种创新带来的生产力困境，从一个个单一项目转向了众多的项目，从个别现象转变成为社会普遍现象时，就是所谓的从投资的颠覆性创新陷阱变成了投资的颠覆性沼泽。投资风险加剧，人们的投资就会更为审慎，从而导致社会投资不足，就业受到影响，经济举步维艰。其实，科技创新没能有效转化为生产力大体上有两方面的原因，一个就是上面所说的颠覆性陷阱，一个是供给没能创造需求，技术供给有了，但是人们不知道如何利用这些技术满足人们的需求，创造社会价值。要做到让技术满足人们的需求，需要远见卓识。中国历史上有一正一反两个故事很能说明这个问题。正面的故事是"和氏璧"，这个故事表明，商业上的远见卓识是非常稀缺的资源。这个方面还有"秦琼卖马""伯乐相马"等都给予我们同样的启示。反面的故事则是鲁班（公输盘）做飞机的故事（《墨子·鲁问》），对于鲁班做成的飞机，墨子认为毫无价值，还不如牛车马车的车辖——用于固定车轴的键，防止车

---

① 马克思.资本论：第一卷[M].北京：人民出版社，1975：124.

② 熊彼特.经济发展理论[M].北京：商务印书馆，1991：236-283.

轮脱落并调整车轮的轴向位移——并提出了伟大的科学精神的价值观："利于人谓之巧,不利于人谓之拙。"就连墨子这个伟大的科学家也没有预见到飞机的巨大价值。所以,远见卓识非常重要,而且这种能力非常稀缺,这就使得我们的研发有时候未必目标明确,毕竟,很多发明都是意外,是"无心插柳"的结果。这带来了一个问题:科学研究目标能否略有模糊?能否给研究留下一点童心?答案是肯定的。科学研究需要有"游戏精神"——让科学研究保留一些快乐、幻想、自由。

本章小结

辩证的本质是二元对立统一关系,是最简约的比较和竞争关系。辩证法在原始形式是辩论,设立辩论双方构成了二元对立统一的辩证关系。

以市场机制构建价值正义的辩证机制,不只实现了正义的价值范式,更重要的是实现了群众路线,实现了价值分配和产权分配中的充分协商和充分辩论、形式辩证和内涵辩证的统一。

价值正义通过经济辩证法实现,核心是紧紧抓住供给与需求这对范畴展开。中国文化则更加深沉,"一阴一阳之谓道",《周易》提出的古典辩证法,结合《六韬》的古典唯物论,构成中国古典唯物辩证法,是中国传统文化探索真理和追求正义的方法论,其经济领域的应用形成了经济辩证法,是中国古典经济学价值正义的实现形式和实践形式,使得价值正义的正义内涵、群众路线和共同富裕的价值主张都更加体系化和鲜明化。

以买卖双方讨价还价构成市场的辩证形式,是经济辩证法的核心逻辑形式。以此为基础,以公共产品和私人产品的关系为依据,构建的市场与政府的辩证形式,是经济辩证法的扩张逻辑形式。在逻辑形式的基础上,形成了复杂的内涵辩证关系,包括供需关系、市场势力关系、投入产出关系等静态分析框架,风险收益关系、人力资本关系、技术创新与技术扩散关系、要素演化关系等动态关系,构成实现价值正义的辩证体系和经济学的逻辑分析体系。

这里特别要说明的是,本书提"市场与政府"时,这个市场指市场体系,包括交易市场和企业,即,市场体系=市场+企业,这个概念的"市场与政府"是一对范畴;提到"市场与企业"时,这个市场指交易市场,不包括企业,这个概念的"市场与企业"是一对范畴。所以,作为商品供给体系的市场是市场体系(市场+企业),作为商品交易体系的市场是交易市场(不包括企业)。所以,市场体系=市场+企业=交易市场+企业。市场体系与政府是一对范畴,市场体系是经济体系,政府是行政体系;交易市场与企业是一对范畴,市场主导公平,企业主导效率,两者构成市场体系,是实现价值正义的形式辩证之一。

第四章 价值原初

有无相生，难易相成，长短相形，高下相倾，音声相和，前后相随。

——《道德经》

价值正义涉及对价值的理解，价值问题是经济学的基础问题，即第一个问题，而人类面临的第一个问题是活着，这是价值的原初。从这个视角，本章讨论价值内涵，包括从生产的三种关系看价值尺度、价值尺度的内涵讨论、价值内涵、价值讨论得到的观点和启示，特别给出一些算例，从直观视角理解价值是比较关系，理解效用的不完全替代性带来价值比较的不完全性，包括使用价值和劳动价值的不完全的可比较性和可替代性。

一、从生产的三种关系看价值尺度

（一）生产的社会关系

1. 人的第一个基本需求

人的第一个基本需求是活着，为了活着就需要满足衣食住行等条件，这些条件构成了生活需求；为了满足这些需求，人们需要付出劳动，从事生产、交换、分配、消费等活动[①]，这些活动构成了社会供给；供给本身也产生需求——生产

---

① 约翰·穆勒.政治经济学原理及其在社会哲学上的若干应用[M].北京：商务印书馆，1991：（上）36-543，（下）2-255.

(型)需求,人们为满足这些生产(型)需求又要发展新的供给——生产(型)供给;生活需求和生产需求构成了社会的总需求,生活供给和生产供给构成了社会的总供给;生产型供需的内涵是生产资料,构成了第Ⅰ部类,生活型供需的内涵是生活资料,构成了第Ⅱ部类[①]。社会的供给与需求活动构成了社会的经济关系和经济生活,其基本逻辑关系如图4-1所示。这是商品经济或市场经济时代的社会生产逻辑。《资本论》的第一卷讨论"分配"与"生产"两个板块构成的局部循环,第二卷讨论"分配""生产"和"交换"三个板块构成的局部循环,第三卷讨论"分配""生产""交换"和"消费"构成的全部循环。

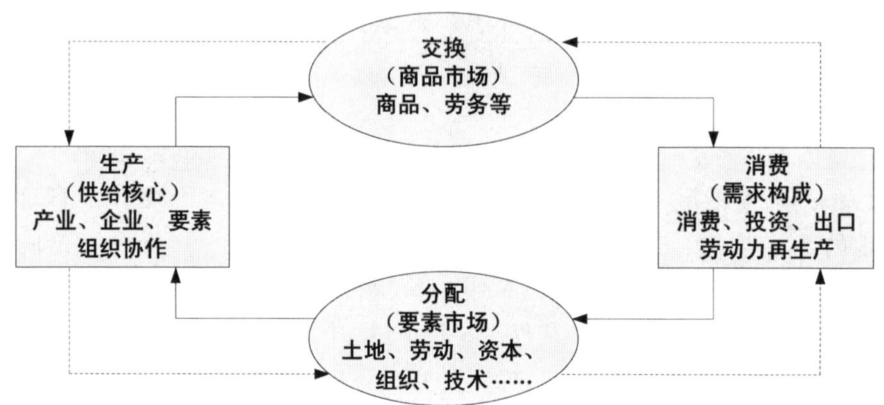

图4-1 社会化大生产循环流量图

注:实线代表要素、商品、劳务等物的流动,虚线代表货币的流动。该循环设计两种角色(消费者、生产者)、两种市场(商品市场、要素市场)、两种经济(实体经济、虚拟经济)

2. 劳动的本质

在这里需要注意,劳动生产不是创造物质,只是改变物质及其组合的结构,提高物质及其组合对人的效用,从而改善人们的生活和生存状态。

在这个循环中有两种角色,一种是消费者,也称买者或需求方,另一种是生产者,也称卖者或供给方。由此构成两种市场,一种是商品市场,人们在其中交

① 关于第Ⅰ部类和第Ⅱ部类,参见马克思.资本论:第二卷[M].北京:人民出版社,1975:438-439。

易商品，包括产品和劳务；另一种是要素市场，人们在其中交易生产要素，包括土地、劳动、资本等传统要素，组织、科技、创新等效率要素，数据、信息、知识等现代要素。两种经济，一种是实线路径上的四大环节构成的经济体系，称实体经济，生产、交换、分配、消费的对象是商品，而交易的工具是货币，由此构成了另一种经济体系，即虚线路径上的四大环节构成的经济体系，称虚拟经济，是货币的经营领域。

中西古典经济视野的略有不同，西方古典经济学以交易关系奠基，认为商品市场是交易环节，要素市场是分配环节；中国古典经济学以价值正义奠基，认为商品市场和要素市场都是价值分配的环节，交易即物权的交换也是价值的分配，是物权交换与价值分配的统一。

3. 市场强调公平即正义

人们说要“买卖公平”，其基本含义是买卖之间要遵守公平的原则，其辩证含义是只有经过充分的讨价还价才能达成价值分配的公平性。不管是哪一种含义，都强调了公平。

在严格的意义上，所谓公平就是一种逻辑关系，这种逻辑关系能够满足“每一个人都……”作为前提。价值比较有三种基本关系：多于(>)、等于(=)、少于(<)。等价交换原则是一种公平，一是从数学上看，每一个人都多于别人，这在数学集合论的意义上不可能；每一个人都少于别人，也不可能；只有每一个人等于别人是可能的。二是从人文方面看，每一个人都多于别人，人们做不到；每一个人都少于别人，人们不甘心；人们能够做到又甘心的就只有人人平等，这就是公平。

因此，人们能够达成的共识，在逻辑上一定是公平。更进一步看，人们把正义定义为“每一个人都认同……”，把公平定义为“每一个都……”，把平等定义为“每一个人都拥有……”，在具备理性逻辑的群体中，正义、公平、平等是等价关系。

既然是共识，正义在客观上提出了一个明确的要求，就是首先自己要做到才能要求别人也做到（当然，自己做得到也未必会要求别人做到），所谓“己所不欲勿施于人”“己欲立而立人，己欲达而达人”。因为，上面提到的“每一个人”就包括自己，首先自己做到而后要求别人做到，这是共识的必要条件，也是正义的基本原则。对于那些要求别人做到而自己未必能够做到或者未证明自己已经做到的，人们称为“道德绑架”，为价值正义所拒绝。

（二）生产的自然关系

在自然经济时代，人们消费物品主要是自己生产，交换流通环节不是社会生产的主要环节，所以，对上述社会生产逻辑关系可以做出精简提炼，人们的生活逻辑简化为：“劳动—物品—消费”的循环过程，即，人们在劳动过程中消耗劳动力而生产物品，在消费过程中消费物品维系生命，在延续生命过程中再生产劳动力。物品是一个中介，联系起劳动和消费，作为劳动成果也称产品——人们劳动生产出来的物品。

（三）生产的抽象关系

对上述自然关系进一步抽象，能够更加简洁地看到，人们通过劳动获得物品，通过消费物品维系生命，再生产出劳动力，这本质上形成了“生产—消费”的逻辑，如图4-2所示，即，生命时间创造了劳动时间，劳动时间创造了生命时间。这个抽象简化了社会再生产的过程，凸显了劳动在社会再生产过程中的重要意义，同时，也正是在这个抽象中，我们看到了“物”的重要意义——生命的基础与价值的载体，看到了“劳动”“时间”“物品”构成“价值”的三位一体。

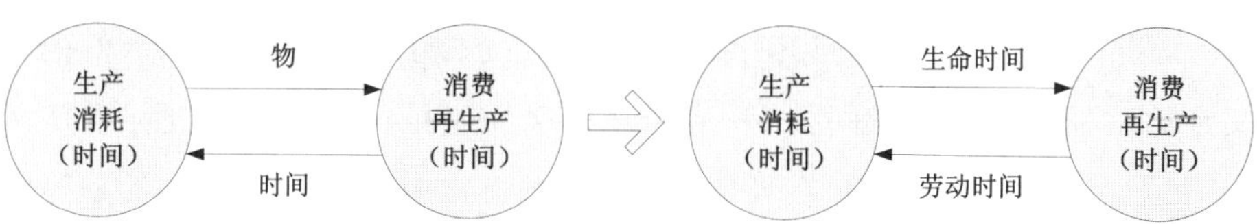

图4-2 社会生产逻辑的抽象关系

综上所述,时间是价值的自然尺度。维系生命就是延续生命时间,维系生命需要耗费劳动时间,劳动时间需要生命时间的滋养和支撑。时间是生命的本质,是价值的自然尺度;物质是生命的基础,是价值的载体,是价值的实现形式。正是时间构造了运动的秩序——“万物并育而不相害,道并行而不相悖”的世界秩序。时间是一条长河,一切事物都在时间长河中获得滋养、运动和发展。

这里存在两个时间的概念,一个是劳动时间,一个是生命时间,生命时间是自然时间,作为价值的自然尺度。如无特别说明,本书提到的时间皆指生命时间,对于劳动时间笔者都给出明确说明。

(四)价值关系的还原

通过抽象,我们看到了价值构成中劳动、时间、物品的三位一体。但是,劳动的协作构成了社会关系,劳动成为社会活动,而时间只是价值的自然尺度,因此在此之外还需要一个社会尺度,这时候就需要货币的出现了。

价值的社会属性根源于劳动的社会属性,劳动的社会属性根源于劳动的协作需要。人们需要劳动协作以提高劳动效率,需要通过交换劳动成果来实现劳动协作。交换劳动成果要以价值为依据,但是,时间不能交换,这就需要一个能够替代时间指称价值的“物”,那就是货币。货币的本质就是价值尺度。因此,时间是价值的自然尺度,货币是价值的社会尺度。本质上,价值的构成是劳动、时间、物品的三位一体,这反映了价值的自然属性;在形式上,价值的构成是劳动、货币、物品的三位一体,这反映了价值的社会属性。

二、关于价值尺度的讨论

(一)价值尺度之间的关系

在以生命为价值核心的劳动过程中,要消耗生命时间创造劳动时间,消耗劳动时间创造财富,消费财富创造生命时间。由此抽象出以时间为核心的价值循环：消耗生命时间创造劳动时间，消耗劳动时间创造生命时间，生命时间与劳动时间构成了时间为尺度的价值循环。

在这个循环中，生命时间和劳动时间都是价值的尺度，生命时间构成了需求的自然基础——生存是需求的原初，劳动时间构成了供给的自然基础——劳动是供给的原初；需求构成了使用价值的物质基础，供给构成了劳动价值的物质基础；使用价值是效用的尺度，劳动价值是成本的尺度；劳动时间又由生命时间滋养和孕育，从而存在替代劳动时间的生命时间，这个生命时间称为成本价值，成本价值与劳动价值等价，劳动价值代表生产物品的劳动时间，成本价值代表滋养这个劳动时间的生命时间。使用价值与成本价值的关系是产出维度与投入维度的关系，使用价值衡量消费一个物品能够产出多少生命时间，成本价值衡量生产一个物品需要投入多少生命时间。在这里，生产物品过程直接投入的是劳动时间——劳动价值，滋养这些劳动时间所需要的生命时间就是成本价值。

（二）价值尺度中的计算

1. 劳动剩余的计算

劳动生产过程中以物为中心，形成采购与销售两个环节。采购环节支出 $cv=c+v$，构成生产成本，其中，c 称生产资料，v 称活劳动（也称劳动要素），c 与 v 合称生产要素。生产过程产出物 mcv 称劳动产出，销售环节卖出劳动产品，收入货币 $mcv=m+c+v$，构成生产收入，其中，m 是劳动剩余，c 是生产资料补偿，v 是活劳动补偿。

这里注意三点：一是生产要素与劳动要素不同。生产要素包括了劳动要素和生产资料，劳动要素专指活劳动。由此，生产成本与劳动成本不同，劳动成本专指活劳动的投入，生产成本包括劳动成本和生产资料的投入。二是产出与收入有关系，在“物”的意义上，劳动成果称产出；在货币意义上，劳动成果称收入。三是生产的产出与劳动产出相同，通常把生产过程的产出称为劳动产出，劳动产出补偿生产成本之后的剩余称劳动剩余。

本质上,产出的效用扣除生产成本之后的剩余称劳动剩余,劳动剩余=生产者剩余+消费者剩余。其中,生产者剩余是产出获得的收入补偿生产成本之后的剩余,在《资本论》中称剩余价值[①]。但是,产出的效用没有全部转化为收入,有一部分效用由购买者获得,称消费者剩余。然而,每一个人都是市场上的卖者和买者,作为卖者的劳动剩余要减去消费者剩余,作为买者的劳动剩余要加上消费者剩余,所以,在市场的讨价还价之外,劳动剩余无须划分出生产者剩余和消费者剩余来讨论。

由此,劳动产出与劳动成本有两个基本关系:

(1)劳动剩余=劳动产出-生产成本,记为:$m=mcv-cv$;

(2)劳动效率=劳动剩余/生产成本,记为:$e=m/cv$。

其中,m 是劳动剩余;mcv 是劳动产出,也称总产出;cv 是生产成本,也称生产投入;e 是劳动效率。劳动剩余与劳动效率正相关,劳动生产的目的是扩大劳动剩余,方法是提高劳动效率。这里把 cv 称为生产成本而不是称为劳动成本,主要是为了尽量不产生歧义。本质上,cv 是物化劳动与活劳动的总和,称为劳动成本也是可以的,但是容易被误解为只是活劳动部分,故称生产成本。

劳动剩余对于理解价值具有重要意义:(1)若劳动剩余 $m=0$,则这样的劳动生产能够维持生计;(2)劳动剩余 $m>0$,则这样的劳动生产能够改善生计;(3)劳动剩余 $m<0$,则这样的劳动生产将会恶化生计。在这里用"生计"指称生存状态或生活条件。这三个基本关系表明,要想改善生计就需要增加劳动剩余,增加劳动剩余的方法在于提高劳动效率。在这里可以感悟"值"与"不值"的内涵,这是价值最原初的内涵,即从序数关系上理解价值的"值"与"不值"[②]。

---

① 在《资本论》中,剩余价值 m(mehrwert)指雇佣工人的剩余劳动时间创造的、被资本家无偿占有的超过劳动力价值的价值;不变资本 c(constant capital)是指资本家用于购买生产资料的那一部分资本;可变资本 v(variable capital)是以劳动力形式存在的那部分资本。

② 希克斯.价值与资本[M].北京:商务印书馆,1982:9-23.

在物的意义上,生产者剩余表现为物品 m,在价值意义上生产者剩余表现为生命时间 mT,是消费劳动剩余物品 m 能够带来的生命延续,本书用小时计量。

2. **生产函数的结构**

(1)劳动产出:$mcv=m+c+v=F(c,v)$;

(2)劳动剩余:$m=mcv-cv$;

(3)产出函数:$F(c,v)=v\times el$;

(4)劳动剩余:$m=mb+ms$;

(5)剩余函数:$m=f(c,v)=F(c,v)-(c+v)$。

其中,v 是生产过程中的人力投入,即活劳动投入,本书中以小时为单位;c 生产过程中的物力投入,即生产资料,包括原料和物化劳动品,原料指没有附加劳动的自然资源,物化劳动品指附加了劳动的物品,通常简称物化劳动;生产资料与活劳动之和称生产要素。$F(c,v)$ 是劳动产出函数,$f(c,v)$ 是劳动剩余函数。el 是单位时间的劳动产出,称劳动产出率。在产业链中,每一个生产环节的活劳动,都是后续生产环节的物化劳动,整个产业链的活劳动是完整产业链全部环节活劳动之和。mb 是消费者剩余,劳动剩余 m 中来自购买环节的讨价还价部分,函数关系上是"节流"所得;ms 是生产者剩余,劳动剩余 m 中来自销售环节的讨价还价部分,函数关系上是"开源"所得。

3. **生产函数的换算**

本书算例以 1 天 24 小时为计算单元,以小时为计算单位,记为 $T=24$ 小时。设定每天工作 8 小时,记为 $t=8$ 小时。具体劳动时间用 v 表示,有 $v\leqslant t$。用 G 表示维持 1 天生命的物品。以种植为例,设定:维持 1 天生命需要 8 筒大米,则 $G=8$ 筒大米;需要 16 个水果,则 $G=16$ 个水果。这里设定:每筒大米 100 克,中国传统度量单位 2 两;每个水果 50 克,中国传统度量单位 1 两。给定货币的标价,每筒大米 1 元,每个水果 0.5 元。大米与生计相关,鲜花与健康相关,健康与长寿相关。但鲜花是精神享受品,不能维持生命,所以 G 与鲜花无关。这是从短期效用上看,从长期效用看,大米与短期寿命相关,水果与长期寿命和短期寿命都相关,鲜花与长期寿命相关,比如,只吃大米能够解决生存温饱,但长期寿命只有 50 岁,也就是“活着”;在温饱的基础上,享用水果与鲜花带来身心愉悦,也就是“活好”,包括长寿、健康、快乐,比如寿命能够到 80 甚至 100 岁。由此可以推出几个价值意义上的 3 组换算关系:

在产出意义上,从生活资料到时间的换算关系为:$G \to T \to t$,由此形成换算率。比如在大米的算例中:$G = 3$ 筒大米$\to T = 24$ 小时生命时间$\to t = 8$ 小时劳动时间,由此形成换算率。t 之后没有换算关系,只有产出关系。

在成本意义上,从时间到生活资料的换算关系为:$t \to T \to G$,由此形成换算率。比如在大米的算例中:$t = 8$ 小时劳动时间$\to T = 24$ 小时生命时间$\to G = 3$ 筒大米,由此形成换算率。t 之前没有换算关系,只有成本关系。

生产资料的换算方式是:作为中间产出物品,按照成本意义换算成生活资料和时间,而后可以按照上面的换算关系进行换算。

4. 成本函数的结构

(1)成本函数:$cv = c+v$;

(2)物力函数:$c = c_f + c_g$;

(3)变动成本函数:$c_g v = c_g + v$;

(4)资产分摊函数:$c_f = v \times ec_f$;

(5)物料耗费函数:$c_g = v \times ec_g$。

其中,c_f 是固定成本,是生产资料中的固定资产构成的成本;ec_f 单位时间的固定资产摊销,称固定成本摊销率。c_g 是生产资料中非固定资产构成的成本,称物料耗费;ec_g 是单位时间的物料耗费,称物料耗费率。$c_g v = c_g + v$,是变动成本。这里的劳动投入 v 是活劳动的投入,也称人力投入;物化劳动的投入计入不变资本 c,其中,中间产品类计入物料耗费 c_g,工具资产类计入固定资产分摊到 c_f 中。

成本函数表明,采购包括生产资料和劳动要素,由此,采购环节细分为采购生产资料和采购劳动要素两个环节,由采购环节和销售环节构成的生产与市场互动,形成采购生产资料、采购劳动要素、销售劳动产品三个环节。

5. cv 与 v 的区别

在社会分工的产业链中,v 仅包含核算环节的活劳动,没有考虑核算环节的物化劳动,这些物化劳动在上游环节也是活劳动,所以 v 构成了狭义劳动价值,本书称之为活劳动成本价值。cv 构成了广义劳动价值,既包含核算环节的活劳动,也包含核算环节的物化劳动,这些物化劳动在上游生产环节是活劳动,通过生产资料被带入核算环节。所以,本书的劳动价值指称 cv——广义劳动价值,等价于成本价值,区别在于,劳动价值以劳动时间计量,成本价值以生命时间计量。

(三)价值尺度的时间关系

1. 价值尺度的两个基本时间关系

物品价值是使用价值和成本价值的载体。物品的获得需要付出劳动,这个付出构成了物品的成本,这个成本折算为生命时间就是物品的成本价值——古典经济学称为劳动价值;物品的消费能够获得好处,这个好处构成了物品的效用,这个效用折算为生命时间就是物品的使用价值。所以,物品是效用的载体,也是成本的载体,物品的价值既包括使用价值,也包括成本价值,物品价值是使用价值和成本价值的统一。当人们使用货币来对应生命时间,作为价值的尺度,人们使用货币来度量物品的使用价值,也就是使用货币来度量物品的效用量;人们使用货币来度量物品的成本价值,也就是使用货币来度量物品的生产成本。

2. 价值尺度的细化时间关系

一方面,物品是劳动价值和使用价值的辩证统一;另一方面,物品是价值的载体,价值是物品的本质,两者构成了形而上与形而下的关系。由此得到五个关于基本价值概念的说明:(1)经济物品是劳动产品,是效用和成本的辩证统一。效用是人们消费物品获得的好处，这种好处表现为生命的延续，或者表现为生命延续的替代。这是一种时间的范畴。成本是人们获得物品付出的成本，这种成本表现为劳动的付出，而劳动付出要用劳动时间来度量。(2)人们消费物品获得效用，这种效用以生命时间来测度，称为物品的使用价值。这是物品效用维度上的价值，所以使用价值描述了物品的效用，价值尺度是时间——生命时间。(3)人们生产物品付出成本，这种成本以劳动时间来测度，称为物品的劳动价值。这是物品成本维度上的价值，所以，劳动价值描述物品的成本，价值尺度是时间——劳动时间。(4)这个劳动时间需要一定的生命时间来滋养和创造，形成劳动时间与生命时间的替代关系，或称等价关系，从而，生产物品的成本也可以用耗费的劳动时间所等价的生命时间来测度，称为物品的成本价值。所以，成本价值描述物品的成本，价值尺度是时间——生命时间。(5)劳动过程的两种生命时间构成了劳动剩余关系：劳动剩余＝劳动创造的生命时间－劳动耗费的生命时间，即 $m=mcv-cv$。劳动剩余具有决定意义，是以价值构造经济分析主线的基石。

三、在算例中理解价值内涵

为讨论简洁，本书以大米、水果、鲜花代表生活资料的门类，大米代表生活必需品，相应劳动称种植；水果代表生活奢侈品，相应劳动称采摘；鲜花代表精神享受品，相应劳动称养护；总称粮食生产，是第Ⅱ部类。以锄头、装备代表生产资料的门类，锄头代表前道工序，装备代表后道工序，总称钢铁，是第Ⅰ部类。

（一）算例 1：采摘

以采摘水果为算例。假定 1 天 $T(=24$ 小时) 可以劳动 $v=t=8$ 小时，1 天的基础消耗是 $G=16$ 个水果，劳动产出率 $el=1.5$ 个水果/劳动 1 小时。设定水果价格 0.5 元/个。请问：采摘水果能够改善生计吗？

说明:本算例没有考虑固定资产,故 $cf=0$。

分析:这里讨论焦点是劳动剩余 $m=mcv-cv$。

1. 计算产出

劳动产出:$mcv=v\times el=8\times1.5=12$ 个水果。

产出价值:$mcvT=12\times\frac{24}{16}=18$ 小时生命时间。

货币收入:$mcvG=12\times0.5=6$ 元。

2. 计算成本

生产成本:$cv=c+v=8$ 小时劳动$+0=16$ 个水果。

成本价值:$cvT=24$ 小时生命时间。

货币支出:$cvG=16\times0.5=8$ 元。

3. 计算剩余

劳动剩余:$m=mcv-cv=12-16=-4$ 个水果。

价值剩余:$mT=mcvT-cvT=18-24=-6$ 小时生命时间。

货币剩余:$mG=mcvG-cvG=6-8=-2$ 元。

4. 判断与讨论

劳动剩余 $m=-4<0$,存在劳动亏损,将会恶化生计,不应当采摘水果。

这里的计算严格按照劳动剩余的计算和换算公式进行,计算比较繁琐,目的是在严格的产出与成本过程中更好地理解劳动剩余的内在逻辑。

5. 说明

(1)这个算例可以看到价值内涵中的“值”与“不值”,这是价值最原初的意义。

(2)劳动剩余、价值剩余、货币剩余等价,反映了劳动、时间、物品的三位一体和劳动、货币、物品的三位一体两种价值构成关系:物品是效用的载体,效用是物品的本质,时间是价值的自然尺度,货币是价值的社会尺度。

(二)算例2:种植大米

以种植大米为算例。假定:1天T(=24小时)可以劳动$v=t=8$小时,1天的基础消耗是$G=8$筒大米,劳动产出率$el=1$筒大米/劳动1小时。设定大米价格1元/筒。请问:种植大米能够改善生计吗?

说明:这里的产出率el是摊销得到的平均量,种植大米不可能每天都收获。

1. 计算产出

劳动产出:$mcv=v\times el=8\times 1=8$筒大米。

产出价值:$mcvT=8\times\frac{24}{8}=24$小时生命时间。

货币收入:$mcvG=8$,即8筒大米换算得货币8元。

2. 计算成本

生产成本:$cv=c+v=8$小时劳动$+0=8$筒大米。

成本价值:$cvT=1$天劳动$=8$小时劳动$=24$小时生命时间。

货币支出:$cvG=8$,即8筒大米换算得货币8元。

3. 计算劳动剩余

劳动剩余:$m=mcv-cv=8-8=0$筒大米。

价值剩余:$mT=mcvT-cvT=24-24=0$

货币剩余:$mG=mcvG-cvG=8-8=0$(元)。

4. 判断与讨论

劳动剩余$m=0$,既无劳动剩余,也无劳动亏损,不能够优化生计,但可以维持生计。

5. 说明

物品是效用的载体,效用的时间度量被称为使用价值,这个时间就是自然时间,也是物品能够换算的延续生命的时间量。但是,某些物品的效用不表现为生命的延续,只是人们的某种偏好,这里承认这些偏好与生命时间存在换算关系,由此,这些偏好也就具有使用价值。这些问题将在需求一章讨论。

(三)算例 3:运用工具

下面以运用工具采摘水果为算例。假设人们发现可以用工具来采摘水果,比如,路上捡起一支长竹竿来打水果,其成本可以忽略不计。因为运用工具劳动效率提高 1 倍,劳动产出率 $el=3$ 个水果/劳动 1 小时。

1. 计算产出

劳动产出:$mcv=v\times el=8\times3=24$ 个水果。

产出价值:$mcvT=24\times\frac{24}{16}=36$ 小时生命时间。

货币收入:$mcvG=24\times0.5=12$ 元。

2. 计算成本

生产成本:$cv=c+v=8$ 小时劳动$+0=16$ 个水果。

成本价值:$cvT=16\times\frac{24}{16}=24$ 小时生命时间。

货币支出:$cvG=16\times0.5=8$ 元。

3. 计算劳动剩余

劳动剩余:$m=mcv-cv=24-16=8$ 个水果。

价值剩余:$mT=mcvT-cvT=36-24=12$ 小时生命时间。

货币剩余:$mG=mcvG-cvG=12-8=4$ 元。

4. 判断与讨论

劳动剩余 $m=8>0$,存在劳动剩余,能够优化生计,可以采摘水果。

如果在算例 2 与算例 3 做选择,由于种植大米只能维持生计,采摘水果都能够优化生计,因此人们应该选择采摘水果。

(四)算例 4:制造工具

假设人们发现了铁矿,学会了制作和使用铁制农具,这里统一称为锄头。假定每天劳动 $t=8$ 小时,人们制造 1 把锄头需要耗费 1 小时劳动,即,耗费 $c_1=1$

小时劳动,劳动产出率 $el_1=1$ 把锄头/劳动 1 小时,每把锄头能够支撑 7 小时劳动。因此还有 $v_2=7$ 小时劳动用于种植大米,$t=v_1+v_2=8$ 小时劳动。运用工具劳动效率提高 1 倍,即,劳动产出率 $el_2=2$ 筒大米/劳动 1 小时。

分析:直接种植劳动减少了,但是劳动效率提高了。生产资料提高劳动效率,生活资料提高生计水平。因此,要计算生活资料的情况。

1. 计算产出

产出大米:$mcv=v\times el=7\times 2=14$ 筒大米。

产出价值:$mcvT=14\times\frac{24}{8}=42$ 小时生命时间。

货币收入:$mcvG=14\times 1=14$ 元。

2. 计算成本

生产成本:$cv=8$ 筒大米。

成本价值:$cvT=24$ 小时生命时间。

货币支出:$cvG=8$ 元。

3. 计算剩余

劳动剩余:$m=mcv-cv=14-8=6$ 筒大米。

价值剩余:$mT=mcvT-cvT=42-24=18$ 小时生命时间。

货币剩余:$mT=mcvT-cvT=14-8=6$ 元。

在这里出现了 1 小时制造工具的时间分摊,其寓意在于,工具、准备工作、中间产品生产、其他间接劳动等都提高了直接劳动的效率,这些间接劳动构成了广义的产业链,本质上是产业链中不同生产环节的劳动价值附加过程,所以,在形式上是产业链,在本质上是价值链。这里的工具制造引发了新的产业——生产资料的生产,在这里采用了《资本论》的术语,称之为第Ⅰ部类,而把生活资料的生产称为第Ⅱ部类。

4. 生产资料的情况

产出锄头:1 把。

消耗锄头:1 把。

在这里的锄头是劳动者自己生产,用于自己的劳动。与劳动准备工作没有差异。劳动者自己也无须计算锄头的价值,只要他们之间没有交换,这些中间物品,不管是工具、劳动准备、中间产品还是其他中间劳动,都最终反映在生活资料的产出上。

5. 比较与讨论

(1)在算例 2 中,没有制造和使用工具,劳动剩余 $m=0$ 筒大米,价值剩余 $mT=0$ 小时生命时间,货币净收入 $mG=0$ 元。制造和使用工具后,劳动剩余 $m=$ 6 筒大米,价值剩余 $mT=18$ 小时生命时间,货币净收入 $mG=6$ 元。使用工具提高了劳动效率,增加了劳动剩余。可以说,制造和使用工具是人类最伟大的力量之一。需要注意的是,制造的工具最终在劳动生产中耗费了,转化成生活资料,这个转化在生产函数中完成。

(2)比较算例 2 与算例 3。

劳动剩余的视角:种植大米的劳动剩余是 6 筒大米,采摘水果的劳动剩余是 8 个水果。6 筒大米与 8 个水果,人们很难就此做出比较,这个问题是不同效用的不可比较问题。

价值剩余的视角:种植大米的价值剩余是 18 小时生命时间,采摘水果的价值剩余也是 12 小时生命时间。换算成货币,种植大米劳动剩余 6 元,采摘水果劳动剩余 4 元。所以,种植大米更加能够优化生计,人们应当优先种植大米。以时间或货币作为价值尺度,不同的物品的效用转化成为统一的价值尺度,在统一的尺度下就能够比较。时间是价值的自然尺度,货币是价值的社会尺度,两者具有等价关系。

结论:有了时间作为价值尺度,人们可以在统一的价值尺度下比较不同的劳动方式,比较不同的劳动剩余,比较不同的物品效用,按照“权衡利弊,趋利避害”和“两害相权取其轻,两利相权取其重”的原则进行决策选择,不断提高劳动效率,改善生存条件。而货币作为社会的价值尺度,本质就是时间尺度的替代。

(五)算例 5:分工

假设有一个人发现,自己专门制造锄头成为制造者,每天劳动生产 $v_1=8$ 小时,劳动产出率 $el_1=1$ 把锄头/劳动 1 小时,每把锄头能够支撑种植劳动 8 小时,可以供给 $n=8$ 个人种植大米。种植者每天劳动 $v_2=8$ 小时,劳动产出率 $el_2=2$ 筒大米/劳动 1 小时。$t=v_1=v_2=8$ 小时劳动。由此形成 9 个人的实际协作。注意,这里出现了分工专业化带来的劳动效率提高:1 小时劳动制造 1 把锄头,非专业化制造的锄头只能支撑 7 小时的劳动,专业化制造的锄头能够支撑 8 个小时的劳动。

分析:这里依旧是生产资料与生活资料的关系。

1. 计算产出

产出大米:$mcv_2=n\times[v_2\times el_2]=8\times8\times2=128$ 筒大米。

产出价值:$mcv_2T=128\times\frac{24}{8}=384$ 小时生命时间。

货币收入:$mcv_2G=128$ 元。

2. 计算成本

生产成本:$cv_2=9\times8=72$ 筒大米。(9 个人耗费 72 筒大米)

成本价值:$cv_2T=9\times24=216$ 小时生命时间。

货币支出:$cv_2G=72$ 元。

3. 计算剩余

劳动剩余:$m=mcv_2-cv_2=128-72=56$ 筒大米。

价值剩余:$mT=mcv_2T-cv_2T=384-216=168$ 小时生命时间。

货币剩余:$mG=mcv_2G-cv_2G=128-72=56$ 元。

4. 人均剩余

人均劳动剩余:$m/n=\frac{56}{9}=6.22$ 筒大米。

人均价值剩余:$m/nT=\frac{168}{9}=18.67$ 小时生命时间。

人均货币剩余:$m/nG=\frac{56}{9}=6.22$ 元。

5. 讨论

对比算例 4,专业分工提高了劳动效率,人均货币剩余从 6 元提高到 6.22 元,这是劳动分工带来的好处。劳动分工提高了劳动剩余,改善了人们的生计。在没有增加人均劳动时间的条件下,在算例 5 中,通过专业化提高了劳动效率,每把锄头支撑的劳动时间从 7 小时增加到 8 小时,9 个人的锄头制造时间从 9 小时下降到 8 小时,9 人的种植劳动时间从 63 小时增加到 64 小时。在这里出现了第Ⅰ部类与第Ⅱ部类的分工,也带来了一个问题:这个多出来的 2 筒大米如何分配?以及锄头应当如何定价?

在劳动实践中,在劳动无差异的情况下,锄头生产者获得的货币剩余就是 6.22 元,如果低于这个收益,他就不生产锄头而从事种植工作,如果高于这个收益,其他人就会生产锄头。这就是通过竞争与博弈形成的公平价格机制,在这个机制下,人们追求一种公平:等价于劳动贡献的回报。在劳动有差异的情况下,比如,有一个人的劳动天赋特别好,他每天能够生产 16 把锄头,他当然能够获得 12.44 元的货币剩余,因为他的劳动贡献等价于 2 个人的劳动贡献。

所以,在劳动实践中,人们的分配按照机会成本原则。当一个人从事特定劳动而失去其他劳动机会,这些其他劳动的收益就是特定劳动的机会成本。比如,生产锄头的人失去了从事种植的机会,种植的劳动收益就是他从事生产锄头的机会成本,也可以称影子价格。

由此可以计算锄头的市场价格:制造成本 $cv_1G=8$ 元,劳动剩余 $mG=6.22$ 元,计算得出货币收入 $mcv_1G=8+6.22=14.22$ 元,这是 8 把锄头的总收入,由此每把锄头的市场价格约为 1.78 元。

人们劳动的目的就是要扩大劳动剩余 m,扩大劳动剩余的方法就是提高劳动效率,途径有两种:一是制造工具,二是深化协作,形成技术路线和群众路线。

两条路线交织在一起，即人们既团结协作来制造和运用工具，又制造和运用工具来团结协作，由此不断提高劳动效率。这些工具都是物化劳动，物化劳动是活劳动的成果，社会生产力的发展就意味着物化劳动更多，一定的活劳动能够结合更多的物化劳动，从而，活劳动的效率不断提高。

（六）算例6：制造装备

假定有人发明了装备制造锄头，每天制造装备 $v_0=8$ 小时劳动，劳动产出率 $el_0=1$ 台装备/劳动8小时。锄头制造者每天劳动 $v_1=8$ 小时，耗费 $c_1=1$ 台装备，用装备劳动效率提高2倍，劳动产出率 $el_1=4$ 把锄头/劳动1小时，每把锄头能够支撑种植劳动8小时，8小时制造锄头可以供给32把锄头，供32个种植者使用。种植情况不变，耗费 $c_2=1$ 把锄头，劳动产出率 $el_2=2$ 筒大米/劳动1小时。在市场条件下，劳动协作自发形成，其中，制造装备 $n_0=1$ 人，制造锄头 $n_1=1$，种植劳动 $n_2=32$ 人，市场形成 $n=34$ 的自发协作。

这里构成了分工产业链的关系，计算可以按照产业链进行。这里的装备制造没有投入生产资料，$c_0=0$。在这里已经开始了社会协作，价值的社会属性变得更为重要，货币是价值的社会尺度，货币核算成为价值分配的核心。

1. 总体计算

（1）产出计算

产出大米：$mcv=n_2\times el_2\times v_2=32\times2\times8=512$ 筒大米。

产出价值：$mcvT=512\times\frac{24}{8}=1536$ 小时生命时间。

货币收入：$mcvG=512$ 元。

（2）成本计算

生产成本：$cv=n\times G=34\times8=272$ 筒大米。

成本价值：$cvT=272\times\frac{24}{8}=816$ 小时生命时间。

货币支出：$cvG=272$ 元。

(3)剩余计算

劳动剩余：$m=mcv-cv=512-272=240$ 筒大米。

价值剩余：$mT=mcvT-cvT=1536-816=720$ 小时生命时间。

货币剩余：$mG=mcvG-cvG=240$ 元。

人均剩余：$m/n=\frac{240}{34}=7.06$ 筒大米。

人均货币剩余：$m/nG=\frac{240}{34}=7.06$ 元。

(4)价值内涵讨论

产出公式：$mcv=f(c,v)=c+h(v)$。这是成本加成法的核算，也是劳动价值论的核算方式。按照这个公式，人们追求劳动无差异下的公平，即，等量的劳动付出得到等量的回报。因此，可以计算出劳动时间的影子价格——市场参考价格。

共有 34 人劳动，每人劳动 8 小时，获得 512 元，影子价格 $p=\frac{512}{34\times8}=1.88$ 元/人·小时。这是劳动时间的市场参考价格，在劳动无差异情况下，这也是公平价格——等量劳动得到等量回报。本质上，影子价格就是劳动的使用价值——劳动时间创造的价值。所以，也称劳动价值。劳动价值不是劳动时间本身，而是劳动时间创造的价值。

2. 生产装备的核算

(1)产出核算

产出装备：$mcv_0=v_0\times el_0=8\times\frac{1}{8}=1$ 台装备。

货币收入：$mcv_0G=c_0G+h(v_0)=v_0\times p=8\times1.88=15.06$ 元。

产出价值：$mcv_0T=v_0\times p\times\frac{24}{8}=8\times1.88\times3=45.18$ 小时生命时间。

在这里 $c_0=0$。v_0 是生产装备的劳动时间，影子价格乘以劳动时间就是其货币标识的劳动价值。在社会化大生产中，价值的社会属性更为优先，货币收入是价值的社会属性,产出价值是价值的自然属性,所以,产出价值放在货币价值之后。

(2)成本核算

装备成本:$cv_0=v_0+c_0=8$ 小时劳动$+0=8$ 筒大米。

成本价值:$cv_0T=8\times\frac{24}{8}=24$ 小时生命时间。

货币支出:$cv_0G=8$ 元。

(3)剩余核算

劳动剩余:$m_0=mcv_0-cv_0=1$ 台装备-8 筒大米。

货币剩余:$m_0G=mcv_0G-cv_0G=15.06-8=7.06$ 元。

价值剩余:$m_0T=mcv_0T-cv_0T=45.18-24=21.18$ 小时生命时间。

3. 生产锄头的核算

(1)产出核算

产出锄头:$mcv_1=v_1\times el1=8\times4=32$ 把锄头。

货币收入:$mcv_1G=c_1G+h(v_1)G=15.06+15.06=30.12$ 元。

产出价值:$mcv_1T=c_1T+v_1T=45.18+8\times1.88\times3=90.3$ 小时生命时间。

c_1G 是购买装备支出,要在收入中补偿,这里是 15.06 元;$h(v_1)G$ 是活劳动的使用价值,这里是 8 小时劳动,按照影子价格计算得到价值 15.06 元。

(2)成本核算

生产成本:$cv_1=c_1+v_1=1$ 台装备$+8$ 小时劳动$=15.06+8=23.06$ 筒大米。

支出货币:$cv_1G=c_1G+v_1G=15.06+8=23.06$ 元。

成本价值:$cv_1T=24+45.18=69.18$ 小时生命时间。

在生产成本中,15.06 元用于购买装备,折算为 15.06 筒大米。8 小时劳动折算成本 8 筒大米。这里注意,劳动时间的成本核算与效用核算不同,成本核算是成本价值,不用乘影子价格,效用核算是使用价值,需要乘影子价格。

(3)剩余核算

劳动剩余:$m_1=mcv_1-cv_1=32$ 把锄头-23.06 筒大米。

货币剩余:$m_1G=mcv_1G-cv_1G=30.12-23.06=7.06$ 元。

价值剩余:$m_1T=mcv_1T-cv_1T=90.3-69.18=21.12$ 小时生命时间。

(4)特别说明

锄头价格:$\frac{30.12}{32}=0.94$ 元/把锄头。

锄头价值:$cv_1T=\frac{90.3}{32}=2.82$ 小时生命时间/把锄头。

4. 生产大米的核算

(1)产出核算

产出大米:$mcv_2=n_2\times v_2\times el_2=32\times 8\times 2=512$ 筒大米。

货币收入:$mcv_2G=512$ 元。

产出价值:$mcv_2T=512\times\frac{24}{8}=1536$ 小时生命时间。

(2)成本核算

生产成本:$cv_2=32\times[c_2+v_2]$

$=32\times$[1 把锄头+8 小时劳动]

$=32$ 把锄头+256 小时劳动

$=30.12$ 筒大米+256 筒大米$=286.12$ 筒大米。

支出货币:$cv_2G=32$ 把锄头+256 小时劳动$=30.12$ 元+256 元$=286.12$ 元。

成本价值:$cv_2T=286.12\times\frac{24}{8}=858.36$ 小时生命时间。

(3)剩余核算

劳动剩余:$m_2=mcv_2-cv_2=512-286.12=225.88$ 筒大米。

货币剩余:$m_2G=mcv_2G-cv_2G=512-286.12=225.88$ 元。

价值剩余:$m_2T=mcv_2T-cv_2T=1536-858.36=677.64$ 小时生命时间。

人均剩余:$m_2/n=225.\ \frac{88}{32}=7.06$ 筒大米。

人均货币剩余:$m_2/nG=7.06$ 元。

人均价值剩余：$m_2/nT=21.18$ 小时生命时间。

5. 比较与讨论

在算例5中，人均劳动剩余 $m=6.22$ 筒大米，人均货币剩余 $mG=6.22$ 元，人均价值剩余 $mT=18.67$ 小时生命时间。在算例6中，人均劳动剩余 $m=7.06$ 筒大米，人均货币剩余 $mG=7.06$ 元，人均价值剩余 $mT=21.18$ 小时生命时间。这些多出来的劳动剩余是装备制造和农具制造的成果，也是专业分工的成果，而且，专业分工导致了工具的不断创新，这是生产力发展的源泉。

在不同的生产环节核算中，成本核算的生产资料部分 c 是物化劳动，按照购买支出的货币核算，对应活劳动部分 v 按照生活成本核算，这就导致了在成本核算中，生产资料 c 是按照机会成本核算，活劳动 v 是按照实际成本核算。

换个角度看，生产资料提高劳动效率，本质上是协作效率，也带来协作成本，当生产资料带来的协作效率大于协作成本时，总体上表现为生产效率的提高，反之则反是。交易推动了分工，交易成本是协作成本的一种，当交易成本小于分工效应时，生产效率提高。所以，人们总是在生产中降低协作成本，提高协作效率。

在价值核算中，产出核算是效用维度的核算，劳动价值是劳动时间的使用价值，需要乘以影子价格；成本核算是成本维度的核算，劳动价值是劳动时间的成本价值，不能乘以影子价格。所以，“商品的价值是凝结在商品中的劳动时间”，这个价值是使用价值与成本价值的统一，既是劳动时间的效用，也是劳动时间的成本。

价值的社会属性与自然属性等价，在社会化大生产中，价值的社会属性核算优先于自然属性核算，货币收入是价值的社会属性，产出价值是价值的自然属性。因此，今后的讨论将不再涉及产出价值。

（七）算例7：装备归一化

假设人们制造装备，利用装备生产机械，利用机械采掘铁矿并冶炼钢铁（以下把采掘和冶炼简称冶炼），利用机械耕作田地产出大米。1000 个人协作，每人每天工作 $t=8$ 小时，500 人制造装备，其中，分摊 200 人制造 1 台装备 1 用于生产冶炼机械，耗费钢铁 30 公斤；分摊 300 人制造 1 台装备 2 用于生产耕作机械，耗费钢铁 30 公斤；200 人生产 1 台冶炼机械，耗费钢铁 20 公斤和 1 台装备 1；100 人生产 100 台耕作机械，耗费钢铁 20 公斤和 1 台装备 2；100 人冶炼钢铁，耗费 1 台冶炼机械，产出 100 公斤钢铁；100 人耕作田地，耗费 100 台耕作机械，产出 40000 筒大米。

1. 计算产出

产出生产资料：$mcv_1=100$ 公斤钢铁+1 台冶炼机械+100 台耕作机械+1 台装备 1+1 台装备 2。

产出生活资料：$mcv_2=v_2\times el=8\times5000=40000$ 筒大米。

总产出：$mcv*1000=mcv_1+mcv_2=100$ 公斤钢铁+1 台冶炼机械+100 台耕作机械+1 台装备 1+1 台装备 2+40000 筒大米。

2. 计算成本

冶炼成本：$cv_0=c_0+v_0=c_0+100\times8=c_0+800$ 筒大米 $=c_0+2400$ 小时生命时间。其中，c_0 是 1 台冶炼机械，v_0 是 100 冶炼工人的活劳动。

制造成本：$cv_1=c_1+v_1=c_1+800\times8=c_1+6400$ 筒大米 $=c_1+19200$ 小时生命时间。其中，c_1 是 100 公斤钢铁和 1 台装备 1、1 台装备 2，v_1 是 800 装备制造者的活劳动。

耕作成本：$cv_2=c_2+v_2=c_2+100\times8=c_2+800$ 筒大米 $=c_2+2400$ 小时生命时间。其中，c_2 是 100 台耕作机械。

总成本：$cv*1000=c*1000+v*1000=8000$ 筒大米+100 公斤钢铁+1 台冶炼机械+100 台耕作机械+1 台装备 1+1 台装备 2。

3. 计算劳动剩余

总剩余：$m*1000=mcv*1000-cv*1000$

$=[$100 公斤钢铁+1 台冶炼机械+100 台耕作机械+1 台装备 1+1 台装备 2+

40000 筒大米］-［8000 筒大米+100 公斤钢铁+1 台冶炼机械+100 台耕作机械+1 台装备 1+1 台装备 2］

=32000 筒大米

人均剩余 m=32 筒大米；人均价值剩余 mT=96 小时生命时间。

4. 比较和讨论

在算例 5 中，人均劳动剩余 m=6.22 筒大米，人均货币剩余 mG=6.22 元，人均价值剩余 mT=18.67 小时生命时间。在算例 6 中，人均劳动剩余 m=7.06 筒大米，人均货币剩余 mG=7.06 元，人均价值剩余 mT=21.18 小时生命时间。在算例 7 中，人均剩余 m=32 筒大米；人均价值剩余 mT=96 小时生命时间。

生产资料在生产中消耗掉，生产资料的价值在于提高劳动效率，在相同的劳动中，生产更多的生活资料。生活资料是生命延续的物质基础，人们投入劳动是为了获得更多更好的生活资料，改善生计。人们通过市场展开协作，创造出生产资料，人们之间从事生活资料的劳动时间极大地减少了，但是，劳动效率获得极大提高，所以，生产资料是生产力的重要构成，是提高劳动效率的决定因素之一。

四、观点和启示

（一）价值讨论形成的观点

1. 生活资料的使用价值在于延长生命时间。生活资料的生产是改善生计的物质基础，人们生产生活资料的能力是狭义的生产力。

2. 生产资料的使用价值在于提高劳动效率。生产生产资料就是制造工具，使用工具能够提高劳动效率。生产资料和生活资料的生产能力构成广义生产力，生产资料的生产是提高生产力的物质基础。

3. 通过劳动分工，形成协作和专业化，能够提高劳动效率，提高生产力。

4. 在核算中，生产资料按照成本价值计算。生产资料消耗在生产过程中，其使用价值转化到劳动剩余中，本身没有进入生活消费，没有参与生命时间的再生产。

5. 在核算中，作为劳动剩余的生活资料按照使用价值计算。这些生活资料进入了生活消费，参与了生命时间的再生产。

6. 在核算中，作为中间产品的生活资料按照成本价值计算。这些生活资料没有进入生活消费，没有参与生命时间的再生产。

7. 社会化大生产表现为产业链的形式，存在庞大的中间产品——生产资料，使得每一种物品生产都表现为 $cv=c+v$。c 是生产资料的投入，v 是活劳动的投入。

8. 所有的劳动成果都是物化劳动，既有有形的劳动成果，比如汽车、住房、粮食、水果等，也有无形的劳动成果，比如，发明创造、定理定律、公式原理等知识，甚至生产计划也是。

9. 物化劳动品分为生活资料与生产资料，用于生活的物化劳动是生活资料，用于生产的物化劳动是生产资料。其实，很多产品难以从产品形式上划分，比如，汽车用于生产劳动是生产资料，用于生活是生活资料。

10. 所有的生产资料都在生产中耗费，生活资料都在生活中消费，但是，知识类生产资料不会被消耗，而是不断累积。这也是知识贡献率不断增大的一个重要原因。

（二）价值讨论的启示

1. 人们的劳动协作极大提高了劳动效率，社会化大生产解决了人们的生活匮乏，但是，天下没有免费的东西，人们的劳动协作也带来一些问题，比如，不同效用的价值比较问题，劳动协作中的成果分配问题，劳动的形式与实质问题，即协作劳动带来的出工与出力的问题——所谓“出工不出力”。这些都是价值正义面临的问题，其中，价值的比较问题可能更为基础。

2. 价值的原初是生存——生命的存在，所以，价值原初的尺度是生命时间，使用价值使用生命时间度量,劳动价值使用劳动时间度量,但劳动时间可以换算成生命时间,劳动价值可以换算成成本价值,通过成本价值,使用价值与劳动价值可以在统一的生命时间尺度上进行比较。但是,由于需求与供给的多元化,价值超越了价值原初,物品的使用价值各不相同,没有统一折算成生命时间的标准,难以计量;物品的劳动价值也各不相同,计量生产同一种物品的劳动时间相当困难。因此,需要价值正义的体系来保障价值分配的合理性。

本质上,在生产物品的过程中,耗费的劳动时间构成了物品的劳动价值,相对应的,产出的物品就是劳动时间的使用价值,这种使用价值在市场价格折算为再生产的劳动时间,再生产的劳动时间与已经耗费的劳动时间之差就是劳动剩余。在计量劳动价值的时候,市场不会按照个别劳动时间计量,那样就没有激励作用,就没有效率,人们的生活只会变得越来越艰难。在市场上,人们按照社会劳动时间来计量生产商品的劳动价值,这个社会劳动时间具有抽象性,马克思称之为抽象劳动。

在我们讨论的早期,对于抽象劳动的计量提出了一种方法:用全部产出计量的使用价值做分子,全部耗费的劳动时间做分母,计算出来劳动效率;个别劳动的产出计量的使用价值做分子,劳动效率做分母,计算出个别劳动时间就是其劳动价值。这里的关键问题就在于社会劳动时间是个别劳动时间的换算,需要有一个标准的社会劳动时间基准,现实中这个基准也大体就是最低工资标准。所以,这种不同于个别劳动的劳动是一个社会劳动,是对个别劳动的抽象,古典经济学称之为抽象劳动。

在交换关系中,人们强调等价交换的“等价”就是这种抽象劳动意义上的社会劳动时间相等,商品的劳动价值也以抽象劳动的社会劳动时间来计量,这种商品的劳动价值存在于商品的流通过程,是商品社会属性的表现,也称为商品的流通价值。因此,商品的流通价值是凝结在商品中的社会劳动时间,这种劳动是社会具体的个别劳动的整体抽象劳动。在流通价值的意义上,商品交换遵循等价交换的原则,这是货币意义的等价交换。劳动价值意义上的等价交换通过货币等价交换来实现,前提是劳动要素自由流动,这个自由是低成本的意思,理想状态是零成本。引入货币后,交易的内涵转变了,交易是合理价格的买卖行为,而不是单纯的买卖行为,交易成为协作劳动的价值分配,是价值正义的辩证实现形式。交易中买卖双方追求等价交换,这个等价是等量的劳动时间获得等量的劳动剩余价值,劳动剩余价值在买方是消费者剩余,在卖方是生产者剩余。价格=劳动价值+劳动剩余(消费者剩余或生产者剩余)。交易价格实现货币意义的等价交换,分配了生产者剩余和消费者剩余,实现"各得其所"的价值诉求。

所有商品都是社会化大生产的产品,社会化大生产就是全社会的劳动协作,交易就是对劳动协作创造的劳动剩余价值进行分配。从这种劳动剩余价值意义上理解劳动协作,我们称之为社会化劳动协作观或完全劳动协作观,是超越了物物交换的劳动协作观;与之对称,传统意义上认为等价交换是商品的交换,从而要求交换的商品具有相同劳动价值,从这种传统意义上理解劳动协作可称为局部劳动协作观或称为不完全劳动协作观,是以物物交换为范式的劳动协作观。

货币改变了交易的性质,交易从物物交换范式转变为价值分配范式;货币改变了协作的性质,协作从企业协作转变为社会协作;货币改变了市场的性质,市场从交易场所拓展为价值正义的辩证实现机制,具有价值分配和资源配置两大职能。

3. 社会幸福的蛋糕是通过两次优化做大的,一次是生产环节,一次是消费环节。在生产环节,人们需要通过竞争和流动以配置劳动要素,优化劳动要素的分工结构,在劳动时间总量既定的条件下,把财富总量的蛋糕做到最大。在消费环节,人们需要通过竞争和交换以配置财富,优化财富的消费结构,在财富总量既定的条件下,把使用价值的蛋糕做到最大。通过两次优化,人们在既定的劳动时间总量约束下,创造了财富,延续了生命,再生产出新的劳动时间总量,这个新旧劳动时间总量之差就是社会总的劳动剩余,或称为总的社会剩余价值。因此，经济工作的目的和经济学说的目的都不过是尽可能地做大和公平分配总社会剩余价值。

4. 货币是价值的社会尺度。人们承认货币是价值的尺度，从而可以用货币来承担交易媒介、支付手段、储藏手段等基本职能。货币本质上又是一种产权凭证，可以按照其表明的价值获得等价的其他价值载体——商品。在算例中我们采用了两种等价物，一种是米，一种是货币。米是生活的必需，也是劳动的产物，作为生活必需，它能够换算出生命时间，作为劳动产物，它能够换算出劳动时间，所以，米既能够测度使用价值又能测度劳动价值，它是时间天然的等价物。历史上米也确实充当过货币，汉代官员的一些俸禄就发的是粟米。但是，米不便携带，人们需要一种便于携带的货币，因此至今人们用过贝币、铜币、银币、金币、纸币和电子货币等作为价值的社会尺度。

在算例中，生命时间与货币之间建立对应关系，假定生命时间 1 元/小时，则劳动时间是 3 元/小时，维持 1 天的生命需要 24 元。(1)上述大米的情况。1 天 24 小时，基础消耗 3 筒大米，计算得出大米的使用价值为 8 元/筒；24 小时生产大米 4 筒，计算得出大米的成本价值为 6 元/筒；计算得出大米的剩余价值为 2 元/筒，交易价格在(6 元，8 元)的话，交易双方都能够获得剩余价值。(2)水果的情况。1 天 24 小时，基础消耗 8 个水果，计算得出水果的使用价值为 3 元/个；24 小时生产 12 个水果，计算得出水果的成本价值为 2 元/个；计算得水果的劳动剩余为 1 元/个，交易价格在(2 元，3 元)之间交易双方都能分享劳动剩余。

本章小结

时间是生命的本质，时间是价值的尺度。自然馈赠不能满足人们的需求，存在结构性稀缺，人们需要依靠劳动来改变自然馈赠的结构以满足人们的需求，这种劳动的核心是知识。劳动是人类创造价值的能力。知识转化为劳动效率，沿着组织路线和技术路线展开，两条路线交织在一起，构成人类伟大的实践力量。组织路线是基础，技术路线是关键。这个基础表现为技术也是人们团结协作的劳动成果，这个关键表现为技术是劳动效率提高的根本因素，人们通过协作劳动创造知识财富，推动技术进步，不断提高劳动效率。因此，人类劳动的根本是协作。

但是，协作存在劳动动力和劳动能力的问题，而这些问题又由价值分配和资源配置问题决定。价值分配和资源配置合理，人们就具有劳动能力；人们认为价值分配和资源配置合理就具有劳动动力。分配和配置的合理就是价值正义，“正”代表客观真理，“义”代表主观共识，“正义”亦是符合真理的共识。辩证法的本质是通过辩论求证真理、正义和达成共识，也成为人们价值分配和资源配置的基本方法。市场就是人们创设的关于价值辩证法的实践体系。人们协作创造了财富，如何分配这些财富，本质上就是价值分配问题，人们创造了市场，形成了买卖双方讨价还价的价值辩论形式，通过价值辩论形成价格，分配价值及作为价值载体的商品。

市场是讨价还价的形式的集合及空间，人们在市场上讨价还价，本质是价值分配，形式的价格确认，表现为财富分配。在形式上是财富分配，内容上是价值分配，价格是中间媒介。主体包括买方和卖方，构成辩论的双方，也是价值构成的双方，买方是消费者，构成商品的使用价值一方；卖方是供给者，构成商品的劳动价值一方；商品的价值是劳动价值和使用价值的统一，由此形成市场的价格机制。商品的使用价值难以评价，比如，大米与鲜花的使用价值难以比较；商品的劳动价值也难以评价，比如“文章本天成，妙手偶得之”，李白写一首诗应当折算成多少劳动量，等等，因此人们创设了市场机制，通过讨价还价的辩证机制追寻价值正义。

第五章　需求的深化

鱼，我所欲也；熊掌，亦我所欲也。二者不可得兼，舍鱼而取熊掌者也。生，亦我所欲也；义，亦我所欲也。二者不可得兼，舍生而取义者也。

——《孟子》

需求是经济的逻辑起点，也是价值的逻辑起点。正义是群众的共识，而达成共识的内在原因是需求满足。所以，需求是价值正义的核心因素。正因为需求如此重要，本章将讨论需求的内涵、需求的发展规律、人们的信仰需求、人们深度自由的需求。

一、需求的内涵

(一)需求的结构

1. 价值三分与需求两类

供给是为了满足需求，因此需求是价值的逻辑起点。价值三分公式：$mcv=m+c+v=H(c,v)$。公式表明，社会需求包括两大类型：涉及生产资料 c 的生产型需求，涉及生活资料 v 的生活型需求。

价值方程 $m=mvc-(c+v)$，即劳动剩余等于使用价值减去劳动价值。在劳动价值恒定的条件下,劳动剩余取决于使用价值,而使用价值取决于需求的满足状态——效用与需求的契合度。因此,需求是价值的逻辑起点。人们对需求的认知深刻影响到社会的价值观,后者又反向深刻影响人们的社会行为,影响社会的经济发展,决定社会创造财富的实践能力和发展方向。

2. 需求的主观与客观

在前面的讨论中,我们把需求局限在生活型需求的生存型需求细分范畴。其实,需求是客观需要与主观欲求的合称,客观需要指生存的客观需要,即是生存的必要条件;如果这些条件达不到,人们的生命就不能维持。主观欲求指人们内心的喜怒哀乐等情感,是人们希望的寄托,内心的追求,比如,健康、长寿、快乐,免于痛苦、烦恼、恐惧,获得知识、技能、生命的意义、价值等。

具体到算例中,我们提到的大米生产代表生存型客观需要,鲜花种植代表存在型主观追求;大米关乎人们能不能在短期内生存下去,鲜花不关乎人们的短期生存,但关乎人的内心愉悦,而普遍认为内心的愉悦能够提高人们的健康水平,在长期意义上延长人的寿命。

需求包括客观需要和主观追求。《道德经》说“圣人为腹不为目”,这个“为腹”的狭义理解就是满足客观需要,“不为目”的狭义理解就是不追求生存之外的东西。但是,人们的需求确实存在生存之外的东西。这些生存之外的价值追求不满足生存条件,不能够用生命时间来测度其价值。比如,鲜花不能够涵养出生命时间,但是在温饱之后,它能够带来愉悦、健康和长寿。由此,需求存在物质的需要和精神的追求。

3. 价值的测度与认同

古典经济学认为,人们的需求多样,又不能都换算为生命时间,因此就不能相互比较其价值,从而提出用满足这些需求的劳动付出来测度这些需求的价值。这个转变的本质是从效用价值(使用价值)转向了成本价值(劳动价值)。在古典时代,人们普遍认为创造商品的劳动时间是能够测度的。但是,经济实践表明,工业化的产品大都能够测度其生产的劳动时间,非工业产品就未必能够测度其生产时间,特别是对于那些天才的艺术创造。比如,陆游的《文章》一诗说“文章本天成,妙手偶得之”,文章就很难测度其生产时间。

古典经济学把商品的价值测度定义为生产商品的社会必要劳动时间,在逻辑上没有问题,但是在实践中却难以有效操作。为了解决这个难题,我们可以遵循辩证实现正义的原则,在劳动剩余的概念框架内,通过消费者剩余的边际构造商品需求曲线,通过生产者剩余的边际构造商品供给曲线,通过供给与需求的关系在逻辑上构成商品的市场价格的确定形式。在实践中则通过市场的讨价还价,在供需博弈与竞争中,各自根据自己的判断和比较,确定商品的价值,通过价格体现商品的价值。

本质上,这就确定了私人商品与公共产品的属性区别,个体选择有别于公共产品供给要求的公共选择。在私人产品领域,让人们自由和自主的决定消费什么、怎样消费、消费多少、生产什么、怎么生产、生产多少、怎么交换、交换多少等等。因此,市场机制就是群众路线与辩证法的结合,是自由的决策机制,是公正的机制,也是有效率的机制。市场是人类劳动史上的伟大创造。

(二)需求的丰富内涵

生命是人的第一需求,《六韬·文师》说“凡人恶死而乐生”。但是,人生不是为了活着而活着,需求有着别的内涵,比如《周易·困卦》说“君子以致命遂志”,人生还有值得奉献生命去最追求的更高价值、更高目标。

1. 需求的基本内涵

人们的生存和发展需要满足一定的条件,生命的存在需要有所追求,这些条件和追求的总和构成了人们的生活型需求,包括人们需要的和想要的,这些需求既有物质的,也有精神的,更有信仰的。为了满足这些需求,人们需要从事生产、交换、分配和消费等四项基本活动,这些活动的总和构成了生活型供给。生活型供给产生了需求,这些需求的总和构成了生产型需求。为了满足生产型需求,人们又要从事上述四项供给活动,这些供给的总和构成了生产型供给。

生活型需求与生产型需求构成社会总需求,生活型供给与生产型供给构成社会总供给。

2. 劳动既是供给也是需求

满足需求未必只是消费,劳动本身、创造本身也是快乐,也是人们的高级需求。其实,艺术来源于生活,哲学来源于生活,劳动是生活的重要部分,也是艺术和哲学的重要来源。比如,有人以石磨类比太极:太极拳是推磨的艺术抽象,其中的哲理"绵绵不绝"与"圆转如意"是推磨的劳动诀窍;太极图对应石磨的哲学抽象,其中的阳鱼之眼就是推磨的手柄,阴鱼之眼就是放料的磨眼,由此形成了"万物轮回"与"涅槃重生"的哲理。劳动创造本身带给人们巨大的快乐,人们不仅需要劳动的成果,劳动者本身也需要劳动的过程。

3. 自由是需求的满足状态

自由是需求的满足状态,也是需求的重要内涵。自由的基本形式存在正面清单与负面清单的两种表达。作为正面清单的表达,自由就是需求的体现,想做的能够做,想做到的能够做到,想获得的能够得到,所以,自由是需求的重要内容。比如,希望能够拥有话语权,能够获得尊重,就是自由的正面表达。作为负面清单的表达,自由就涉及生命的主权问题,人们希望能够免于被动,希望能够自由选择而不是被选择和被定义,希望能够独立自主而免于被侵害和被伤害。自由的负面清单表达表明了需求未必总能满足。

自由有两种基本的模式,一种是个人主义文化人格的自由,聚焦点是"能做多",本质是横向自由、本能自由、广度自由、数量自由,称为浅层自由;另一种是以中国文化为代表的集体主义文化人格的自由,聚焦点是"能做好",是纵向自由、技能自由、本事自由、质量自由,称为深度自由。这里技能包括劳动的技能和知识,也称"本事"——人的自身能力能够做的事。

本质上,深度自由为劳动的美学化、艺术化和哲学化奠定了哲理基础。浅层自由追求摆脱约束,深度自由追求游刃有余;浅层自由更多来自外部,深度自由更多观照内心。从经济学的视角,自由就是用更低的成本达成既定的目的,或用既定的成本做更多的事情,或者把事情做到更好,是数量和质量的辩证统一。这里注意,技能[结构生产函数中的 $T(c,v)$]本身带来深度自由,技能产生的财富(价值方程中的 mcv)带来浅层自由。所以,浅层自由与深度自由的融合是更加完整的自由观。

二、需求的发展规律

(一)需求发展规律的复杂性

需求的变化影响到人们的消费行为。

1. 从生存与情感的视角看需求发展

从生存型需求与情感型需求来看,人们先满足生存型需求,然后满足情感型需求。这其实不是人的天赋理性,而是一种历史智慧——在历史中经过反复试错获得的经验智慧。“生存优先,情感随后”的思维范式本质上是人类理性对现实世界的一种屈服和折中。

这种思维范式形成了两种表现,一方面,在需求的排序上,人们理性地按照“生存优先,情感随后”的原则安排生活生产资源;另一方面,在支付的意愿上,人们给予情感型需求更大的支付空间,这个逻辑“外化于行”就有了“恩格尔”定律[①]:一个家庭收入越少,总收入(或总支出)中用于购买食物的支出比例越大;随着家庭收入增加,总收入(或总支出)中用于购买食物的支出比例下降。

而且,人们的支出不限于货币,时间资源的分配可能更加本质。我们以孩子的行为为例。我们发现,许多孩子把大量时间用于玩游戏,而把吃饭、睡觉、做作业等生存型需求的时间分配压缩到极限,甚至出现影响健康的程度,而且,这些孩子往往不能自觉遵守自己制定的时间表。只有一些自律的孩子能够自觉约束自己的行为,制定合理的时间表,而且严格遵守。这里用到了“自律”就已经表明了是天赋理性对现实的屈服和折中。

---

① Mollie Orshansky.How Poverty is Measured[J].Monthly Labor Review,1969,92(2):37-41.

因此，人类的需求结构呈现“倒三角形”——下层基础的生存型需求空间较小，上层发展的情感型需求空间较大。这个规律要求经济发展能够统筹发展和安全，在经济格局从短缺经济转向丰裕经济之后，要更多地考虑人们的情感型需求，满足人们对美好生活的向往，但是，需要坚定守住生存型需求的底线，“生存优先”是历史智慧。

2. 从哲学视角看需求发展

需求层次的内涵丰富，人们处在不同的生活状态下，会有不同的需求，那些已经满足的需求会隐退，同时会激励出更高层次的需求。比如，墨子提出的两层次需求体系：“食必常饱，然后求美，衣必常暖，然后求丽，居必常安，然后求乐。”[①]墨子的两层次需求理论表达得比较清楚，人们能够吃饱的条件下，吃饱就不是一种现实和显式的需求，吃好才是；人们能够穿暖的条件下，穿暖就不是现实和显式的需求，穿着的审美才是；居住也同样具有层次发展性。

其中，审美需求与生存需求可能是最本质、最原始的生命需求。《沁园春·长沙》说“万类霜天竞自由”，人们常说“生命如歌”，就是生命追求生存与审美的展现。因此，存在与审美，可能都是生命的本质，而人类把审美与存在发展成为艺术，则是对生命本质、世界物理的赓续与超越。艺术既是审美的艺术，也是存在的艺术；艺术既赞美璀璨与自由，也歌颂坚韧与顽强。

人们内心存在攫取与绽放两类需求。攫取才能存在，攫取构成了生存型需求的基础，所以，攫取几乎与需求同义，构成了短缺社会的需求主导。绽放构成了情感型需求的基础，超越生存之外，构成了丰裕社会的需求主导，是面向未来的经济思维构成。

需求似乎总是强调获得，绽放却是付出，似乎与需求只有对立和矛盾。其实不然，使用价值强调了获得，而劳动价值强调了付出。似乎人们攫取是“为了活着”，人们绽放是“活着为了”；攫取构成了生命存在的条件，绽放构成了生命存在的目的。绽放的表现之一就是审美，对美的获得、展示、炫耀等多少都需要

---

① 刘向.说苑校正[M].北京：中华书局，1987：516.

消耗人的资源，但是人们乐此不疲。人们审美的内涵形式丰富，有视觉的美——绘画、电影、摄影、雕塑等，味觉的美——美食、美酒等，嗅觉的美——香水、美酒等，声觉的美——音乐，抽象的美——诗歌、小说、数学逻辑的“符号审美”等，甚至出现了所谓的“颜值经济”，人们愿意为审美支付价值，而且愿意支付巨大的价值。在现实的艺术品拍卖市场上，天价的作品并不罕见。审美可能是绽放最重要的领域，在审美之外人们对“自我”也存在同样的需求，标新立异、特立独行等，都是炫耀的表现。人们对美好生活的需求似乎都与这个绽放相关，可能攫取代表了人类需求的理性，绽放代表了人类需求的情怀。

绽放的内涵很丰富，这种天性似乎不是人类所特有，孔雀开屏是典型的绽放，自然世界中鲜花怒放也是典型的绽放，当我们抬头向天、仰望苍穹，繁星璀璨也是绽放。攫取与绽放是自然世界的两大基本物理属性，老子在《道德经》中说“人法地，地法天，天法道，道法自然”，人类需求内涵的攫取与绽放似乎继承于自然世界，这也说明人是自然世界的构成，人始终带有自然世界的特征。

3. 经济体系的需求创造

经济包括生产体系与商业体系，生产体系的价值在于消除稀缺性，其基本路线在于加大供给，其核心内涵是技术，故生产体系也称技术体系；商业体系的价值在于创造稀缺性，其基本路线在于创造需求，根本形式是创造预期，核心内涵是艺术。预期是经济内生的核心动力，是构造需求的核心要素，需要通过商业艺术来实现。本质上商业是创造预期的艺术，是创造需求的艺术。商业体系是艺术体系，艺术是生活的精炼，来源于生活又高于生活。因此也可以说，商业是生活的艺术。商业体系创造需求大体有两个维度、五条路径和四个层次。

两个维度是经典与时尚，在历史维度上创造经典，在未来维度上创造时尚，也称两个取向。经典是时光的积累，是历史的沉淀，是对历史的传承，它超越时代，由此创造出稀缺；时尚是时光的伸展，是对未来的创造，具有开拓未来的自由，它引领时代，由此创造出稀缺。

观念进入人脑形成需求的五条路径，即重复、情感、理性、实证和实践。（1）

重复。人们在多次的重复中能够构建起路径依赖,形成舒适感,从而把观念放入心中。(2)情感。人们天然具有的偏好,能够影响人们的观念形成,许多艺术、故事等都能打动人心,从而把观念植入人脑。

(3)理性。理性是人类特有的一种逻辑思考和理解事物的能力,人们的观念需要获得理性的支持,人们更加愿意接受那些自己能够理解的观念,《周易·系辞》说“易知则有亲”。人们常说“摆事实,讲道理”,其中讲道理就是这条路径。(4)实证。统计学贝叶斯原理表明,在实践中多次成功的观念,在未来成功的概率更大。人们追求成功,所以更愿意接受那些成功概率更大的观念。《周易·系辞》说“有功则可大”,那些能够在实践中证明成功的观念才能在人们的内心发扬光大。摆事实就是这条路径。所以,人们强调调研,调研得到的案例就是他人的实证,能够给自己的实践提供借鉴。(5)实践。实证有他人的实证和自己的实证,自己的实证就需要亲历实践。陆游说“纸上得来终觉浅,绝知此事要躬行”,亲历实践后人们能够更好地理解、更深刻地把握观念,同时,人们内心有“存在即是合理”的偏好,因此更为偏好通过躬身入局、亲历实践而构建的观念。实践是观念进入人心最重要的路径。

四个层次是诱之以利、投其所好、需求开发、信仰培育。(1)诱之以利就是简单的金钱引诱。在商业体系中就是省钱,本质是通过利益引诱来激励需求,比如,消费回扣、低价促销等都是利益的引诱。利益引诱着眼于消费者剩余的比较,通过感觉上的剩余提升,激起人们的需求欲望。(2)投其所好是提高供给与需求的精准度,针对特殊偏好提供难得之货,精细化需求匹配精准化供给,增加利益诱惑力。比如,细分市场提供更为满足特定人群需求的商品或服务,搭配某些适合特定人群偏好的特殊商品,“买椟还珠”就是典型案例。投其所好的本质就是提供更加匹配需求的商品或服务,提高交易的消费者剩余。(3)需求开发就是帮助人们拂开内心的遮蔽,找到内心真正的需求,还需要精心呵护、培育。比如,商品推介会、商业广告等就是最传统的需求开发,鉴宝节目、文玩珠玉知识普及等都是文化类的需求开发。(4)信仰培育就是构建人们内心的价值观，塑造人们的信仰体系，形成超越生命的价值体系。其实，商业艺术的信仰培育更多借用信仰的艺术，少有真正的信仰培育。比如，人们具有帮扶贫困的价值理性，商业就在消费行为中嵌入贫困帮扶的理念；人们有爱国主义的价值情怀，商业就在消费行为中嵌入爱国主义的理念，如此等等。而真正的信仰培育形式具有一套仪式、纲领、故事，形成共同的精神生活，是完整的共同精神生活体系。

以上两个维度五条路径四个层次的商业技巧也被广泛应用于企业公共关系、社会治理、公共政策、社会行为管理等领域，它们的理论来源是“助推理论”①，该理论揭示了人性的内在需求的可塑造性和可利用性，认为可以通过设计巧妙的政策和行为组合，形成特定的社会场域，构建出满足政策设计者需要的社会心理，最终达成设计者的目标。

（二）需求的交织及其不分明

1. 需求发展的“四化”特征

随着经济发展，人们的需求层次提高，人们的需求出现优化、虚化、分化、模糊化等“四化”特征，其中，优化就是从追求数量转向追求质量，虚化就是优化带来了追求质量的更大主观性，分化就是主观性带来的不同偏好，模糊化就是对深层需求的认知困难，这是优化为需求带来的最重要的发展。

2. 需求的主观不分明

《韩非子·外储说左上》有故事“买椟还珠”，这个故事可以有很多解读，但是，从需求内涵看，故事表明了现实生活中需求的多重性及其由此形成的需求交织与主次不分明。在这个故事中，购买者的需求并没有聚焦在珠子的价值上，而是聚焦在审美上，更多以审美为主要需求，构成主元内涵，其他需求内涵是次元内涵。

这类需求逻辑在今天的消费市场上可能会越来越普遍。比如，旅游的核心

---

① 卡斯·R. 桑斯坦.助推：快与慢——人类动因与行为经济学[M].北京：中国人民大学出版社，2021：26-61.

需求是什么?一定是审美么?可能也未必。对于一些人,审美是他们旅游的核心需求;而对于另一些人,他们旅游的核心需求可能是休闲,可能是历练,可能是感悟。比如,根据《礼记》的记载,孔子游览鲁国观楼得到的是大同与小康的感悟。再比如唱歌,未必追求的就是审美,有些人追求情感的释放,有些人追求简单带来的本真等,《毛诗序》也说"诗者,……,足之蹈之也"。再比如,打球是一种竞赛,竞赛对一些人来说就是要追求胜利,但是,更多人追求的是一种社会交往、一种身心的释放,而对胜负没有看得太重。在数学学习中,人们普遍追求更快更好地解题,因而主要追求解题的结构化方法,但也有人追求数学的符号审美,运用符号审美的灵感构建来强化数学解题能力,这也是不同的价值追求。这些都表明,在人们认知能力有限的条件下,需求的多元性和复杂性带来了主观需求的不分明。因此,从这个意义上讲,我们还是要记住这句话:认识你自己。

3. 需求的客观不分明

《韩非子・内储说上》的故事"滥竽充数"表明,在集体活动中,难以客观准确判断个人的能力和贡献,这类由不能客观准确判断引发的需求不分明就是需求的客观不分明。

这种问题比较常见,在体育运动中就得到了充分的表现。对于100米赛跑这类客观标准清晰的项目,人们对运动能力的评价争议不大;但是对于那些集体项目,人们对运动员能力评价争议,比如,对国家篮球、排球、足球队员的选拔争议就比较大,其根本原因就在于这是客观不分明的需求问题,容易夹杂评价者自身的其他偏好,比如地域偏好、颜值偏好、先入为主偏好、审美疲劳偏好、社会圈层偏好,等等,这些都会干扰人们的价值判断。

对于这类问题的价值判断,人们通常称为评估——不太准确的价值估计和估算。

(三)沉浸式体验需求的实例

在温饱之后,人们的精神追求不断主导需求,浅层的直觉需求支流化,深层的沉浸需求主流化,现代的沉浸式体验消费逐步替代传统的直觉消费。这里通过两个示例来说明沉浸式体验消费。

1. 吃饭的沉浸式体验消费

(1)传统的吃饭

传统上人们认为吃饭的需求就是吃饱,《道德经》有“圣人为腹不为目”之说。但随着温饱得到满足之后,如今人们认为吃饭包括吃饱和吃好两个层次。吃饱是客观需求层次,吃好是主观需求层次。

在吃饱的客观需要层次上,要求能量和营养合理,吃饱而不过,各种营养成分均衡适度,不仅满足短期生存需要,而且满足长期健康需要,能够增进人的健康和长寿。

在吃好的主观追求层次上,首先是味道好,这是评价食物的首要标准;其次是配套好,要求营养健康、环境和食材卫生,等等。

因此,在当前差异化的时代,有些餐饮店做了简约化和极致化的处理,还很受欢迎。比如,最极端的一种饭店只炒两个菜——一个素菜和一个荤菜,素菜是标准化的,荤菜的食材由客人自由挑选,但是炒菜就由一个大锅炒熟。通过这样的极度简化,既把荤菜炒得非常美味,也提供了一定的自由度,还最大程度地减少客人选择和决策的成本,毕竟愿意选择在这种饭店吃饭的人,多少具有一些逃避自由的偏好。

(2)吃饭的综合沉浸式体验消费

综合沉浸式体验消费要求高质量的综合体验感,把吃饭看成是一次审美体验。它要求综合体验感带来的内心快乐和精神享受,从眼、耳、鼻、舌、身、意等“六根”着手,构建出眼睛看到的、耳朵听到的、鼻子闻到的、舌头尝到的、身体感触到的、内心感知和联想到的,对食物与环境的综合审美体验,特别是在内心的感知、联想和想象方面,形成故事情节,产生文化和艺术的审美体验。

比如,以“家”为主题的艺术审美核心是从容和安放,《金刚经》从“世尊食时”到“敷座而坐”的描述,就是从容和安放的典型。在这里世尊庄严地披上袈裟、执定饭钵,淡定步入舍卫大城,逐户依次乞食,返回孤独园安身,从容吃饭,收拾好袈裟和钵具,洗净了双足,铺好座位,跏趺而坐,整个过程秩序井然、从容淡定,反映出佛的内心安放,所谓“心安即是家”。在这里,“出家人”很好地阐释了“家”的意境,真正理解了家才能出家,体验了出家才能真正理解家。这就是辩证逻辑的普遍性。①

所以,以“家”为主题的美食沉浸式设计就需要围绕家的从容淡定与心灵安放来设计,首先是极致的舌尖品味,而后是配套的眼睛所看,耳朵所听,鼻子所嗅,身体所触,内心所感知、联想和想象,形成食物与环境的综合审美体验。

2. 旅游的沉浸式体验消费

(1)传统的审美旅游

在传统上,旅游主要是针对人们的审美、休闲和了解历史需求,人们旅游的消费的焦点在“游”字上,围绕“游”字展开对自然景观、历史人文景观、休闲娱乐美食等的“走马观花”。

(2)综合沉浸式体验的旅游

其实,旅游是典型的体验型消费。沉浸式体验消费的旅游,人们消费的焦点在“体验”上。围绕深度参与,在吃、住、行、娱、乐、购、观、聊、学、思、悟、参与、互动等方面,深度感悟、体验自然景观、历史人文景观、商业休闲娱乐活动等的内涵,构建审美意义的内在品位、文化意义的析微探幽和生命意义的深层求索。比如,庄子的《秋水》就是面向黄河秋汛时获得的人生感悟,孔子的“大同与小康”之论是参与鲁国蜡祭后游览观楼时获得的人生感悟。

三、信仰——需求体系的皇冠

信仰需求是最高需求,笔者将其比喻为需求的皇冠。作为价值观,信仰深

---

① 在笔者看来,家是心的安放,它的反义就是旅(旅行),因此,好的客栈都说“逆旅”——宾至如归之意。反向旅行即是心灵的皈依,李白有“天地一逆旅”,苏轼说“人生如逆旅”,既有人生未必尽如人意之意,更有生命的淡定从容、精神的寄居和心灵的安放之意。

刻影响着社会供给、社会需求、社会经济文化生活和商品的价值构成。特别是在高质量发展的阶段,人们不再满足于如何挣钱,而是思考为什么挣钱,思考更加深刻的生命意义,信仰已成为时代最渴望的社会需求。本质上,现代社会中,人们创造的一切财富都是协作价值。现代化的水平越高,人们的协作就越精致,精神追求就越强烈,信仰就越重要。只有站在同一面信仰的旗帜下,人们才能团结协作,共同奋斗。

(一)中国人的道德信仰

有人说,没有宗教就没有市场经济,因为没有宗教就没有信仰,没有信仰就没有诚信,没有诚信就没有契约精神,而市场经济的基石正是契约精神,《论语》说“民无信不立”,因此没有宗教就不能建设市场经济。

其实,他们颠倒了宗教与信仰的关系,历史上是先有信仰后有宗教,最早的信仰是神话信仰与祭祀信仰,到了《历史的起源与目标》所说的“轴心时代”①,发展出来道德信仰体系和宗教信仰体系。所以,宗教只是信仰的一种形式,除了宗教信仰,人们还有道德信仰。中国文化的信仰主要是道德信仰,起源于神话信仰和祭祀信仰,曾参说“慎终追远,民德归厚矣”,说的就是以祭祀构建道德信仰。

与宗教并生的信仰形式是道德信仰。道德是人们精神的自律,宗教是人们精神的他律②,自律是劳动协作内生的价值观,他律是劳动协作外生的价值观,中国的信仰形式主要是道德信仰,中国文化强调“君子慎独”,讲求精神的自律与内心的追求。宗教不是信仰的唯一形式,也不是信仰的必要形式。

信仰本质是一种超越生命的价值观,是人们对生命意义的终极追求,是人类精神的自我构建和内心追求。但个人主义文化人格与集体主义文化人格的信仰构建主体不同,个人主义文化人格的宗教信仰体系强调“人是悬挂在自己

---

① 雅斯贝尔斯.历史的起源与目标[M].桂林:漓江出版社,2019:7-29.

② 马克思.马克思恩格斯全集:第1卷.评普鲁士最近的书报检查令[M].北京:人民出版社,1956:15.

编织的意义之网上的动物”，强调信仰的自我构建；中国集体主义文化人格的道德信仰以张载的“横渠四句”为代表，“为天地立心，为生民立命，为往圣继绝学，为万世开太平”，强调信仰的社会构建和历史构建，强调知识、文化都是社会和历史的层垒结构，需要社会构建和历史构建，所谓“人是社会关系的总和”，这是中国集体主义文化人格的表述，也是中国道德信仰体系的鲜明特征。

北宋大儒范仲淹对后来成为大儒的张载说“儒者自有名教可乐”，张载把“名教”解释为“横渠四句”，他们认为儒家的责任是为社会构建良好的“三观一园”：为天地立心——为社会构建一个良好的世界观；为生民立命——为社会确立一个良好的人生观；为往圣继绝学——为社会确立一个良好的价值观，这个价值观从前辈圣人那里赓续而来；为万世开太平——为社会确立一个太平盛世的共同精神家园，指引人们为建设万世太平而奋斗。这是儒家的社会责任——儒者之名教。

（二）信仰的价值逻辑

帕斯卡说：“上帝存在，或者是不存在”，“如果你赌上帝存在，假如你赌赢了，你就能赢得一切；假如你赌输了，你却一无所失。因此，不必迟疑去赌上帝存在吧。”[①]这个理念的经济学分析如图 5-1 的决策矩阵所示。

这个矩阵的解释：(1) 如果你信仰上帝而上帝存在，你将获得极大的价值；(2) 如果你信仰上帝而上帝不存在，那么你也不会失去什么；(3) 如果你不信仰上帝而上帝存在，你将一无所得；(4) 如果你不信仰上帝而上帝不存在，你也不会获得什么。

这个矩阵的假设，上帝具有存在或不存在两种状态，两种状态的概率之和为 1，各自概率不小于零。

类似的还有高考时父母到孔庙为孩子祈福的心理决策矩阵。比如，水平能考上 211 大学的学生，其父母到孔庙祈福的经济学价值分析如图 5-2 所示。

---

① 帕斯卡尔.思想录[M].北京：商务印书馆，1986：110.

	上帝真实存在	上帝真实不存在	数学期望
投注上帝存在	≥0	=0	≥0
投注上帝不存在	≤0	=0	≤0

图 5-1　上帝信仰的数学期望和矩阵

	夫子有灵	夫子无灵	数学期望
到孔庙祈福	985 大学	211 大学	最差能上 211
不到孔庙祈福	其他大学	211 大学	最好能上 211

图 5-2　到孔庙祈福的数学期望矩阵

在概率型的价值判断中,人们通常使用数学期望作为价值比较的基础。两事件的数学期望=事件 1 的概率×事件 1 的价值+事件 2 的概率×事件 2 的价值。两个概率都不小于零,价值则可正可负。

先从心理角度分析。其实,“最差能上 211 大学”与“最好能上 211 大学”存在一个共同空间,就是 211 大学,但通过“最差”与“最好”这两个描述,构成了逻辑想象的张力空间,形成了对人的心理暗示,让人“感到”前者更好。

从唯物主义角度也可以解释。到孔庙祈福激发了“一线希望”,即,如果你在奋斗的艰难困苦中能够得到一点点心理慰藉,就能让你的大脑多分泌一点多巴胺和内啡肽;其次,家长为孩子祈福表达了家长对孩子的关怀,人们之间的关怀能够带来感动,感动会促使人们分泌更多的多巴胺和内啡肽;第三,家长为孩子祈福还表达了一种“家”的心灵归属,让奋斗有了一种正义感,而正义感能够催生更多的肾上腺素。肾上腺素的高水平能够让内心爆发出力量,多巴胺的较高水平能够使得奋斗的“艰辛感”缓解一点,内啡肽的较高水平能够使得内心的恬愉感增加一些,奋斗能够坚持更久一点,形成“最后五分钟效应”。因此,关怀和归属都很重要,人类社会的协作形成群众的心灵归依,带来人们奋斗的内心力量,构成人类的力量源泉。

对人们这些行为的经济学分析告诉我们,人们的理性选择存在价值比较。因此,如果人们能够具有超越生命价值的价值,那么,为了这些价值,人们将会变得更加勇敢、更有尊严、更加虔诚。而信仰就是这种超越生命价值的价值。正是因为信仰,人们能够大规模协作,能够勇敢地面对困难。[①]

1949 年,雅斯贝尔斯在《历史的起源与目标》中综合了轴心时代理论,认为,正是在轴心时代人类终极关怀的觉醒才使得人类的文明得以传承,而且,每当人类社会面临危机或新的飞跃的时候,人们总是回过头去,从轴心时代的伟大思想中寻找赖以生存的价值观,追寻作为精神支柱的信仰。[②]

(三)信仰的时代价值

信仰是最深刻的精神力量,是生命最强烈的冲动,信仰构建是生命的历险,是生命最高层次的精神探险。

我们的先人,共同编织一个社会理想,共同追寻一个心灵安放的“太平盛世”,一个能够充分实现劳动价值的长治久安的社会,简称“长安”。《庄子》用“梦蝶”来描述这种自由而恬愉的社会的“璀璨”与“脆弱”,因为“璀璨”所以人心向往,因为“脆弱”所以需要用生命来捍卫。《诗经 · 秦风 · 无衣》唱出了“同袍”“同泽”和“同裳”,唱出了捍卫太平盛世的信仰。

在今天,在我们高速发展的时候,在我们身处工业文明带来的标准化牢笼的时候,在人人身处互联网中央的时候,为了生命的尊严和灵魂的自觉,我们需要在优秀传统文化中寻找自己的信仰。

有人问,难道在科学技术和唯物主义高度发展的今天,我们还需要信仰吗?其实,科学不是万能的。科学,不能解决人的“向死而生”的命题,不能解决有限与无限的悖论,甚至不能解决基本的非理性问题(比如人的审美根源),不能解决直面现实中本我与超我的冲突,不能解决生命对永恒与无限的向往、对缺陷

---

① 迈尔斯.信仰的力量[M].北京:北京出版社,2000:198.

② 雅斯贝尔斯.历史的起源与目标[M].北京:华夏出版社,1989:7,14.

与束缚的无奈。

信仰为我们提供了协作的纽带，它帮助我们撑过自然选择的煎熬，它指引着我们从历史的深处走来，又走向未来的深处。

信仰是生命最深沉的精神探险。我们的先人为我们构建了太平盛世的社会理想，孔夫子更是用“大同”描述理想社会的状况，其中，他着重指出“力恶其不出于身也，不必为己”，用现代语言就是“各尽所能，按需分配”，而马克思在《哥达纲领批判》中说了同样的话[①]。或许，这就是我们可以从历史中找寻的信仰足迹。

追寻这个足迹，可以从价值正义的视角讨论大同社会的条件。其实，社会扩大再生产的均衡方程表明，当劳动剩余全部用于追加投资 $m=\Delta c+\Delta v$ 的时候，经济发展就达到了最高水平。这样的状态需要一个前提，就是制度供给水平高，能够消除逆向选择和道德风险。

这样的制度供给水平建立在高度发达的知识和科技之上。这种知识和科技的发展水平，能够精确测度人们的行为，此时相马制度完全等同于赛马制度，而且委托人如果愿意，在相当短的时间内，其信息水平就能够等同于代理人的信息水平。

由此带来两个结果，一是能够准确评价劳动贡献，从而能够部分消除逆向选择和消除道德风险，实现按劳分配，呈现“各尽所能”的劳动状态，劳动投入达到最大，资源配置达到最优，社会财富的蛋糕做到最大。二是能够精确测度人们的行为，首先能够准确评价劳动意愿和能力，从而能够完全消除逆向选择和道德风险，人们尽心尽力劳动即“各尽所能”；其次能够准确评估人们的消费行为，能够消除人们消费的道德风险，抑制过度消费，在这样的条件下，在那些供给丰裕不产生竞争的财富领域，人们按照个人需求自取财富或“按需分配”，不会影响到人们的劳动积极性，这个时候社会财富的蛋糕做到最大，社会福利的蛋糕也做到最大。所以，“各尽所能”是“按需分配”的前提，解决逆向选择和道

---

① 马克思.哥达纲领批判[M].北京：人民出版社，1965：14.

德风险之后,“各尽所能,按需分配”就是价值正义所能达到的最高水平,是价值正义的最高目标。

四、深度自由——需求皇冠上的明珠

(一)深度自由的本质

1. 自由的本义

自由的本义是能够得到想要得到的、能够做到想要做到的,是一个需求满足的范畴。而满足需求需要具备一定的条件,这些条件称为“约束”,比如,人们希望在天空飞翔,这就需要有飞行器,构成了飞天的约束,人们做出了飞机就拥有了翱翔天空的自由。

约束来源很多,大体上划分为客观自然与主观人为两大类,比如,法律制度的禁止就是主观人为对人们行为的约束,万有引力就是客观自然对人们行为的约束,这些约束都使得人们不能够“为所欲为”——得到想要得到的和做到想要做到的。

然而约束始终是存在的,自由是在约束下的自由。人们只有能够承担约束才能实现自由,人们常说“自律带来自由”,对此,庄子用“逍遥”和“游刃有余”来描述,孔夫子则用“从心所欲,不逾矩”来描述。

2. 深度自由

社会劳动协作带来的专业化要求,限制了人们的横向自由。在集体劳动中,人们需要专业化提高劳动效率,需要相互关照形成劳动协作和劳动协同,工作的内容减少了,工作的约束增加了,这种劳动自由度的减少称为横向自由限制。

同时,社会劳动协作带来的专业化发展,增加了人们的纵向自由,集体劳动超越个人劳动的不仅是效率,更在于集体劳动带来的专业化发展,能够让人们集中更多的时间和精力从事内容相对较少的劳动,能够更好地发展自己的劳动技能,不断突破劳动技能的自我限制,在自己的劳动领域内“游刃有余”和“从心所欲”。这是另一种由自律带来的自由,一种“内求诸己,不假外物”的自由。

“自律带来的自由”是一种知识增长、技能提升带来的精神愉悦、内心成长、人格升华和灵魂净化,《庄子》用“进乎技矣”来形容。其内在逻辑如图 5-3 示。其中,100%表示掌握全部知识。人们工作学习的时间越长,积累的领域知识经验就越多、技能就越熟练和精深,劳动质量的误差就越小,精度也越高,由此带来了深度自由:心灵共振更强,分泌的内啡肽更多,从而内心感悟更多,精神更愉悦,幸福感更强。

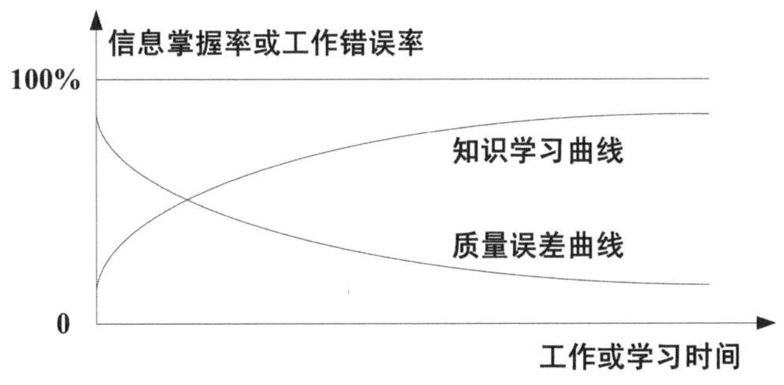

图 5-3 知识学习曲线与质量误差曲线的关系

比如,一个人学习数学的时间越长则数学知识越多,投篮的次数越多则投篮越准,练习太极的时间越长则动力定型越强,最终实现了深度自由。能够在自己的研究领域内信手拈来、引经据典、旁征博引,这是书生的自由;能够信手涂鸦皆成经典,这是画者的自由;庄子笔下的庖丁,能够从心所欲、依乎天理、游刃有余地解牛,这是庖丁的自由,等等。无数次自律的练习,形成了“动力定型”,才能表现为游刃有余和从心所欲。比较之下,横向自由是人的本能自由,满足本能自由能够带来多巴胺的快乐,所以称浅层自由;纵向自由是人的技能自由,需要自律的反复淬炼,千万次重复的力量,锻造出从心所欲、游刃有余的技艺,才能带来精神的恬愉和内心的自得。

深度自由也是工匠精神的基石,它强调既要做得好,又要做得好玩,即外在的追求是把事业做得成功，内在的追求是把事业做得快乐。

比如，笔者有个朋友年轻的时候在银行从事过盖邮戳的工作，人们都认为这个工作毫无技术含量，也很乏味，对此，他却有另外的看法。他认真研习盖邮戳的工作技能，达到一种内外兼修的境界，从外部效果看，他盖的邮戳力道恰巧、边界清晰、油墨适度，富有美感，而且他能够一眼辨认出他自己盖的邮戳；从内心状态看，他盖邮戳的时候，全神贯注、心无旁骛、无物忘我、内心愉悦，他时常通过盖邮戳来愉悦自己。并且，他还触类旁通，认真研习盖其他章，也都达到了很高的水准。

3. 深度自由是实践哲学

深度自由源于极致的专业化，是中国工匠精神和幸福哲学的逻辑基础。中国文化的底色是实践。在中国文化中，道不是拿来悟的，而是拿来行的，所谓“知信行合一”，真正的悟道就产自极致的专业化的行为中，是专业化发展演化的结果；而道之本身就是纵向自由，是对专业技能的发展和超越，并由此获得精神自由、人格升华。

庄子说“所好者道也，进乎技矣”，指明了人们只有在专业化的极致中才能“进乎技矣”，才能悟道和得道。专业化的极致就是“若一志”的“格物致知”，是专心致志、心无旁骛的“心斋”，由此才能达到天人合一、心外无物、无物无我、忘却天地的“坐忘”状态。

因此，中国文化中深度自由的思想确立了劳动才是幸福源泉的信仰，构成了信仰层面的工匠精神的哲学基础。

（二）深度自由的实践路径

作为实践哲学，深度自由存在技能、专业、内心三个层面的实践进路。

1. 技能的出神入化

深度自由理论认为，精湛的技能和技艺是深度自由的基础。关于技能和技艺的出神入化，庄子在《庖丁解牛》中从行为和精神两个方面做了充分的描述：

在行为方面,全身动作协调自如,举手投足之间行云流水,如同舞蹈;行为举止之间节奏分明,合同音乐,《黄帝内经》的“提挈天地”到“肌肉若一”就是描述这种状态。在精神方面,庄子用“循耳目内通而外于心知”来描述这种状态,全部的感官都调度协同起来,心灵感应超越身体感知,洞察细微,外遵循天理而从心所欲不逾矩,内自得逍遥而恢恢乎游刃有余。

2. **专业的执着坚守**

出神入化的技艺来源于对专业的执着坚守,包括四个方面的要求:长期、简单、重复、专心。

一是长期。技能的提升靠的是劳动时间的积累,这也符合劳动价值论对价值的阐释。中国有副对联说“板凳要坐十年冷,文章不写半句空”,现代心理学也提出了专业学习的“一万小时”理论,庄子则在《庖丁解牛》中设定了“22+x”年的专业发展逻辑(“所见无非牛者”的3年,中间过渡未知多少的x年,“刀刃若新发于硎”的19年),都是对专业化的必要时间积累的要求,其中,庄子的专业发展逻辑可以看作是极致专业化的要求。因此,专业化的第一个要求就是长期坚持。

二是简单。人们把复杂的工作分解为简单的操作,这就是化繁为简、提纲挈领,《道德经》说“天下大事,必作于细”,庖丁“22+x”年只做解牛一件事。其实,解牛只是牛肉屠宰和加工工序中最简单的工序之一。聚焦简单,才得以在狭窄的工作领域集中大量时间,提高技能技艺。

三是重复。重复是提高技能和技艺的根本方法。“百炼钢化为绕指柔”“读书百遍其义自见”“勤能补拙”“熟能生巧”,等等,都对重复力量的描述,庄子更用“所解数千牛矣”来强调重复的重要性。

四是用心。用心就是全神贯注,全部身心关照工作,眼中只有工作、脑中只有工作、心中只有工作,眼、耳、鼻、舌、身、意都聚焦工作,而且,工作之外没有任何其他的想法,特别是要杜绝任何的情绪,《心经》用260字中的21个“无”来描述这种状态。人们形容写字要“心到、意到、力到、笔到”,读书要“心到、意到、口到、手到”,“尽心尽力”,“付出心血”,《庄子》说“以神遇而不以目视,官知止而神欲行”,“怵然为戒,视为止,行为迟”,还说“心斋”的“若一志”,等等,都是描述做事用心的状态,都是强调做事要用心用情用命。

3. 热爱

要变得专业不易,人心的贪婪、外界的诱惑,人心的软弱、外界的压力,等等,都是专业之敌。所以,对专业的坚守必然来自内心的热爱,孔子说“知之者不如好之者,好之者不如乐之者”。内心的热爱需要小欲望、真感恩、强信仰三要素,构建起“小欲望→真感恩→强信仰”的逻辑过程,做到这三点,才是真爱,才能在坚守专业中增进技艺,才能体会劳动的幸福,奋斗的快乐。

一是小欲望。小欲望就是戒贪,胸怀恢宏而知足少欲,生命才能进退自如,来去从容,专业才容易坚守,生命才能获得更多的快乐。《道德经》说“少私寡欲”“祸莫大于不知足”“咎莫大于欲得”,《周易・系辞》说“德薄而位尊”“知小而谋大”“力少而任重”,《庖丁解牛》形容“以无厚入有间”,都是提倡小欲望的戒贪之论。所谓戒贪包括了金钱、财物,也包括欲望、知识,甚至生命,《庄子》以每解完一头牛都“踌躇满志”来描述小欲望的状态。

二是真感恩。《庖丁解牛》的“善刀而藏之”可能是感恩最深沉的表达,笔者认为,这里用“善刀”而不是“拭刀”,是多了一层善待之意。刀是他的伙伴,他感恩于刀,因为感恩,刀也才更好。这种虔诚的仪式还表达了他对事业的感恩,因为这份事业不仅给了他生活,还给了他光荣与梦想,给了他体验生命奋斗的欢乐和人格完善的恬愉。

三是强信仰。信仰是人们内心最深层的需要,是人们精神最强烈的追求,是事业最坚强的支撑。所以,坚守专业首先要找到事业的定位,找到事业的意义,建立事业的尊严,构建对事业的信仰,只有信仰才是人们坚守事业的终极支撑。小欲望和真感恩能够让人们品味劳动的快乐,找到劳动的意义,而有意义的快乐就是幸福。因此,“小欲望→真感恩→强信仰”揭示了通过劳动实践建立人生信仰的逻辑过程,帮助人们构建“劳动是生活必需→劳动是生命必需;劳动带来财富→劳动带来荣耀→劳动带来尊严→劳动带来快乐→劳动带来幸福"的价值观和价值链，帮助人们确证劳动的意义，确立劳动创造财富、劳动创造幸福、劳动本身就是幸福的实践信仰体系。通过建立劳动信仰，支撑人们的专业坚守，就能带来深度自由。

（三）深度自由是价值正义的核心追求

中国集体主义文化人格根源于社会化大生产，根源于大规模的社会协作，以纵向自由替代横向自由，以深度自由替代浅层自由，形成中国工匠精神，在生产劳动过程中产生快乐与幸福的内心体验，由此弥合了浅层自由的两大断裂。所谓浅层自由的两大断裂，一是人们在生产劳动过程中忍受痛苦，在消费过程中获得愉悦，这是幸福在生产与消费过程中的断裂；二是在精神世界的内心感悟中参悟幸福，在现实世界的实践感悟中体验痛苦，这是幸福在感悟与实践过程中的断裂。这两个断裂给人的内心带来纷扰和痛苦，容易引发社会矛盾。

集体主义文化人格发展了深度自由，人生的幸福从诉诸外物扩展到诉诸内心，追求的价值从物质价值扩展到精神价值，精神活动从反映外部事物扩展到构建内心世界，不仅在消费过程中获得愉悦和快乐，也在劳动生产过程中获得内心成长和精神自由的幸福，弥合了生产与消费的断裂；不仅在内心感悟中参悟幸福，同时在劳动实践中体验幸福，构建了实践主义的信仰过程，弥合了实践与感悟的断裂。在此基础上把幸福过程与信仰过程辩证统一于实践过程，构建起专业精神、技术主义的实践幸福学。

概括地说，深度自由把价值来源从客观世界扩展到主观世界，丰富了生命的价值形式，扩展了劳动的价值空间，完善了价值增长的实践路径，所以，深度自由是价值正义的核心追求。

本章小结

本章讨论了需求的内涵、发展规律,需求开发的商业艺术和市场意识形态构建等,着眼于精神需求的主流化,讨论了需求顶层的信仰和自由。这里讨论的信仰和自由是中国文化的道德信仰和深度自由,是集体主义文化人格形成的人本主义、唯物主义和辩证思维特有的信仰和自由,带有强烈的集体主义文化色彩。而群众路线就是集体主义的一种体现。经济发展需要群众路线,需求发展需要群众路线,群众路线是中国古典经济学的特征。

第六章　供给深化：社会化大生产

力不若牛，走不若马，而牛马为用，何也？曰：人能群，彼不能群也。

——《荀子·王制》

供给是价值的核心构成。社会化大生产是供给的主流形式，是人们劳动协作的发展方向。本章从价值正义的视角讨论社会化大生产的三个专题：制度供给、专业分工、市场均衡。

一、社会化大生产的制度供给

社会化大生产是现代供给的主流形式，也是人类协作的发展方向，充分展示了群众路线的伟大力量。大规模组织化的社会协作需要制度安排来调整生产关系，制度供给是社会化大生产的关键要素，因此，本节讨论社会化大生产的制度供给理念和原则。

（一）供给的本质

供给是价值构成的两面之一，是经济的核心内容。为了满足需求，人们需要从事生产、交换、分配、消费等活动，这些活动的总和构成了社会供给，其中，消费是劳动力再生产的供给活动。社会供给是人类超越自然界的重要标志。在自然界，动物只是就地攫取，而人类展开了社会化大生产的实践——供给。所以，动物是改变自己以适应世界，人类是改造世界以成就自己。当然，人类改造世界务必尊重自然、尊重规律。

《大学》写道："生财有大道，生之者众，食之者寡，为之者疾，用之者舒，则财恒足矣。"人们需要增加供给才能创造财富，而增加供给要走群众路线，群众是经济实践的主体。供给不仅包括商品还包括生产商品的工具，不仅包括生产力还包括生产关系，不仅包括生产商品的器物工具还包括知识、制度和文化等思想工具。其中，制度对人们的行为具有重要影响，是生产协作的关键因素，是价值正义的主要实现形式。

（二）价值正义是制度供给的重要思想基础

"一项制度之创建，必先有创建这项制度之思想与精神"①，价值正义是制度供给的重要思想基础，因而是供给的重要内容。作为中国古典经济学的基石、主线和框架，价值正义构成了一个思想体系，即"理念+原则+制度"的完整体系结构。

1. 中国价值正义的根本理念

中国价值正义是一个知识体系，具有"理念+原则+制度"的体系结构，其中理念层次有"1+3"的核心理念结构，所谓"1"就是共同富裕的价值信仰，"3"就是天性、正义和自由三大理念。

（1）共同富裕是价值正义的信仰，简称共富信仰，也称共富论，构成了价值正义的目的论，由天性论、正义论和自由论三大理念支撑，而三大理念形成层垒结构，构成支撑共富信仰的地基。共同富裕有三条底线和四个要求。其中，三条底线是：个人生存能保障、人均水平不下降、整体水平有提升。其中第一条底线是"德"——"免死""解难""济急""救患"的"四德政"的概念化；后面两条是

① 钱穆.国史大纲[M].北京：商务印书馆，1996：415.

“仁”的具体化,其中第二条包括了做大社会财富的蛋糕,甚至要求人口增长条件下的人均不下降;第三条包括做大社会福利的蛋糕,甚至要求人口下降条件下的总量增长。后面两条本质上是要求提高全要素生产率,依靠优化配置和科技进步促进经济发展的路线。四个要求为:在静态上具有公平性,在动态上具有发展性,在个体上具有激励性,在群体上具有能力性。共同富裕就是经济繁荣,所以,共富三条底线和四个要求也称为经济繁荣三条底线和四个要求。这些内容涵盖了富裕与强大两个维度,富裕是财富的状况,涉及创造财富的生产力,能够满足三条底线就是富裕;四个要求是强大的内涵,强大是保卫财富的能力,包括内向性与外向性,内向性要求富裕具有长期性和坚韧性,外向性要求保卫财富不被剥夺;富裕和强大构成了发展和安全的统一。

(2)天性理念是价值正义的基础理念,也称天性论。《六韬·文韬·文师》说“能生利者,道也”,其中的“道”是中国文化的最高范畴,所以它是基础理念。它确认了人们内心具有追求价值和利益而且追求更大价值和更大利益的自然天性,奠定了“以利称义”的基础。这是价值正义的第一理念,支撑起正义论和自由论,又共同构成支撑共富论的坚实人文地基。

(3)正义理念是价值正义的核心理念,也称正义论。从天性理念出发,价值正义提出了共同富裕的核心理念,所谓“以利称义”,它确认了人们追求价值和利益而且追求更大价值和更大利益的正义性,这些追求构成了社会价值正义的内核,因为它源于人们的天性,就构成了人们的共同追求和共同诉求,为经济的公平与效率原则奠定了社会基础。

(4)自由理念是价值正义的关键理念。从正义理念出发,价值正义提出了共同富裕的关键理念,所谓“取利有道”,即“君子爱财取之有道”,这个道是天性之道和正义之道。争取价值和利益,一是要遵循天性之道,不能泯灭良心和良知,所谓“天良未泯”;二是要遵循正义之道,遵守人们共同约定的价值规范、行为准则和制度原则。所以,它是人们的自由之道。自由就是成本约束条件下人们满足需求所能够担负成本的状况。这个界定满足自主、责任、独立而公平三个条件，即人们自主决策，自我承担行为责任或成本，行为主体独立而且权力和机会公平。所以，自由理念界定了人们追求价值、利益和财富的行为规范、思维模式和价值核心。自由、正义和效率的三位一体，自由才能实现正义，正义才能保障自由；正义才能实现效率，效率才能保障正义；自由才能实现效率，效率才能保障自由。自由与秩序存在辩证关系，秩序吻合自由就能提高效率，构成良序良法，秩序背离自由就会降低效率，构成劣序劣法，所以，能够维护自由的秩序才是良法善治。

2. **四大理念的逻辑关系**

古典经济学的逻辑框架是价值分析，有三个重要的步点，第二步点是分工，第一步点是协作，逻辑起始的原点是共富。其中，共富原点是中国古典经济学独有的。所以，共同富裕是中国古典经济学的逻辑原点，是价值正义的根本信仰，这个原点的地基是三层理念的结构，从低到高依次是天性论、正义论、自由论。天性论是逻辑的第一层，正义论是逻辑的第二层，自由论是逻辑的第三层，三个层次支撑着共富论，共富论是价值信仰，构成中国古典经济学逻辑原点的恢宏大厦。其中，正义论是地基的中心，在逻辑层次中承上启下，更重要的是，它是群众路线的原点，正义所内含的共识与辩证都是群众路线。笔者称这个体系为价值正义。

价值正义立足于价值、利益和财富的基础之上，作为生产关系的构建理念和原则，价值正义是归因主义与效率主义的统一，能够保障组织的效率，也保障个人的价值追求。价值追求既有物质的也有精神的。物质是价值基础，精神是价值追求，其中较高层次的精神追求是生命的价值实现，但是，最高的精神追求可能是求证真理，或许这才是生命的终极价值追求。

《道德经》说“燕处超然”，任由外界繁花锦绣，内心恬然自在，进退悠然之间只在追寻天地大道，就像燕子的来去只是追随四时的流转。《庄子》说“万物与我为一”，“御飞龙，而游乎四海之外”，也都体现了求证真理的纯粹与虔诚。所以，追求价值正义，特别是其中的按劳分配，未必就是一种简单功利，更多还是燕处超然。比如,人们评价商鞅变法伤害到自己,其实商鞅"极心无二虑,尽公不顾私",在忘却天地万物中忘却自己,"以其无私,故成其私",可以算是燕处超然。

(三)制度供给是社会化大生产的关键要素

社会化大生产是有组织且大规模的社会协作,需要体系化的制度治理,因此制度供给成为社会化大生产的重要核心。制度是一个"理念+原则+规则"的体系,而经济理念的基石就是价值正义。价值正义包括主观正义与客观正义,主观正义是人文性的体现,客观正义是真理性的体现。价值正义有两个基本要求,一是真理性,二是人文性。

真理性具有重要意义,人文性能够契合真理性则制度效率高,人文性不能契合真理性则制度效率低,人文性背离真理性则制度危害大。人文性契合真理性程度不高是常态,因为人们的认识不到位,所谓理性有限。比如,过去人们认为"天圆地方",当有人提出地球是圆的,就有人反驳问:站在下面的人为什么不掉下去?当然今天人们都知道是万有引力的原理。但是,人们的有限理性问题始终存在。

制度的人文性要求,指制度需要满足人们的偏好,能够被人们接受。这一要求内容丰富,其中最重要的人文性要求是激励相容。所谓激励相容就是一种制度安排,在这种制度安排下,代理人与委托人的目标一致或者利益一致。比如,市场制度就是一种激励相容的制度安排,在市场制度下,每一个卖者都是代理人,每一个买者都是委托人,在重复购买、充分竞争和信息透明的条件下,卖者必须尽可能满足买者的需求,由此形成卖者与买者的激励相容。最早涉及激励相容的是《韩非子》中的"滥竽充数"故事。如果在集体活动中没有激励相容,就容易出现逆向选择和道德风险。激励相容可以通过三个故事加深理解。

(1)人们提出了分粥的问题:

有七个人住在一起,每天分一大桶粥,粥每天都不够分(稀缺性)。一开始,他们轮流分粥,于是他们每周只在自己分粥的那一天是饱的。接着他们选举道德高尚者分粥,于是小团体贿赂成风。后来他们成立三人分粥委员会及四人的评选委员会,结果是内部互相攻击、扯皮不断。再后来他们轮流分粥,但分粥者拿剩下的最后一碗。于是,为了自己的公平,每个分配者都尽量分配平均。但是,问题没有解决,因为,轮流分粥,没有专业化,技术不高,经常泼洒出来,分的效率也低。他们还需要在高效率与公平性之间平衡,为此他们又尝试选举一个分粥的人,分粥者拿最后一碗,但有一个小碗补偿,作为分粥的酬劳。这是一个价值正义的激励相容问题,分配权与选择权的分离,分配者最后选择,可能是公平的一种激励相容的制度安排。

(2)过去有些餐馆规定,客人在吃河豚的时候,加工河豚的师傅会在上菜时来到餐桌旁,递给客人一个小碟子,由客人随机夹出几块河豚肉放在碟子上,师傅先吃以验证自己的加工是否达标,验证河豚肉的毒素是否已经去除。这种制度安排就是一种激励相容,加工师傅占有信息优势,客人处于信息劣势地位,形成委托-代理结构,而这样的制度安排把客人的生命安全与师傅的生命安全联系起来,提高了师傅工作的努力程度。

(3)关于降落伞质量的故事。为提高降落伞的质量,军方建立了一套制度,要求每一个降落伞都附有一个编号,每次军方接收降落伞的编号必须是连续的,军方在这个编号段中生成随机数,按照随机数对应的编号抽取出降落伞,同时随机抽选降落伞公司的高管,让被选中者带上降落伞去跳伞。通过这样的制度安排,把战士们的生命安全与高管们的生命安全联系在一起,能有效激励降落伞公司提高管理水平和产品质量。

这三个故事,第一个是关于价值正义的分配问题,后面两个是关于价值正义的风险问题,价值既与劳动相关也与风险相关。

生产力是供给的物质力量,生产关系是供给的结构力量。生产力要求生产关系与之相适应,实质上是真理性要求人文性与之相适应的反映。如果生产关系能够适应生产力的发展要求,生产力就能够发展,经济就会繁荣,反之则生产力就会受到抑制,经济就会衰退。

《周易·贲卦·彖传》提出了“天文”与“人文”的概念,其中的天文就是真理。《周易·革卦·彖传》提出了“顺天”和“应人”的命题,其中的顺天就是遵循自然规律,应人就是遵循社会规律和人的天性,两者的总和就是遵循真理和尊重人文。在真理和人文的关系上,《道德经》的“人法地……道法自然”强调了人文遵循真理。《周易·乾文言》说“与天地合其德……后天而奉天时”,就是要求尊重真理,遵循客观规律,开时代先风而不违背规律,顺应发展潮流。这是对遵循真理的描述,所谓的“顺天”。《三国志·魏书》中记载曹操说只要“任天下之智力”又能“以道御之”就能“无所不可”,强调了人才的重要性,更提出了人文需要尊重真理的要求,这是“应人”。做到了“顺天”和“应人”就是遵循真理性和人文性,才是“道并行而不相悖”,才能“万物并育而不相害”。

生产力的核心是劳动者——包括群体与个人。我们需要通过主观正义激励个人的奋斗精神和协作精神,通过客观正义赋能个人的奋斗能力和协作能力,由此形成既有动力又有能力、既有奋斗又有协作的群体组织,群体力量由此凝聚,实现价值正义。因此,在制度建设上要重视以下五点:(1)坚持“法不诛心”,拒绝“原心定罪”。价值正义强调证据,强调真实的行为结果,不做没有证据的推论,拒绝仅凭偏好的裁定。这也是市场制度的原则之一。市场交易注重结果不看动机,市场上的讨价还价,讨论的是商品的质量和价格。(2)坚持“法因信立”。价值正义强调共识必须遵守,这是信诺,是契约精神,没有信诺就没有制度,所谓“民无信不立”。笔者认为,“执法不严”更甚于“无法可依”。无法可依是没有秩序的竞争或称原始状态的竞争,简单而粗暴,自然是没有效率,也谈不上公平。执法不严是“选择性执法”,更是绝对不公平,比无法可依更坏,本质上是对“法因信立”的严重破坏,是对制度建设的绝对破坏。(3)坚持“法不容情”与“法外开恩”的辩证统一,价值正义坚持“法因信立”,务必坚持“法不容情”,在制度的框架内务必严格执行规定,不能搞“法内开恩”,《道德经》也提出了“刍狗”说。但是,价值正义同时强调人文关怀,在制度框架之外要讲关怀,这就是“法外开恩”,《道德经》也提出了“损有余而补不足”。比如,对工作失误者要按照规定处罚,但是处罚之后还要关怀,不能一罚了之;对于考试不及格者不能靠说情就改为及格,但要给予关怀,加强辅导,帮助下次通过;甚至,对于服刑的犯人也要给予做人的基本尊严和权利。这些都是“法外开恩”而不是“法内开恩”,所谓“该罚的要罚,该奖的要奖,该关怀的要关怀”,这才是正义。(4)“严(执法的密度)”与“酷(执法的力度)”的辩证统一。经济学的研究发现,制度的严格比残酷更加有效,所以,在制度建设中需要优先考虑执法的密度,尽可能地不让违规者漏网。在处罚力度上,要考虑行为结果与处罚力度相当,所谓“行罚相当”,不能小错大罚约法三章说“伤人及盗抵罪”的“抵罪”就是行与罚要相当,自由裁量权不能随意行使。(5)坚持“立法在先”,反对“不教而诛”。这里的立法包括制度制定和制度宣传,立法不仅是制定制度的条文,更是将制度扎根于民众心中的过程,最终形成社会心理契约。本质上,“不教”就是没有完成立法的过程,就是没有进行社会心理立法,因而“诛”就没有依据。

二、社会化大生产带来高度的专业化

上面讨论的真理性和人文性都要求高度的专业化。其实,随着社会经济发展,人们的协作关系越加紧密,特别是进入高质量发展阶段,供需关系的匹配精度不断提高,专业化要求越来越高。专业化成为社会化大生产的重要支撑,也构成价值正义的重要内容。

(一)专业化的理解

1. 一个故事

几个朋友想在一起创业,他们想做两件事情,一是做旅游,二是开茶室。要注册公司,需要租房子,他们想顺便让自己有个喝茶的地方,且离他们的住处比较近。于是,他们定下三条原则:一是有利于办理旅游业务,二是有利于开办茶室,三是离家要近。

按照这三个条件,他们找了 3 年,始终没有找到。他们发现自己的要求比较高,能够满足一个原则的房子约为 1%,也就是说,他们看 100 套房子能有一套满足其中一个原则。他们知道自己的要求比较高,但他们决定不降低标准,而是继续寻找。

这个时候,一个旁听他们讨论的朋友说,你们的坚持可能没有意义,按照你们现在得出的所谓 1%的概率计算,能够找到同时满足你们三个要求的房子的概率是 1/1000000,也就是说你们看 100 万套房子才能找到能够同时满足你们三个要求的房子。按照你们现在看房的速度,每天不会看超过 100 套,你们至少要看 10000 天,即至少要看超过 27 年。

他们恍然大悟,开始讨论怎么办,其中一个朋友认为,一个项目的目标不能太多,多个目标应当配置多个项目。如果一个项目只是 2 个目标,大约 3 个月到 1 年应该就能找到,因此一个项目的目标不应该多于 2 个。将目标拆分成不同的独立项目,就能够有效实现目标。朋友们感悟道:戒贪是关键,专业化很重要,目标切忌过多。

2. 协作与专业化的关系

人们常用拼接水管来阐述协作与专业化的关系:每个人的劳动能力就像一张矩形的橡胶,协作就是把这些橡胶弯卷成橡胶圈——称之为管子,再把这些橡胶圈拼接成一根长管。在这里,橡胶的面积恒定,人的专业化水平就是橡胶的宽度,宽度越窄代表专业化水平越高,宽度越窄则长度越长,长度越长则弯卷成管子的管径越大。这根拼接的长管有几个特点:一是其中的最小管径决定了长管的流量,人们通常把这个原理称为木桶的短板原理,它在运筹学上被称为关键线路原理①。二是拼接中的重叠越少则成本越低,这在数学上被称为覆盖的划分原理,在经济学被称为冗余最小原理。三是橡胶的宽越短则弯卷所成的管径越大,管子的通量越大,这就是经济学的专业化原理。四是要拼接既定长

① 《运筹学》教材编写组.运筹学(第三版)[M].北京:清华大学出版社,2005:236-238,295-298.

度的管子，管径越大则每个管子的长度越短，需要的管子越多，且管子的通量与管径的平方数成正比。比如，长管 A 与长管 B 的长度相同，$2n$ 个管子拼接的长管 A 与 n 个管子拼接的长管 B 相比，A 的管径是 B 的管径的 2 倍，A 的通量是 B 的通量的 4 倍，A 的单位管子的通量是 B 的 2 倍，因为单位管子的通量=长管的通量/长管的管子数量。这在经济学上被称为规模经济，协作的规模越大，参与协作的人员越多，劳动效率越高。所以，专业化就是把更多的时间、汗水、心血和生命投入有限的领域，获得更多的知识、技能和灵感。为此，人们只能缩小工作领域，在更小领域形成更高时间密度。专业化的本质是"集中力量形成局部优势"，是"集中力量打歼灭战"原则的和平应用。

协作劳动能够极大提高专业化水平，提高劳动效率。专业化通过分工来实现，而协作能够推动分工和专业化。一方面是通过减少劳动技能的复杂度，提高劳动技能水平；另一方面是通过增加技能动作的重复数，提高劳动技能水平。因此，分工是协作的具体实现形式。其实，协作的效用不止于专业化技能提升。协作的三个核心效应是专业化、叠加和工具化。叠加指能力的叠加，协作能够超越个人能力，比如，一个人只能拉动 200 公斤的石头，10 个人就能拉动 2000 公斤的石头，那些需要 2000 公斤石头的工程就可以做了。工具化指专业化简化了劳动复杂度，更加有利于工具的制造和运用，而工具的制造和运用是提高劳动效率最重要的方面，这是生产力进步的标志。

在传统社会里，人们的专业化水平低，个人的技能数量众多，横向自由度大而纵向自由度小，人与人之间的技能重叠多，是多冗余覆盖。在现代社会，专业化的水平越高，个人的技能数量越少而质量越高，纵向自由度大而横向自由度小，人与人之间的技能重叠少，是少冗余覆盖，并趋向于无冗余划分。所以，专业协作降低了社会成本。与此同时，专业化使得个人的纵向自由加大而横向自由变小，个人的技能数量减少则技能水平提高，在协作模式下提高了劳动效率，社会创造财富的能力提高了。

(二)专业化与分散风险的关系

1. 关于分散风险的理论

1952年，马柯维茨发表论文"Portfolio Selection"①，证明了：给定 n 个独立项目资产，各资产收益率为随机变量 r_i，其期望值为 R_i。设各资产组合投资额占总投资额的权重为 w_i，且 $\sum_{i=1}^{n} w_i = 1, w_i \geqslant 0$；资产组合收益率为随机变量 $r = \sum_{i=1}^{n} w_i r_i$，记 r 的期望值为 $\bar{R} = WR^T = \sum_{i=1}^{n} w_i R_i$。设 r_i 对其期望值 R_i 的标准差为 σ_i，资产 i 与资产 j 的协方差为 $\sigma_{ij} = \rho_{ij}\sigma_i\sigma_j$，其中，$\rho_{ij}$ 是 r_i 与 r_j 的相关系数。所以，n 种资产的协方差矩阵 $E = [\sigma_{ij}]$，E 为风险矩阵，具有正定性。n 种资产组合投资收益率 r 的标准差 $\sigma = (WEW^T)^{\frac{1}{2}}$ 或 $\sigma^2 = WEW^T$。在上述条件下，资产组合投资可行集为 $\varphi = \{W | \sum_{i=1}^{n} w_i = 1, w_i \geqslant 0\}$，由模型6-2-1确定；对于一定的期望收益率 $\bar{R}$，最小标准差 σ 由模型6-2-2确定，它们在 $\sigma - \bar{R}$ 平面上的映射如图6-1所示。

马氏证明了：(1)可行域GAL是凸集；(2)有效边界AG具有这样的性质：对给定的 $\bar{R}$，AG上的 σ 在GAL中最小；对给定的 σ，AG上的 $\bar{R}$ 在GAL中最大。从数学形式上证明了分散风险的经验——"不要把所有鸡蛋放在同一个篮子里"，进而提出了定量分析分散风险的方法。

模型6-2-1：$\begin{cases} \sigma^2 = WEW^T \\ \bar{R} = WR^T, W = \varphi \end{cases}$

模型6-2-2：$\begin{cases} min\sigma^2 = WEW^T \\ \bar{R} = WR^T \\ FW^T = 1 \\ W \geqslant 0 \end{cases}$

① Markowitz H.M., Portfolio Selection[J]. The Journal of Finance, 1952, 7(1): 77-91.

其中,$F=(1\cdots1)$,是 n 维单位向量。

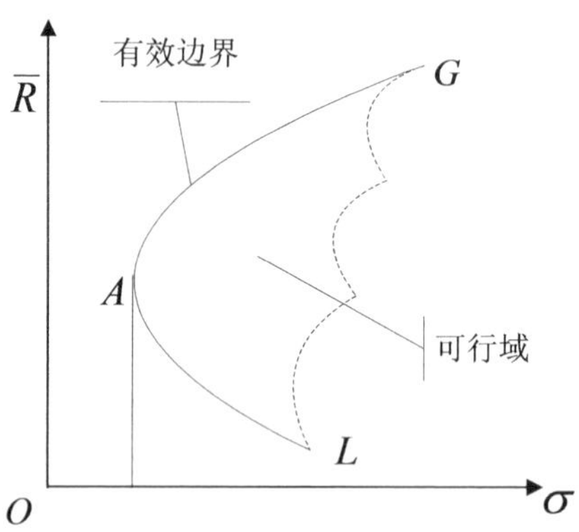

图 6-1 有效边界与可行集的映射域

2. **分散风险的方差风险系数讨论**

马氏的理论以方差作为风险系数来展开讨论。其实,以方差作为风险系数,分散风险的原理还可得到资产组合的凹性及其可行域的凸性支持。用数学描述如下①:

(1)令 $\sigma_{XY}=\alpha\sigma_x+(1-\alpha)\sigma_Y=\alpha(XEX^T)^{\frac{1}{2}}+(1-\alpha)(YEY^T)^{\frac{1}{2}}$

$\sigma_{XY}^2=\alpha^2\sigma_x^2+(1-\alpha)^2\sigma_Y^2+2\alpha(1-\alpha)\sigma_x\sigma_Y$

$\sigma_Z^2=\alpha^2\sigma_x^2+(1-\alpha)^2\sigma_Y^2+2\alpha(1-\alpha)\rho_{XY}\sigma_x\sigma_Y$,$|\rho_{XY}|\leqslant1$

$\sigma_{XY}<\sigma_Z$。这是资产组合风险曲线的凹性。

(2)设 $X,Y\in\varphi$,则 $\alpha X+(1-\alpha)Y\in\varphi$;令 $Z=\alpha X+(1-\alpha)Y\in\varphi$

则 $\sigma_Z=(ZEZ^T)^{\frac{1}{2}}$,$(\sigma_Z,Z)\in GAL$。这是资产组合可行域 GAL 的凸性。

若以方差度量风险,则由上面(1)和(2)两点可知,资产组合曲线满足一阶风险占优条件,即,收益-风险曲线中,风险对收益的导数递减。因此,以方差度量风险时,资产组合能够分散风险。

① 赵禹骅.信贷管理中的风险控制方法研究[D].上海:同济大学,2004:93-98.

3. 分散风险的一阶风险系数讨论

对风险度量比较公认的标准是一阶风险系数①,方差也是一种一阶风险系数。用一阶风险系数讨论分散风险的问题,数学描述如下:

设有风险系数 θ 不相同但期望收益率相同的两个独立项目 A 和 B,项目 A 的风险系数为 θ_A,期望收益为 E_A;项目 B 的风险系数为 θ_B,期望收益为 E_B;设 $\theta_A>\theta_B$ 且 $E_A=E_B$。设定规避一阶风险的基本偏好,则必然会选择项目 B。故,风险系数 θ 也称一阶风险系数。θ 具有以下性质:

设有两个独立项目 A 和 B,给定条件 $R\in[a,b]$;$\int_a^b dF=1$。定义函数 $S(y)=\int_a^y[F_A(R)-F_B(R)]dR, y\in[a,b]$ 且 $\theta_A>\theta_B\Leftrightarrow S(y)\geqslant 0$,任意 $y\in[a,b]$。

定理:设方差 $D=\sigma^2$,收益率为随机变量 R,概率分布为 F,给定独立项目 A 和 B,若存在下面两个条件:

条件 1:期望收益率相等,即有

$E=E_A=\int_a^b RdF_A(R)=\int_a^b RdF_B(R)=E_B$;

条件 2:风险系数不同,即,$\theta_A>\theta_B$。

则 $D_A\geqslant D_B$

证明:

由 θ 性质知,(1) $S(a)=0, S(b)=0$。

(2)由方差定义知,$D=\int_a^b R^2dF(R)-E^2$

(3)令 $T(x)=\int_a^x S(y)dy, x\in[a,b]$ 则 $T(a)=0, T(b)\geqslant 0$.

(4) $0\leqslant T(b)=\int_a^b S(y)dy=[bS(b)-aS(a)]-\int_a^b ydS(y)$

因为,$S(a)=0, S(b)=0, F(b)=1, F(a)=0, E=EA=EB$

有 $T(b)=-\int_a^b ydS(y)=-\int_a^b yd\{\int_a^y[F_A(R)-F_B(R)]dR\}=\int_a^b y[F_A(y)-F_B$

① Rothschild M.and Stiglitz J.E., Increasing Risk: I, A Definition[J].Journal of Economic Theory, 1970, 2: 225-243.

$(y)]dy$。

由题设有$\int_a^b y[F_A(y)-F_B(y)]dy=\frac{1}{2}[D_A-D_B]\geqslant 0$.

所以 $D_A\geqslant D_B$,证毕。

4. 分散风险与专业化的讨论

减小方差是控制风险的必要条件,尽管它不是充分条件。因而,以资产组合降低方差,有利于缩小风险变动的空间,有益于控制风险。

分散风险与专业化似乎存在矛盾,但是,要注意分散风险的"独立"条件,所谓独立就是没有内在的关联。所以,上面的讨论都基于方差或一阶风险系数的不变性,就是在整个讨论过程中每种项目资产的方差或一阶风险系数都没有变化,这是严格的独立性假设。

其实,在人们的知识学习和技能锻炼上,在企业的多种业务经营上,都存在资源竞争问题。比如,人们的知识学习就存在时间竞争,没有人能够有无限的时间。在资源竞争的条件下,上面的独立性条件不能够满足,每一个项目都加剧了其他项目的风险,总体风险自然加大而不是分散。所以,从严格逻辑上看,分散风险的论证过程恰好证明了专业化的重要意义。《道德经》里早就说过"知者不博,博者不知"。

三、社会化大生产要求高水平的市场均衡

供给的内容丰富,但回归到本质还是商品的供给,商品是用于交换的劳动产品,包括生活资料和生产资料。生产有了群众路线和技术路线的强大支撑,就形成了社会化大生产,市场规模越来越大,市场均衡变成极其重要的经济约束问题,构成价值正义的本质内涵。

(一)市场均衡的流量方程

世界的问题大体划分为结构与流量,人们通常用哲学工具来研究结构,用

数学工具来研究流量。马克思在《资本论》中运用两大部类构建了市场均衡的流量方程组,揭示了市场经济内在的结构与流量及其相互关系,揭示了简单再生产和扩大再生产的经济学原理,揭示了价值的创造过程及其市场均衡条件,对理解价值逻辑,构建价值分析框架具有基础性的意义。

1. 市场均衡的基本模型

马克思在《资本论》提出资本循环、简单再生产、扩大再生产、货币流通等分析工具,可以整理以下一个循环三组方程:

(1)简单再生产

$$\begin{cases} \text{I}(v+m)=\text{II}(c) \\ \text{I}(c+v+m)=\text{I}(c)+\text{II}(c) \\ \text{II}(c+v+m)=\text{I}(v+m)+\text{II}(v+m) \end{cases}$$

(2)扩大再生产

$$\begin{cases} \text{I}(v+\Delta v+mx)=\text{II}(c+\Delta c) \\ \text{I}(c+v+m)=\text{I}(c+\Delta c)+\text{II}(c+\Delta c) \\ \text{II}(c+v+m)=\text{I}(v+\Delta v+mx)+\text{II}(v+\Delta v+mx) \end{cases}$$

2. 变量说明

Ⅰ是第一部类,生产资料的部门,比如,生产钢铁的部门。

Ⅱ是第二部类,生活资料的部门,比如,生产大米的部门。

c 是不变资本,除了工资之外的生产投入,反映非劳动要素的投入,资本对非劳动要素的预付,包括生产物料、中间产品、固定资产和机器装备,本质上是物化劳动。

Δc 是在扩大再生产中,不变资本的增量。

v 是可变资本,工资部分,资本对劳动的预付,反映劳动要素的投入,本质上是活劳动的投入。

Δv 是在扩大再生产中,可变资本的增量。

m 是剩余价值,劳动剩余中的生产者剩余,在社会再生产中分解为 $m=\Delta c+$

$\Delta v+mx$，即，剩余价值可以用于扩大再生产的不变资本追加、可变资本追加、非劳动者消费。

mx 是剩余价值中投资追加之后的价值剩余，非劳动的消费部分，主要包括了资本所有者的消费、社会福利。

3. 关于变量的追加与说明

W 是总投入，$W=c+v$；

Y 是总产出，$Y=c+v+m$；

Δ 是追加投资，$\Delta=\Delta c+\Delta v$，来自剩余价值；

β 是资本有机构成，$\beta=\Delta c/\Delta v$；

α 是剩余价值投资比率，简称剩余投资率。$\alpha=\Delta/m$，有 $0\leqslant\alpha\leqslant1$。当 $\alpha=0$ 时是简单再生产，当 $\alpha=1$ 时是按劳分配的扩大再生产。这里有 $1-\alpha=mx/m$，是非劳动消费占剩余价值的比重，称非劳动消费率。

δ 是剩余价值率，$\delta=m/v$，即，剩余价值与劳动预付的比率。

r 是利润率，$r=m/(c+v)$，即，利润率是剩余价值与全部预付资本的比率；利润与剩余价值等价，但利润率不等于剩余价值率。

4. 关于流量方程组的简要说明

（1）两大部类的划分揭示了市场经济的内在结构，这种结构形成的二元关系是最简约的结构关系，有助于研究分析流量及其流量与结构的关系。

（2）从方程组看，这里明确表示了角色、财富和资本的两分。角色分为资产者与劳动者。财富分为：生活资料——财产，生产资料——资产。资本分为：可变资本和不变资本。资产是资本的财富形式，资本是资产的货币形式。这里要注意区分资本的三种形态：货币资本、商品资本和生产资本。

（3）方程表明无产者就是劳动者，但劳动者未必就是无产者。无产者没有生产资料，全部收入又来源于劳动。劳动者的全部收入来源于劳动，但可以有自己的生产资料，比如，小生产者、有地自耕农等，他们有一定的生产资料，但全部收入来源于劳动。无产者不是没有财产，只是没有资产——生产资料，因而全部收入都来源于劳动(v)。资产者的收入来源于资本收益(mx),不是劳动收入。这个问题在第一章已经讨论。

(4)资产者不能完全占有 m,他需要追加投资,需要缴纳税金。所以,还需要讨论方程组的剩余价值的内涵,什么情况下它是市场剩余价值,什么情况下它是社会剩余价值,由此,需要进一步讨论社会公共产品问题。这个问题在第一章已经讨论。

(二)两角色三市场的社会生产流量图

1. 基于流量方程组的社会生产循环图

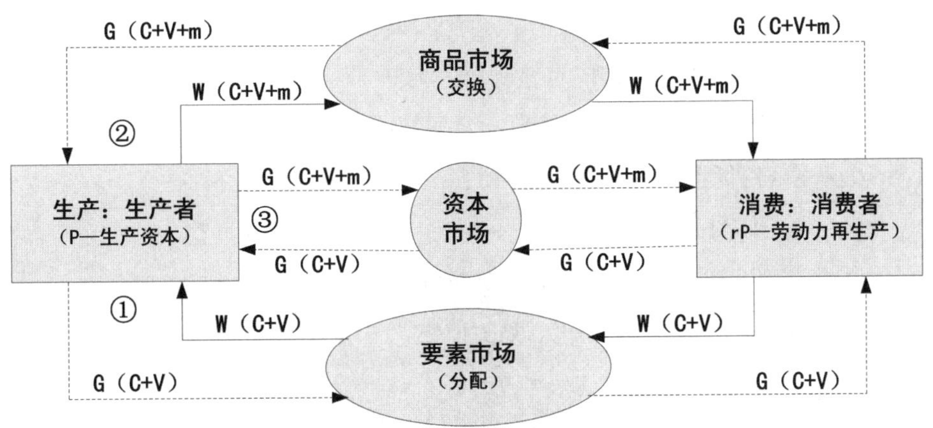

图 6-2　两角色三市场的社会化大生产循环流量图

注:实线代表要素、商品、劳务等物的流动,虚线代表货币的流动。两种角色(消费者、生产者)+三种市场(商品市场、要素市场、资本市场)+两种经济(实体经济、虚拟经济)

2. 流量方程组内涵的资本循环

公式:$G—W\cdots P\cdots W'—G'$

其中,商品额 $W=A+P_m$;

G 是货币资本;

W 是商品资本;

P 是生产资本。

其中,环节①是购买 $G—W$,购买环节是货币资本转化为商品资本;环节②是销售 $W'—G'$,销售环节是商品资本转化为货币资本;P 是购买环节与销售环节之间的生产环节,生产环节的资本是生产资本,经过生产环节,生产资本转化为商品资本。

注释:$W=A+P_m$,A 表示劳动力,P_m 表示生产资料。其中,P 代表生产,m 代表剩余价值,因此 P_m 表示生产资料都是剩余价值的转化。它源自劳动成果,因此也称为物化劳动。所以,生产过程就是劳动力对自然力的驭使,是活劳动与物化劳动的结合,其中的物化劳动越来越多,科技含量越来越高,劳动效率也因此不断提高。

3. 复式记账与风险说明

(1)购买环节①的复式记账

G:$-(c+v)$;货币资本 G 减少$(c+v)$;

W:$+(c+v)$;商品资本 W 增加$(c+v)$。

说明:购买行为结果是总资本不变,即 $G+W=-(c+v)+(c+v)=0$。

(2)生产环节资本形态变化的复式记账

W:$-(c+v)$;商品资本 W 减少$(c+v)$;

P:$+(c+v)$;生产资本 P 增加$(c+v)$。

说明:资本逻辑变化结果是资本不变,即 $W+G=-(c+v)+(c+v)=0$。这里只是企业管理会计的内部记账。它表明,购买回来的商品资本 W 就是生产资本 P。

(3)生产过程资本及其风险变化的复式记账

P:$-(c+v)$;生产资本 P 减少$(c+v)$;

W:$+(c+v+m)$;商品资本 W 增加$(c+v+m)$;

R:$+m$;资本风险 R 增加 m,风险是资本的减项。

说明:生产过程风险资本增值,但风险也在增加。$m=(c+v+m)-(c+v)$,m

称为利润,也称剩余价值。资本增值,但风险增长,剔除潜在风险的总资本不变:$(c+v+m)-(c+v)-m=0$。这里表明,剩余价值在生产过程中创造,但是资本的风险增加了,其原因是:从生产资本 P 到商品资本 W,物品的专用性增加了,物品的效率提高,效用因而增加,使用价值增加;但与此同时,物品的通用性减低了,物品的普适性下降,从而风险增加,存在价值损失的不确定性。这种风险被马克思称为"惊险的跳跃"①。

(4)销售环节②的复式记账

W:$-(c+v+m)$;商品资本 W 减少 $(c+v+m)$;

G:$+(c+v+m)$;货币资本 G 增加 $(c+v+m)$;

R:$-m$;资本风险减少 m,风险是资本的减项。

说明:销售环节的总资本没有变,$W+G=-(c+v+m)+(c+v+m)=0$;但是,总资本的风险降低了 m,因为,销售过程完成了生产者的价值实现,风险消除了。所以,(3)(4)两步从风险创造到风险消除,实现了资本的增值。其中,生产过程(3)是资本增长的价值创造,销售过程(4)是资本增长的价值实现,两者共同构成完整的资本增值过程。由此,劳动剩余——剩余价值被创造出来了。

(5)资本循环③的复式记账及其资本增值幻象

资本 G:$+(c+v)$;资本 G 增加 $(c+v)$,投资构成企业的资本增加;

资本 G:$-(c+v+m)$;资本 G 减少 $(c+v+m)$,分红构成企业的资本减少。

说明:企业获得投资,归还投资,分配红利,所有者权益增加,这就是剩余价值 m。这在逻辑抽象上似乎如此,但在现实中企业永续经营,$(c+v)$ 部分没有实际发生,真实发生的只有剩余价值 m 的创造和分配。这里出现了一个幻象:投资形成了剩余价值。但是,从上面的分析可以看出,这是一个抽象导致的不真实的幻觉,我们称为资本增值幻象,把生产过程的劳动增值幻想成了资本的自然增值。

---

① 马克思.资本论:第一卷[M].北京:人民出版社,1975:124.

（三）流量方程组内含的两个基本方程

1. 货币流通方程

方程：$M \cdot V = P \cdot Q$

M 是流通中货币量；

V 是流通中货币周转率；

P 是流通中商品价格；

Q 是流通中商品总量。

说明：这个方程被称为费雪方程[①]。注意，流通中货币量用符号 M，劳动剩余用符号 m。

2. 流量方程组所内含的生产函数

生产函数：$Y=A(T) \cdot F(L,C)$，这是第一章三因子模型的简化。

Y 为产出；

L 为劳动力（Labor），$L=L(v)$，劳动力是工资总量的函数；

C 为资本（Capital），即生产资料的投资；

T 为技术（technology），投资中的研发部分，包括研发的 $c+v$；

$A(T)$ 为效率（TFP，Total Factor Productivity），即全要素生产率；

$F(L,C)$：增加 L 和 C 推动的经济增长称数量型增长；

$A(T)$：创新 T 而提高 A 的经济增长称效率型增长。

（四）流量均衡方程的说明

1. 简单再生产方程说明

第一部类以钢铁为代表，第二部类以粮食为代表，对两组社会再生产的方程说明如下：

---

① Irving Fisher. The Purchasing Power of Money [M]. New York: The MacMillan Company, 1911: 21.

(1) Ⅰ$(v+m)=$ Ⅱ(c)

解释:第一部类用于消费资料的货币等于第二部类用于生产资料的货币。

举例:货币(钢铁部门消耗的粮食)=货币(粮食部门消耗的钢铁)。

说明:钢铁生产部门需要消费粮食,这些粮食需要从市场上购买,购买这些粮食的货币来源于钢铁生产部门在市场上销售的钢铁;粮食生产部门需要消费钢铁,这些钢铁需要从市场上购买,购买这些钢铁的货币来源于粮食生产部门在市场上销售的粮食;钢铁生产部门用于购买粮食的货币等于粮食生产部门用于购买钢铁的货币,即,钢铁生产部门用于购买粮食的货币=粮食生产部门用于购买钢铁的货币,简单记录为:货币(钢铁部门消耗的粮食)=货币(粮食部门消耗的钢铁)。

(2) Ⅰ$(c+v+m)=$ Ⅰ$(c)+$Ⅱ(c)

解释:第一部类的生产规模应该与两大部类对生产资料的需求相适应。

举例:货币(钢铁部门的全部所得)=货币(钢铁部门消耗的钢铁)+货币(粮食部门消耗的钢铁)。

等价:市场上销售的钢铁总量=钢铁部门(自身)消耗的钢铁量+粮食部门消耗的钢铁量。即,市场上销售的钢铁总量=钢铁部门(自身)消耗的钢铁量+粮食部门购买的钢铁量。

说明:钢铁部门所得的全部货币=钢铁部门(自身)消耗钢铁所用的货币+粮食部门消耗钢铁所用的货币,即,完全消耗,这就是简单再生产。

(3) Ⅱ$(c+v+m)=$ Ⅰ$(v+m)+$Ⅱ$(v+m)$

解释:第二部类的生产规模应该与两大部类对消费资料的需求相适应。

举例:货币(粮食部门的全部所得)=货币(钢铁部门消耗的粮食)+货币(粮食部门消耗的粮食)。

等价:市场上销售的粮食总量=钢铁部门消耗的粮食量+粮食部门(自身)消耗的粮食量。即,市场上销售的粮食总量=钢铁部门购买的粮食量+粮食部门自身消费的粮食量。

说明:粮食部门所得的全部货币=钢铁部门消耗粮食所用的货币+粮食部门(自身)消耗粮食所用的货币,即,完全消耗,这就是简单再生产。

2. 扩大再生产方程

(1) $\mathrm{I}(v+\Delta v+mx)=\mathrm{II}(c+\Delta c)$

解释:第一部类的消费(可变资本、追加的可变资本与非劳动消费之和)=第二部类的投资(不变资本与追加的不变资本之和相适应)。第一部类的消费来源于第二部类,第二部类的投资来源于第一部类。

举例:货币(钢铁部门消耗的粮食)=货币(粮食部门消耗的钢铁)

等价:钢铁部门购买粮食所用货币(原有规模消耗的粮食+新增规模消耗的粮食+资本家消耗的粮食)=粮食部门购买钢铁所用货币(原有规模消耗的钢铁+新增规模消耗的钢铁)。两者通过交换实现,在价格上相等。

(2) $\mathrm{I}(c+v+m)=\mathrm{I}(c+\Delta c)+\mathrm{II}(c+\Delta c)$

解释:第一部类的总收入=第一部类购买的生产资料+第二部类购买的生产资料。所以,两大部类的生产规模要相适应。

举例:钢铁部门的总收入=钢铁部门(自身)消耗钢铁的货币量+粮食部门购买钢铁的货币量。

等价:钢铁部门流通的钢铁总量=钢铁部门(自身)消耗的钢铁量+粮食部门购买的钢铁量。(注:钢铁部门生产更多的钢铁则转化为库存,没能进入市场完成交易。)

(3) $\mathrm{II}(c+v+m)=\mathrm{I}(v+\Delta v+mx)+\mathrm{II}(v+\Delta v+mx)$

解释:第二部类的总收入=第一部类购买的生活资料+第二部类(自身)购买的生活资料。多余的生产不能实现市场价值,所以,两大部类的生产规模需要相适应。

举例:粮食部门实现的总收入=钢铁部门购买粮食的货币量+粮食部门(自身)消耗粮食的货币量。

等价:粮食部门实现的总交易量=钢铁部门购买的粮食量+粮食部门(自

身)消耗的粮食量。

3. **简单再生产与扩大再生产的比较与分析**

(1)两大部类的交换实现条件

简单再生产:Ⅰ$(v+m)=$ Ⅱ(c)

扩大再生产:Ⅰ$(v+\Delta v+mx)=$ Ⅱ$(c+\Delta c)$

这两个等式表明,资源供给和市场需求都是产业发展的约束条件,所以,在社会生产中,一是生产资料需要优先发展,更多的生产资料构成更大的生产能力;二是市场容量决定产业规模,关联产业之间需要协调发展。

从简单再生产转向扩大再生产时,由于 $m=\Delta c+\Delta v+mx$,Ⅰ$(v+m)>$Ⅰ$(v+\Delta v+mx)$。这两个等式还表明,第二部类的投资需要按照第一部类收缩的生活资料规模安排生产,即,第一部类的生活资料规模决定第二部类的投资规模,这是市场容量决定产业规模的具体表现。

(2)第一部类的市场均衡条件

简单再生产:Ⅰ$(c+v+m)=$ Ⅰ$(c)+$Ⅱ(c)

扩大再生产:Ⅰ$(c+v+m)=$ Ⅰ$(c+\Delta c)+$Ⅱ$(c+\Delta c)$

在扩大再生产方式下,第一部类的均衡规模扩大了,增长量为Ⅰ$(\Delta c)+$Ⅱ(Δc)。

(3)第二部类的市场均衡条件

简单再生产:Ⅱ$(c+v+m)=$ Ⅰ$(v+m)+$Ⅱ$(v+m)$

扩大再生产:Ⅱ$(c+v+m)=$ Ⅰ$(v+\Delta v+mx)+$Ⅱ$(v+\Delta v+mx)$

在扩大再生产方式下,第二部类的均衡规模缩小了,缩减量为Ⅰ$(\Delta c)+$Ⅱ(Δc)。第一部类的增加量就是第二部类的缩减量,人们节衣缩食增加生产资料的生产,把更多的资源用于发展生产力。

(4)简单再生产与扩大再生产的均衡

考察(3)(4)可以看出,在扩大再生产方式下,第一部类的规模增长量等于第二部类的规模缩减量,两种社会再生产的初始状态相同,即,初始状态的社会生产规模相同。

在保障生存的前提下,扩大再生产的原则是优先发展生产资料,优先发展生产力,通过扩大再生产追加投资,把更多的资源优先投入生产资料的生产,着力提高生产效率,扩大剩余价值,从而不断扩大社会生产的总规模。这里注意,保障生存是基本前提,是价值正义的第一原则。

(五)简单再生产方式的算例

假定初始情况为 4000c+1000v+1000m=6000,即,第一部类的生产资料为4000,劳动预付 1000,剩余价值 1000,可得:资本构成为 4∶1,剩余价值率 1∶1。

计算两大部类交换量Ⅱ(c)=Ⅰ(v+m)=1000+1000=2000;按照 4∶1 的资本构成计算得第二部类劳动预付 $v=500$,按照 1∶1 的剩余价值率计算得第二部类剩余价值 $m=500$,剩余价值全部用于消费,即 $mx=m=500$。整理得两大部类交换量及其各项投入如下[①]:

$$\text{投入}\begin{cases} \mathrm{I}\,(v+mx)=\mathrm{II}\,(c)=2000 & (1)\\ \mathrm{I}:4000c+1000v+1000mx=6000 & (2)\\ \mathrm{II}:2000c+500v+500mx=3000 & (3)\end{cases}$$

整理得两大部类交换量及其各项产出如下:

$$\text{产出}\begin{cases} \mathrm{I}\,(v+m)=\mathrm{II}\,(c)=2000 & (1)\\ \mathrm{I}:4000c+1000v+1000m=6000 & (2)\\ \mathrm{II}:2000c+500v+500m=3000 & (3)\end{cases}$$

在简单再生产方式下,社会生产始终以这样的规模循环生产。

(六)扩大再生产方式的算例

1. 初始阶段

初始条件:4000c+1000v+1000m=6000。剩余价值的 50%用于追加投资,第

① 马克思.资本论:第二卷[M].北京:人民出版社,1975:440-441.

一部类的剩余价值Ⅰ$(m)=1000$,计算得追加投资Ⅰ$(\Delta)=$Ⅰ$(\Delta v+\Delta c)=500$,按照4∶1的资本有机构成,生产资料追加Ⅰ$(\Delta c)=400$,劳动预付追加Ⅰ$(\Delta v)=100$,非劳动消费Ⅰ$(mx)=$Ⅰ$(m-\Delta)=500$,得到方程(2);根据方程计算两大部类交换量Ⅰ$(v+m)=$Ⅱ$(c)=1600$;根据Ⅱ$(c)=1600$计算得到根据Ⅱ$(v)=400$,按照50%的非劳动消费率计算得Ⅱ$(mx)=500\times50\%=250$,这里的500来自上面的简单再生产,这里假设扩大再生产过程从简单再生产过程开始。得到两大部类交换量及其各项投入与追加量为:

$$
1\text{投入}\begin{cases}\text{Ⅰ}(v+mx)=\text{Ⅱ}(c)=1600 & (1)\\ \text{Ⅰ}:(4000c+400\Delta c)+(1000v+100\Delta v)+500mx=6000 & (2)\\ \text{Ⅱ}:1600c+400v+250mx=2250 & (3)\end{cases}
$$

注意方程(3),这里只有2250,小于3000,有750的投资没有实现,出现了投资需求不足,社会资源没有充分利用。整理得两大部类交换量及其各项投入为:

$$
1\text{投入}\begin{cases}\text{Ⅰ}(v+mx)=\text{Ⅱ}(c)=1600 & (1)\\ \text{Ⅰ}:4400c+1100v+500mx=6000 & (2)\\ \text{Ⅱ}:1600c+400v+250mx=2250 & (3)\end{cases}
$$

按照1∶1的剩余价值率计算得到Ⅱ$(m)=400$,两大部类交换量及其各项产出为:

$$
1\text{产出}\begin{cases}\text{Ⅰ}(v+mx)=\text{Ⅱ}(c)=1600 & (1)\\ \text{Ⅰ}:4400c+1100v+1100m=6600 & (2)\\ \text{Ⅱ}:1600c+400v+400m=2400 & (3)\end{cases}
$$

这里注意,第二部类是第一部类的函数,其生产规模由第一部类决定。在扩大再生产方式中,由于扩大了投资,减少了消费,因此第一部类的规模增大了,这里从6000增加到6600,增量为600;第二部类的规模减小了,这里从3000减少到2400,增量为-600;社会生产的总规模没有变,因为第一部类的增加量等于第二部类的减少量。因此,扩大再生产本质上也表现了经济发展的"舍得":

有舍有得,扩张应该扩张的,缩减应该缩减的,正如《道德经》里的一句话所讲的,“将欲取之,必先予之”。

2. **循环阶段**

第一部类由于扩大了生产规模,得到的剩余价值为 1100 元,但是第二部类的剩余价值只有 400 元。此时的生产条件变为:4400c+1100v+1100m=6600。在新的生产条件下,社会组织新一轮的生产活动。计算得到两大部类交换量及其各项投入为:

$$2\text{投入}\begin{cases}\text{I}(v+mx)=\text{II}(c)=1760 & (1)\\ \text{I}:(4400c+440\Delta c)+(1100v+110\Delta v)+550mx=6600 & (2)\\ \text{II}:(1600c+160\Delta c)+(400v+40\Delta v)+200mx=2400 & (3)\end{cases}$$

整理得到:

$$2\text{投入}\begin{cases}\text{I}(v+mx)=\text{II}(c)=1760 & (1)\\ \text{I}:4840c+1210v+550mx=6600 & (2)\\ \text{II}:1760c+440v+200mx=2400 & (3)\end{cases}$$

按照 1∶1 的剩余价值率计算得到,第一部类的剩余价值为 1210,第二部类的剩余价值为 440。得到两大部类交换量及其各项产出为:

$$2\text{产出}\begin{cases}\text{I}(v+mx)=\text{II}(c)=1760 & (1)\\ \text{I}:4840c+1210v+1210m=7260 & (2)\\ \text{II}:1760c+440v+440m=2640 & (3)\end{cases}$$

这一轮的社会生产中,第一部类为 4840c+1210v+1210m=7260 元;第二部类为 1760c+440v+440m=2640 元。在此条件下,社会组织新一轮的生产活动:

$$3\text{投入}\begin{cases}\text{I}(v+mx)=\text{II}(c)=1936 & (1)\\ \text{I}:(4840c+484\Delta c)+(1210v+121\Delta v)+605mx=7260 & (2)\\ \text{II}:(1760c+176\Delta c)+(440v+44\Delta v)+220mx=2640 & (3)\end{cases}$$

整理得出各项生产投入及其两大部类交换量为:

$$3\text{投入}\begin{cases}\text{I}(v+mx)=\text{II}(c)=1936 & (1)\\ \text{I}:5324c+1331v+605mx=7260 & (2)\\ \text{II}:1936c+484v+220mx=2640 & (3)\end{cases}$$

按照 1∶1 的剩余价值率计算,第一部类的剩余价值 1331,第一二部类的剩余价值 484,得到两大部类交换量及其产出为:

$$3\text{产出}\begin{cases}\text{I}(v+mx)=\text{II}(c)=1936 & (1)\\ \text{I}:5324c+1331v+1331m=7986 & (2)\\ \text{II}:1936c+484v+484m=2904 & (3)\end{cases}$$

这一轮的社会生产中,第一部类产出为 5324c+1331v+1331m=7986 元;第二部类为 1936c+484v+484m=2904 元。在此条件下,社会组织新一轮的生产活动……

(七)方程的含意

1. 舍得

有舍有得,先舍后得,经济发展就是做大剩余价值,做大消费资料,改善生存状况,改善生活条件。但是,需要优先发展生产资料,做大消费资料的生产能力。在保障生存的条件下,需要适度减少生活资料的生产,投入更多的资源优先发展生产力,这样后来的生活资料才能够生产更多。

2. 考虑变量关系:$m=\Delta+mx$,$\Delta=\Delta c+\Delta v$,$\alpha=\Delta/m$

α 是剩余投资率,α 越大则追加投资额 Δ 越大,非劳动消费 mx 越小,产业投资越大,经济增长越快。其中,(1)当 $\alpha=0$ 时,追加投资 $\Delta=0$,是简单再生产,经济没有增长;(2)$0<\alpha<1$ 时,追加投资 $0<\Delta<m$,是一般扩大再生产,经济不断增长。其中,设 $0<\alpha_1<\alpha_2<1$ 时,追加投资 $0<\Delta_1<\Delta_2<m$,$0<mx_2<mx_1<m$,则经济增长率 $\lambda_1>\lambda_2$,即是说,在其他条件相同时,经济增长率 λ 与剩余投资率 α 正相关,记为 $\lambda(\alpha)$ 有 $\partial\lambda/\partial\alpha>0$,即经济增长率 λ 是剩余投资率 α 的单调递增函数;(3)$\alpha=1$ 时,追加投资 $\Delta=m$,非劳动消费 $mx=0$,剩余价值全部用于追加投资,

没有非劳动消费,社会生产表现为纯粹按劳分配,社会资源被最充分地动员起来投入生产,经济增长率达到最大值。

综上所述,纯粹按劳分配实现了最大化的劳动激励,社会劳动资源的动员力达到最大,社会经济增长水平最高,而社会发展的根本追求就是最高的增长水平,所以,纯粹按劳分配优于一般按劳分配,这个结论从数学逻辑上证明了马克思在《共产党宣言》中指出的"两个必然"[①]。但是,采用纯粹按劳分配的前提是能够有效解决逆向选择和道德风险带来的问题(这些问题在第二章"信息结构"中已经讨论了),因此,在现实的科技和生产力发展阶段,人们不是采用纯粹按劳分配,而是采用一般按劳分配,按劳分配为主体、多种分配方式并存,劳动、管理、资本、技术、土地等各种生产要素参与分配,并且充分反映各自按市场评价的贡献。这在逻辑上契合了马克思在《政治经济学批判》(第一分册)中指出的"两个决不会"[②]。进一步考虑市场势力问题(下一章讨论),可以明确,人们反对资本主义,不是反对资本,更不是反对资本工具。在实现的生产力水平下,坚持按劳分配为主体的多种分配形式,实现产品有市场、消费有收益(这里指消费者剩余)、投资有回报、企业有利润、员工有收入、政府有税收,按照市场评价的贡献共享劳动剩余,这就是价值正义。

3. 关于 λ、c、v 的关系

经济增长率 λ 与不变资本 c 正相关,有 $\partial\lambda/\partial c>0$,$\lambda$ 是 c 的单调递增函数,这是生产资料优先发展的理论依据。记劳动生产率为 λ_v,是由劳动贡献的经济增长率,上面的 $\partial\lambda/\partial c>0$ 还蕴含了 $\partial\lambda_v/\partial c>0$,即劳动生产率 λ_v 与生产资 c 料正相关,这个结论可以用要素投入的边际递减原理来解释:更多的生产资料与一定的劳动相结合,则劳动效率更高,但是,边际劳动效率下降。

---

① 即"资产阶级的灭亡和无产阶级的胜利是同样不可避免的"。马克思,恩格斯.共产党宣言[M].北京:人民出版社,1997:40.

② 即"无论哪一个社会形态,在它们所能容纳的全部生产力发挥出来以前,是决不会灭亡的;而新的更高的生产关系,在它存在的物质条件在旧社会的胎胞里成熟以前,是决不会出现的"。马克思.马克思、恩格斯全集:第十三卷·政治经济学批判(第一分册)[M].北京:人民出版社,1962:9.

4. 关于有机构成 $\beta=c:v$ 的关系

一方面,对于劳动生产效率 $\lambda_v(c)$,有 $\partial\lambda_v/\partial c>0$,即劳动生产率与生产资料总量正相关,生产资料总量 c 越大,则劳动生产率 λ_v 也越大;另一方面,剩余价值 m 是劳动力的函数,对于 $m(v)$,有 $\partial m/\partial v>0$,令边际剩余价值率 $\gamma=\partial m/\partial v>0$,则在线性假定下有剩余价值率 $\gamma=m/v>0$,即 $m=\gamma\cdot v$。所以,在投资追加 Δ 既定的条件下,Δc 与 Δv 的分配影响着经济增长率,当生产资料的边际效率等于劳动投入的边际效率时,即 $\partial\lambda/\partial c=\partial m/\partial v$ 时,资本有机构成 $\beta=c:v$ 达到最优化。

5. 关于科技进步

科技进步表现为在第一部类的产品价格下降。在Ⅰ$(v+\Delta v+mx)$=Ⅱ$(c+\Delta c)$的均衡流量中,既定的货币投入Ⅰ$(v+\Delta v+mx)$可以购买更多的生产资料Ⅱ$(c+\Delta c)$,从而使得第二部类的生产规模Ⅱ$(c+v+m)$=Ⅰ$(v+\Delta v+mx)$+Ⅱ$(v+\Delta v+mx)$扩大了。因此,科技进步是生产发展的根本。在生产力的三要素劳动者、以劳动工具为核心的劳动资料、劳动对象中,劳动工具标志着一个时代的生产力发展水平和科技发展水平。更进一步看,科技进步包括技术创新和技术扩散,资本的追加是技术扩散,是生产力发展的本质。技术创新提升了生产力发展的潜力,技术扩散则是生产力发展的实现。工资的追加有两种,一种是扩大就业,一种是提升科技水平即深化创新。

6. 关于劳动剩余的分配结构

劳动剩余 $m=\Delta+mx$,$\Delta=\Delta c+\Delta v$,其中,Δ 是来自劳动剩余的追加投资,是经济增长的根本动力。经济学把配置劳动归类于 v,mx 是非劳动消费,主要包括资产者消费和社会福利的非劳动支出,社会福利的非劳动支出也称纯粹福利,比如养老金的社会福利支出。在这里需要注意,社会通过税收形成转移支付,有些用于政府开支以提供社会公共服务,有些用于发展教育,等等,这些本质上都是社会生产劳动的重要组成部分,在经济学的核算中,需要计入生产资料 c 和生活资料 v 当中,其增长部分则计入 $\Delta=\Delta c+\Delta v$ 当中;只有那些不是用于社会劳动过程的财政支出,比如养老金的非个人积累部分,才是社会纯粹福利,是非劳动消费的组成部分。社会纯粹福利是社会发展的正义性要求,不是经济内生的需求;是经济发展的价值理性,不是经济发展的工具理性;是经济发展的目标和结果,不是经济发展的动力和原因。资产者的消费不能涵盖投资收益。投资是劳动,在经济学的核算中,投资收益计入劳动收入;但在会计核算中,投资收入包括了投资的劳动收入和投资的资本利得,事实上,资本利得才是投资形成的非劳动收入,这是带来非劳动消费和形成无效社会消费的部分。投资的劳动收入与投资的资本利得是两个范畴,这就如同投掷铅球,投掷不是铅球,投掷是一种劳动,铅球是一种物体;投资的劳动收入是投资劳动的社会回报,是劳动收益;投资的资本利得是投资资本的社会回报,是资本收益。这些细分对于理解社会经济发展的内在结构具有重要意义,这已经在第三章“经济辩证法”中讨论了。

7. **资产与财产**

流量方程组表明,人们的收入有两种,一种是劳动所得,即工资;一种是资本收益,即生产资料从劳动剩余中分得的收益。人们的财产也分两种,一种是生活资料,一种是生产资料。因此,经济学中的两个概念就明确了:一个是资产,一个是财产。

关于资产。在经济学中,资产指资本的财产形式,即作为生产资料的财产,这些财产投入劳动生产过程,参与劳动剩余的分配,带来了价值的增值。所以,不是所有的财产都是资产,那些用于生活的财产不是资产,只是生活资料,而不是生产资料;而资产是资本的财产形式,是生产资料,不是生活资料。生产资料与生活资料的概念是社会范畴,不是自然范畴。比如,用于生活的汽车是生活资料,用于生产或工作的汽车是生产资料,有些汽车既用于生活也用于工作,那么,用于生活的时候它就是生活资料的角色,用于工作的时候它就是生产资料的角色。所以,流量方程组表明,发展生产、繁荣经济,更多的是增加劳动收入,不是让人们的财产更少,相反,发展生产就是要增加社会的生产资料,提高社会生产力,从而让人们的劳动收入更多,生活资料更富足。

8. 小结：经济本质的数学抽象

上面的讨论表明，社会化大生产的经济，其本质是一个带约束条件的优化问题，即数学规划问题。在第一章我们给出了一个数学规划，这里我们给出一个更为简约的等价规划。按照数学规划的目标函数、约束条件、内生变量三要素，目标函数就是剩余价值的最大化，约束条件是各种要素的组合约束，变量就是各种经济要素。由此可以写出经济的数学规划模型：

$$\text{模型：}\begin{cases} Max: m=m(v,X)\ \text{目标函数} \\ \text{s.t.}\begin{cases}\text{s.t.}_1 \\ \cdots\ \text{约束条件} \\ \text{s.t.}_k\end{cases} \\ \left.\begin{cases} v & \text{劳动要素} \\ X=[x_1,\cdots,x_n] & \text{非劳动要素}\end{cases}\right\}\text{变量}\end{cases}$$

其中：$m=m(v,X)$，它表明剩余价值是劳动的函数，其他要素通过影响劳动效率来影响剩余价值。

$s.t.$为约束条件，k 个约束条件。

v 为劳动要素，劳动剩余的内生变量。

X 为非劳动要素，劳动剩余的内生变量。

在经济运行中，约束条件是广泛存在的，除了要素约束之外，市场内生的约束条件丰富多样，比如简单再生产的Ⅰ$(v+m)=$Ⅱ(c)、扩大再生产的Ⅰ$(v+\Delta v+mx)=$Ⅱ$(c+\Delta c)$等，都是约束条件。市场约束构成了经济运行最重要的约束，称市场均衡条件，构成了经济调控最重要的领域，也是经济政策工具的主要着力点，人们创设了金融来松弛这些市场约束。政策工具越多，经济发展的空间越大。关于这个问题，经济学有一个“丁伯根规则”，即，政策工具数量少于政策目标数量，政策工具组合没有解；政策工具数量等于政策目标数量，政策工具组合有唯一解；政策工具数量多于政策目标数量，政策工具组合有无穷解。所以，政策工具越多则经济发展空间越大，经济增长活力越强。

人们对金融的基本理解就是资金的融通，本质上是资本集中。社会化大生产的核心优势是集中力量办大事。人们创立了两种集中力量办大事的方法，第一种是通过财政税收，称财政集中方法，第二种是通过金融筹资，称金融集中方法。《道德经》说“有德司契，无德司彻”，“司契”是金融方法，“司彻”是财政方法，它认为金融方法优于财政方法。原因在于，财政方法不能在微观上体现价值正义的核心原则，没有微观再生产的激励作用，而金融方法能够在微观上体现价值正义的核心原则，具有微观再生产的激励作用。历史上运用金融方法的效果优于财政方法。比如，17 世纪法国以“薅最多的鹅毛听最少的鹅叫”的间接税方法，筹集了大量的军费，但是，英国以金融方法筹集大量的军费并且创立了现代中央银行制度，形成了微观激励机制，法国的财政方法不如英国的金融方法。但是天下没有免费的午餐，收益大则风险大。经济发展存在增长与稳定的辩证关系，经济发展有周期性，其中，技术是引发经济周期的重要原因①，金融集中加快了产品创新和工艺创新两个过程，推高了这两个过程的波峰，加剧了经济的周期性，放大了创造性破坏的效应。这就需要财政集中来形成平衡机制，以实现经济发展的稳定目标。所以，从经济发展的稳定性、财富状态的公平性、政策工具的丰富性、操作的简易性等视角，财政方法具有自身的优势，同时，税收是经济结构、产业结构、资金结构、投资结构等调整的流量阀门，税收和财政的合理设计也能够形成微观激励，比如消费税与消费补贴的组合，所以，财政税收也不可替代。财政与金融的都是集中力量办大事的政策工具，也是结构调整的核心流量工具和市场建设的结构工具，需要合理设计组合运用，两者的共存提高了经济发展的增长空间和调控能力。同时也要注意，需要平衡政策调控与市场建设的关系，过度调控将不利于经济发展。

① Mensch，G.，Schnopp，R.. Stalemate in Technology，1925－1935：The Interplay of Stagnation and Innovation. Historische Konjunkturforschung［M］. Stuttgart：Klett－Cotta，1980：60－74. 在这里，门施（Mensch）和施努比（Schnopp）提出基本创新（产品创新）与工艺创新的更替变换是引发经济周期的因素，并指出，在经济周期的发展阶段，技术创新集中在工艺创新；在经济周期的萧条阶段，技术创新集中在基本创新（产品创新）。从效率与活力的关系看，工艺创新提高生产效率，产品创新提高市场活力。

从协作的观点看,金融就是协作的社会大融合。金融是交易的纽带,极大降低了交易的成本,极大推动了社会交易的规模和效率,极大提高了社会生产力的发展水平。一方面,金融是经济发展的润滑剂,极大降低了经济发展的内在摩擦力;另一方面,金融是经济发展的动力油,极大增强了经济发展的内在推动力。所以,金融的“融”从五行理论来说是以金为龙头带动其他四大要素,形成金(融)木(农)土(建)水(商)火(工)的五行一体,万物融通,通过金融来形成集中力量办大事的机制,把事业需要的因素都纳入事业发展的体系,展开大规模的社会协作,在社会协作的体系中,共商、共情、共识、共约、共有、共建、共治、共享。

经济发展就如同汽车行驶,要想汽车行驶得好,至少要解决好四个方面的问题:一是人的问题,选择好驾驶汽车和导航汽车的人,这是委托—代理和信号筛选的理论领域,在中国还有赛马与相马之争。这在模型中就是配置问题,核心是组织的领导集体,所以,《周易·乾卦·文言》说“元者,善之长也”;二是汽车的问题,汽车的内在结构要好,特别是引擎要能够匹配汽车的载重量,这是政治经济学的任务,着力解决经济发展的制度、法律、政策等经济内在的结构性问题,着力降低经济发展的制度成本,增强经济发展的内生动力;三是动力油的问题,必须要有足够的动力油,俗话说“巧妇难为无米之炊”,没有动力油,汽车跑不了,这是产业经济学的任务,要能够为经济发展不断找到未来产业、新兴产业,不断催生主导产业,形成支柱产业;四是润滑油问题,从上面的约束看到,货币的借贷能够有效放宽市场均衡条件,形成约束松弛条件,所以,货币制度及其金融服务是人们创设放松市场约束条件的制度安排,能够有效减少经济发展的阻力。其实,人们的制度创设就是尽量减少经济发展的阻力,降低经济的运行成本,这是政治经济学的任务;而运用这些已经创设的货币制度、财政制度,有效形成市场松弛条件,促进经济繁荣,则是宏观经济学的任务,内涵包括产业政策、科技发展规划、经济发展规划等,核心聚焦在财政政策与货币政策领域。

本章小结

本章讨论了社会化大生产的制度供给、社会化大生产带来的高度专业化、社会化大生产要求的市场均衡等三方面的问题。制度供给讨论怎么做,专业化讨论利益所在,市场均衡讨论困难所在。社会化大生产体系是人们创设的工具,在这个平台上,人们展开大规模组织化的社会大协作,创造出丰富的财富、庞大的价值,也不断扩展这个平台,创造出庞大的工具和知识体系,创造出无限的想象力、无限的创造力。

这个平台的基础就是制度体系,按照"理念+原则+制度"的制度范式,其核心是价值正义的理念和原则,在中国就是共同富裕的价值范式和群众路线的实践范式。这是制度体系研究的内容。社会化大生产的优势在于大规模的分工协作带来高度的专业化,极大提高了人们的劳动效率。专业化的本质是风险与收益的替代关系,专业化导致较大的风险,获得更多的收益,效率提高伴随着风险加大。这是专业化效应的研究内容。社会化大生产带来了市场交易的均衡要求,这个讨论是第三章辩证法中关于扩大消费的深化。市场均衡构成了社会化大生产的市场约束,降低了价值体系的优化水平,这又构成了一对可能性与现实性的问题。人们追求更多的财富,需要实现财富生产的优化,为了实现优化人们展开寻优——寻找能够实现优化的方案,寻优需要一定的方法,这些方法本身构成了约束,从数学规划看,这些约束切割了优化空间,优化的可能性空间缩小了,但寻优的效率提高,优化的现实性加大了,人们需要在可能性与现实性间找平衡。这是市场均衡的话题。

社会化大生产是群众路线的充分实践,人们获得了大规模组织化协作的平台,现代社会,一切财富都是协作价值,一切剩余都是协作红利。社会化大生产是经济供给体系的第一个供给"物"。

第七章　供给深化：市场机制

日中为市，致天下之民，聚天下之货，交易而退，各得其所。

——《周易·系辞下》

市场是人们创设的生产组织工具。为了追求价值正义，人们创设了市场，构建了买卖双方讨价还价的辩证机制，经过充分辩论和协商，在价格合议中完成交易、分配价值，实现价值正义。在价值正义中深化劳动协作，推动社会化大生产。本章讨论价值分配的基本框架、供需分析与价值分析的统一、影响价格的市场势力、市场内涵价值正义及其伦理。

一、价值分配的基本框架

围绕群众路线，价值正义有发展目标、底线原则和分配原则。发展目标是生存有保障、人均不下降、整体有增长。底线原则是免于贫困、免于不公正、免于不自由。分配原则是公平、效率。公平是基础原则，效率是根本原则，核心是保障生存和激励劳动。

（一）价值分配原则的讨论

1. 公平原则的算例

人们直观地认为，公平就是平均，公平原则就是平均分配。具体到算例7

(参见第四章“价值原初”第三节“在算例中理解价值内涵”算例 7),假定有一个能够掌握完全信息的机构,按照平均原则分配:(1)总收获 40000 筒大米,1000 人参加劳动,人均获得 40 筒大米。(2)耕作者 100 人,分配 4000 筒大米。(2)耕作机械生产者 100 人,分配 4000 筒大米。(3)机械装备制造者 500 人,分配 20000 筒大米。(4)采掘机械生产者 200 人,分配 8000 筒大米。(5)铁矿采掘和钢铁冶炼者 100 人,分配 4000 筒大米。

2. 关于公平原则的讨论

这里的公平原则通过平均分配来实现,在现实中可能会出现一些问题。一是随着人的数量增加、产品的数量增加和产品的质量要求提高,涉及的计算变量数目超线性增长,形成计算量的组合爆炸,计算的时间复杂度骤增,平均数无法求解。二是按照平均主义分配,效率低者占有了效率高者的劳动成果,实质上有违公平;不公平感导致高效率者向低效率者看齐[①],出现“出工不出力”“夹带私活”等现象;在信息稀缺条件下,“出工不出力”“夹带私活”等行为盛行,导致“合成谬误”问题,极大降低劳动激励和劳动效率。三是出现正义的主权问题。群众是价值的创造者,是价值正义的主体,却被剥夺了参与价值分配的权利,破坏了“主体是群众、主权在群众、目的为群众”的价值正义三位一体,引发逆向选择和道德风险问题。这些问题导致效率严重下降,比如,劳动效率下降到只有原来的 1/4,人均收入只有 10 筒大米,人们陷入勉强温饱的状况。这就背离了价值正义,因此,人们提出了第二个原则:效率原则。

(二)市场分配遵循效率原则

1. 按劳分配是归因主义的效率原则

人们提出归因主义取代平均主义,平衡公平与效率两大原则。归因主义是指谁创造的价值就分配给谁,创造多少价值就分配多少价值;谁造成的损失就

---

① 理查德·休斯曼,约翰·哈特菲尔德,爱德华·迈尔斯.公平理论中的公平感结构[J].管理世界,1989(6):117.

由谁补偿,造成多少损失就补偿多少价值。这在本质上是对历史的尊重。按照归因主义,人们要从价值创造的过程中,计算出人们的贡献,按照人们的贡献分配价值。

那如何确定人们的贡献呢?有两种方式,一种是上面提到的权威裁定,本质上这种方式就是预设正义,面向简单信息问题可能有效,面向复杂信息问题肯定失效和无效,而且破坏了价值正义的三位一体,背离了群众路线。另一种是谈判形式,买卖双方构成形式辩证关系,通过充分辩论求得价值正义,于是市场产生了。人们在市场上讨价还价,本质上市场就是一种价值法庭,但不是审判裁决庭,而是协商合议庭。人们行使自己的价值主权,在市场上讨价还价,如果能够达成价格共识,就签订契约完成交易,买者获得消费者剩余,卖者获得生产者剩余,“各得其所”;如果不能够达成价格共识,交易撤销,各自继续找寻交易对象。所以,价格成为价值分配形式,市场成为归因主义追求价值正义的辩证形式,交易成为归因主义实现价值分配的实践形式,这是真正的群众路线。

2. 价值创造的本质

算例 7 基本就是社会化大生产的框架,每一个生产环节的投入与产出都是:$mcv=H(c,v)$,记 $cv=c+v$,$m=acv-cv$;即,劳动产出 mcv 是生产资料 c 和活劳动 v 的附加。其中,c 包括了劳动对象和劳动工具,我们记为劳动对象 c_0 和劳动工具 c_1,$cv=c+v=c_0+c_1+v$,就构成了生产力的三要素:劳动对象、劳动工具和劳动者。这就是价值创造的基本形态,构成价值产出的本质形式。

价值创造形式 $cv=cl+vl$ 还有下面这种解释。cl 是物力,vl 是人力。在这个形式中,生产资料包括了劳动成果,作为生产资料的劳动我们称为物化劳动物品,简称物化劳动品。内含在物化劳动品中的劳动是历史上的活劳动,称为物化劳动,计入人力 vl,所以,物化劳动是全部活劳动的历史累积。生产资料中的纯粹自然物,比如,土地、矿山、海洋、河流等等,不是物化劳动品,但在劳动创造价值的过程中也是必要的因素,所以也要被计入生产资料。在这里,物力包括了生产过程中的自然要素的累积,计入物力 cl,所以,物力是全部自然要素的累积，包括了自然力——时间催动的事物变化，比如，田地里的植物生长，面包制作过程的发酵，埋藏在地下的酒的陈酿，等等，都是自然力的作用过程。

价值的创造是物力与人力的协同过程，物力是自然的馈赠；人力是人类的奋斗，是创造价值的能动要素。人们能够付出的只是人力，能够凭借的也只有人力，所以，人们常说"劳动是财富的源泉"，这不是否定自然力的作用，而是强调了人力的能动性。其实，劳动从来都是在自然馈赠的基础上展开的人类奋斗。① 自然的馈赠是人类劳动的前提，人类本身也是自然的产物。但是，自然的馈赠不足，人类需要通过自身的劳动奋斗，才能改善生计。自然馈赠的价值按照劳动附着来分配，称为孳息原理——财产的孳息归属于财产的产权所有者。这是产权理论的基本原理和基本原则。

因此，按照归因原则，人们按照劳动核算的产出实施分配。

3. 在算例 7 中理解归因原则

在劳动史上，人们创造了市场来实现归因主义的分配原则。人们在市场上讨价还价，算例 7 得到如图 7-1 所示的流量平衡图。

市场过程如下：(1)耕作：产出大米 40000 筒；36000 筒大米购买耕作机械，耗费在耕作中；剩余 4000 筒大米。(2)耕作机械制造：8000 筒大米购买 20 公斤钢铁，24000 筒大米购买生产装备。制造耕作机械，耗费 20 公斤钢铁以及生产装备；卖出耕作机械，收入 36000 筒大米；剩余 4000 筒大米。(3)装备制造：24000 筒大米购买 60 公斤钢铁；为生产耕作机械制造装备，耗费 30 公斤钢铁；卖出装备，收入 24000 筒大米；剩余 0 筒大米和 30 公斤钢铁。(4)钢铁生产：生产 100 公斤钢铁；卖出 80 公斤钢铁，收入 32000 筒大米；用 28000 筒大米和 20 公斤钢铁购买采掘机械；剩余 4000 筒大米。(5)冶炼机械生产：20000 筒大米购买装备，生产冶炼机械，耗费 20 公斤钢铁和装备；卖出冶炼机械，收入 28000 筒大米和 20 公斤钢铁；剩余 8000 筒大米。(6)装备制造：在(3)中剩余大米 0 筒

---

① 恩格斯.马克思恩格斯全集(第 20 卷)·自然辩证法[M].北京：人民出版社，1973：509；威廉·配第.赋税论献给英明人士货币略论[M].北京：商务印书馆，1963：71。

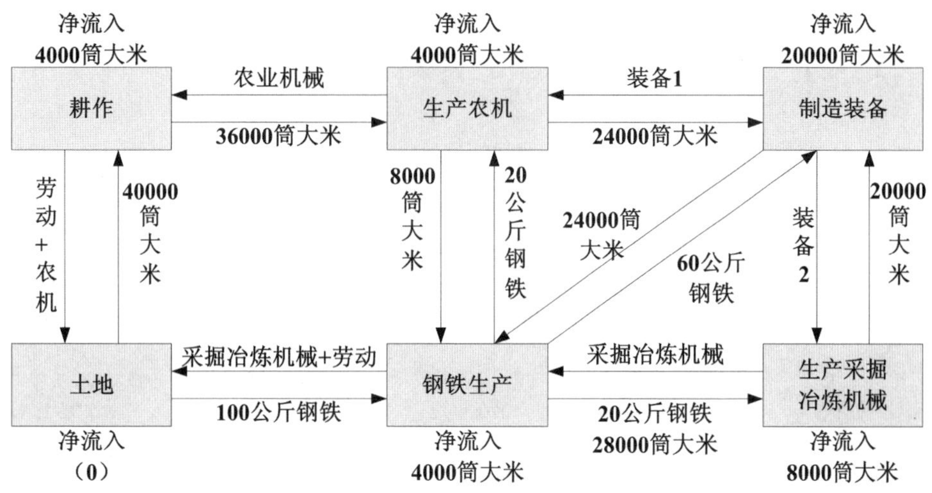

图 7-1　算例 7 的市场流量平衡图

和钢铁 30 公斤；制造装备，耗费钢铁 30 公斤；卖出装备收入 20000 筒大米；累积剩余 20000 筒大米。(7) 人均获得 40 筒大米。

4. **市场交易的概念抽象**

设想存在一个市场，所有的买者都向市场采购，所有的卖者都向市场出售，买者和卖者统称组织，由此得到图 7-2。进一步抽象可以得出一般的市场交易流量平衡，即图 7-3。

生产过程包括采购与销售两个环节，其中，采购划分为采购生产资料与购买劳动要素，由此细分为三个环节，形成三对流量：采购生产资料 c 环节，支出货币 c 与购入生产资料 c，构成第一对借贷双方的流量；购买劳动要素环节，支出货币 $m+v$ 与投入劳动 v，构成第二对借贷双方的流量；销售产品 mcv 环节，卖出产品 $m+c+v$ 与收入货币 $m+c+v$，构成第三对借贷双方的流量。

在购买劳动要素环节，市场组织预付货币 v，购入活劳动 v，追加支出货币 m，

是市场组织在一次“购买+生产+销售”的过程结算得到的劳动剩余，在图中标记为“追加剩余 m”，由此，本环节市场组织支付货币 $m+v$。所以，劳动收入

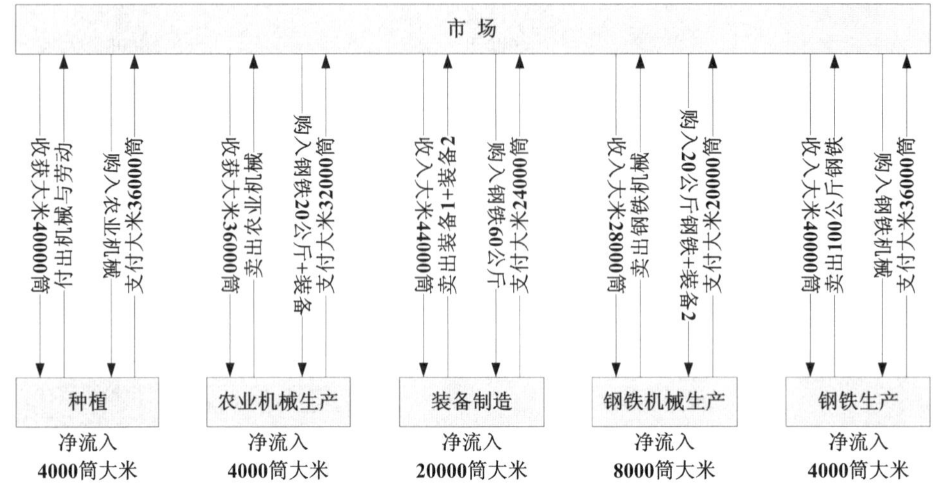

图 7-2　算例 7 以市场为中介的交易流量平衡图

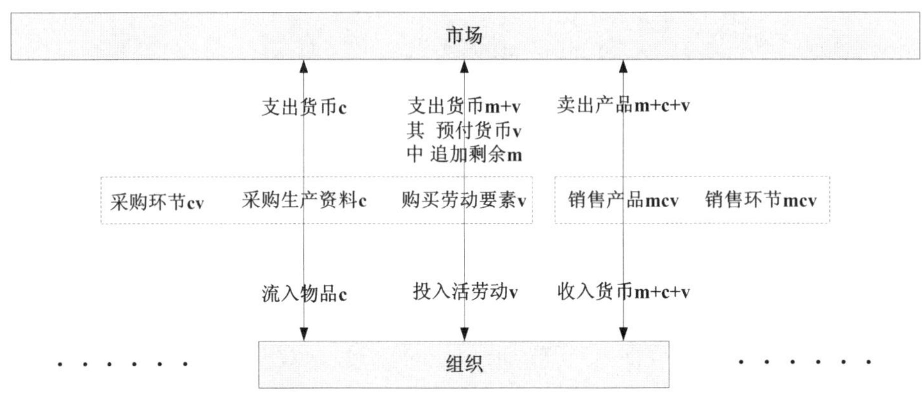

图 7-3　组织与市场交易的流量平衡图

$m+v$ 是劳动要素 v 的使用价值。由此，劳动要素 v 有两种成本，一种是按照使用价值计算的机会成本，即劳动收入 $m+v$；另一种是实际成本，是创造劳动要素 v 的生活必需的消费，在算例中是人均 8 筒大米。流量计算按照机会成本，剩余价值计算按照实际成本。博弈与竞争的本质就是机会成本的选择，机会成本是生产社会属性的表现，所以，机会成本反映了商品的社会属性，实际成本反映了商品的自然属性。在社会化大生产条件下,市场组织的经济核算,按照商品的使用价值支付,是博弈与竞争的结果。

5. 市场的流量平衡

根据图 7-3,按照每一对流量关系都构成复式记账中的借贷双方,由此计算每一个组织的流量平衡。说明一下,下面的(-)表示要素的减少,(+)表示要素的增加,(0)表示流量平衡。

(1)耕作的流量平衡

c:(-)36000 筒大米;(+)农机

v:(-)4000 筒大米;(+)劳动(100 人)

mcv:(-)劳务:农机+劳动(100 人);(+)40000 筒大米

m:(0)4000 筒大米($m+v$)-100 人劳动(v)= 3200 筒大米。

净流入 4000 筒大米,投入 100 人劳动。100 人劳动的使用价值是 $m+v$ = 4000 筒大米,构成机会成本;实际成本为人均 8 筒大米,这是生活必需的消费,故 100 人的实际成本是 800 筒大米。所以,按照机会成本计算,净流入为零,即流量能够平衡;按照实际成本,100 人的劳动剩余为 3200 筒大米,人均 32 筒大米。

(2)生产农机的流量平衡

c:(-)32000 筒大米;(+)20 公斤钢铁+装备 1

v:(-)4000 筒大米;(+)100 人劳动

mcv:(-)农机(100 人劳动+20 公斤钢铁+装备 1);(+)36000 筒大米

m:(0)4000 筒大米-100 人劳动 = 3200 筒大米

(3)装备制造的流量平衡

c:(-)24000 筒大米;(+)60 公斤钢铁

v:(-)20000 筒大米;(+)500 人劳动

mcv:(-)装备 1(300 人劳动+30 公斤钢铁)+装备 2(200 人劳动+30 公斤钢铁);(+)24000 筒大米

m：(0)20000 筒大米-500 人劳动=16000 筒大米

(4)生产冶炼机械的流量平衡

c：(-)20000 筒大米；(+)20 公斤钢铁+装备 2

v：(-)8000 筒大米；(+)200 人劳动

mcv：(-)冶炼机械(200 人劳动+20 公斤钢铁+装备 2)；(+)28000 筒大米

m：(0)8000 筒大米-200 人劳动=6400 筒大米

(5)钢铁生产的流量平衡

c：(-)36000 筒大米；(+)冶炼机械

v：(-)4000 筒大米；(+)100 人劳动

mcv：(-)100 公斤钢铁；(+)40000 筒大米

m：(0)4000 筒大米-100 人劳动=3200 筒大米

流量平衡表明，社会化大生产需要市场的供需均衡，供给的价值等价于货币意义上的等价交换，在货币意义上的等价交换形成了“各得其所”——买者获得消费者剩余，卖者获得生产者剩余。

6. 关于市场原则的评述

(1)市场交易是价值辩证形式和过程

“统收统支”需要有一个社会管理组织者来了解这个社会的全部生产情况，信息条件极端苛刻，也背离群众路线。市场交易方式则不需要一个全面掌握社会信息的管理组织，而是把定价权交给具体的市场组织，组织群众参加交易，这种组织包括生产企业、商业企业、物流运输企业、金融企业、算力组织、知识服务组织，等等。

市场交易的讨价还价是一种价值分配的形式辩证，买方追求更低的价格，当买方的要价过低，卖方就会选择其他买者，从而使得买方的过低价格无法实现；卖方追求更高的价格，但是当卖方的要价过高，买方就会选择其他卖者，从而使得卖方的过高价格无法实现。即，市场中的交易存在两种关系，一种是卖方与买方的关系，称为博弈关系，也称异质博弈；一种是买方内部或卖方内部的关系,称为竞争关系,也称同质竞争;交易是博弈关系与竞争关系的统一。所以,市场经济的根本问题是如何提高群体协作水平,市场经济的本质是更加有效地群体协作,更加有效地激励劳动,以公平促进效率,以形式辩证达成价值正义。

通过竞争关系,稀缺原理发挥作用,博弈的结果总是趋向均衡价格;在博弈中,卖者数量与稀缺性负相关,因而与价格负相关,卖者越多则价格越低,卖者越少则价格越高;买者数量与稀缺性正相关,因而与价格正相关,买者越多则价格越高,买者越少则价格越低。从劳动剩余的视角看,同质竞争者越多则剩余越少,异质博弈者越多则剩余越多。同质竞争状况称市场势力,同质竞争者越少则市场势力越强,对价格的影响力越强。在算例 7 中,各方势力平衡,均衡价格就是平均价格。注意这里的信息要求,只是交易双方相互了解对方的信息,不是理解整个社会的信息,信息要求极大降低了。实际上,可以从数学上证明,每一个组织只要盯住交易上下游组织的信息,这个社会就能实现均衡价格。这个数学原理就是计算机数据结构中的链表结构的相邻游走问题,无须全关系指针,单向链表就能够遍历,但相邻游走的成本很高;双向链表也能遍历,且相邻关系游走成本很低。

从数学上看,"统收统支"是对整个社会做出一个大的数学规划,社会的人数为 n,规划的运算量就是 n^2;市场交易则把社会划分为 m 个小组织,做出很多小的数学规划,组织内部的运算量只有 $\left[\frac{n}{m}\right]^2$,组织之间的运算量小于 m^2。以算例 7 为例。$n=1000$ 人,划分为 $m=5$ 个组织,组织 1 人数 500,组织 2 人数 200,组织 3、4、5 人数 100,社会管理的运算量是 100 万量级;市场交易中,组织间的运算量级是 25,组织内部的运算量级是 25 万+4 万+3 个 1 万=32 万,市场交易的整体运算量是组织间的运算量加组织内部的运算量,即 32 万+25,运算量级是 32 万,远远小于社会管理的运算量级。所以,市场是交易与管理的结合体,把整个社会管理拆分成局部生产组织,经济学上称之为企业,它们在市场上交易。企业生产管理替代社会生产管理,极大降低了管理的规模,提高了管理效率。市场交易极大降低了生产协作的组织门槛，降低了协作成本，极大拓展了劳动协作规模，极大提高了人们的劳动效率。市场是人类劳动史上的伟大创造。所以，市场是交易与企业的结合体系，交易主导公平——人们常说“公平交易”，企业主导效率——人们常说“效率管理”，由此实现公平与效率，实现人们追求的价值正义。

(2)市场分配的计件与计时

市场原则是归因主义的原则，按照劳动的贡献来核算分配财富，而如果是按劳分配的话，应当采用的是计件制度，即，按照劳动的实际业绩来支付工资。但是，在实际的核算中，集体劳动中的个人劳动贡献未必能够准确核算，质量型劳动成果的价值也未必能够准确核算，甚至，人们也未必愿意接受计件工资的制度安排，计件工资制度也就难以实现。相比之下，计时工资制度反而有自身的应用场景。

在计时工资制度下，人们需要按照一定的规范劳动，这能比较准确体现投入的劳动时间，也在一定程度上体现了劳动贡献。此外，这个制度最大的特征是，面对不确定的劳动结果，劳动者不承担最终的风险，而承担风险正是人们不接受计件工资制度的原因之一。但是，在体现劳动贡献上，计时制度不如计件制度。

(3)三点特别说明

消费也是一种供给活动。劳动生产的全部产出都是劳动成果，用于消费的劳动成果是生活资料，用于生产的劳动成果是生产资料。劳动力是生命时间的产物，生命时间是生活资料的产物，所以，消费是劳动力的再生产过程。

算例7的核心寓意之一是说明“活劳动→物化劳动”范式：从产业链的视角看，上游的活劳动转化为下游的物化劳动，上下游生产环节之间的活劳动构成了“活劳动→物化劳动”范式。所以，劳动剩余是全体劳动者的创造，在具体的生产环节表现为活劳动与物化劳动。劳动生产过程就是劳动投入的过程，劳动剩余由全体劳动者共同创造，归全体劳动者共同分配。所以，一切财富都是协作价值,一切剩余都是协作红利。

知识是永续存在和不断物化的劳动成果。在生产过程中,一般生产资料总要消耗,甚至消失在生产过程中。但是,知识是一类特殊的生产资料,它是劳动的“创造物”,是典型的公共物品,它提高了人类的劳动效率,却不会在生产过程中消失甚至消耗,而是不断累积,成为永续存在的“知化劳动”(对应于“物化劳动”)。其实,人类社会不断积累的生产资料都是知识的载体,是知识的物化,知识是人类改造自然最伟大的力量。劳动创造的财富包括知识财富和物质财富,我们把劳动创造知识、传播知识和学习知识的过程称为劳动的知化,把劳动创造物质财富的过程称为劳动的物化。人类创新的本质就是创造知识,技术创新就是知识创造的过程,技术扩散则是知识物化的过程;技术创新是物质生产力发展的知识前提,技术扩散则是物质生产力发展本身,但是,技术创新是知识生产力发展本身。生产力包括知识生产力和物质生产力,知识生产力是物质生产力的生产力。所以,知识是生产力的核心构成。知识是劳动核心要素,要素问题是供给的范畴,在第六章讨论了,知识的问题还在第五章的知识学习曲线与质量误差曲线中作了讨论。

(4)市场分配原则的不完美性

为了解决生产社会化中的逆向选择与道德风险问题,提高劳动效率,生产资料作为生产要素参与价值分配,这就形成了资本对劳动成果的占有,即,$m=mc+mv$,其中,mc 是生产资料的投入者对劳动剩余 m 的占有,mv 是活劳动得到的劳动剩余分配。

价值分配原则的内涵从归因主义拓展到风险主义、稀缺主义,劳动价值不再纯粹。在非劳动要素不占主导的条件下,社会劳动生产依然高效。但是,非劳动要素占比的不断提高,就会制约劳动激励,降低劳动效率。当 $m=mc$ 时,生产资料的投入者占有全部劳动剩余,即《资本论》批判的资本主义状态。所以,人们批判资本主义,不是批判资本,更不是批判资本工具,而是批判把资本利益上升为“主义”,形成资本的过度占有,由此带来的不公平,它违背了“免于不公正"的底线原则。实际上,发展过程中逆向发展要素存在不断累积的趋势,最终损害发展,这是事物发展辩证关系的具体表现。所以,需要在市场原则内涵中加入一些限制非劳动要素过度分配劳动成果的制度设计,形成制度内涵的激励均衡,防止资本演化成为主义。比如,反垄断法、工会组织、企业治理结构中职工代表进入决策层等都是这样的制度设计,而政府与市场的结构则是其中最重要的一种。

在经济学中,生产要素的投入包括生产资料和劳动要素,称为资本;现实的情况,生产资料参与了价值创造过程,劳动要素也参与价值创造过程,两者都参与劳动剩余的分配,所以,称投入生产的生产要素为资本没有分歧。资本不是资本主义,资本只是劳动工具。把资本利益凌驾于劳动利益之上,资本就上升为主义,这是社会的异化①,会破坏价值正义的"三位一体",破坏社会的公平正义。

7. 市场分配方式的小结

在个体劳动状态下,自己的产出就是自己的收入。但是,在劳动协作中,人们如何分配劳动成果?在人类劳动史上,人们创造了市场交易的分配方法。

劳动具有两种价值,一是使用价值,二是成本价值。物品是劳动的成果,物品也具有两种价值,一是使用价值,二是成本价值。两者都能够在市场进行交易,构成了广义商品。在市场交易中,卖者追求更高价格,但是,使用价值是价格上限,价格超过使用价值,买者出现亏损;买者追求更低价格,但是,成本价值是价格下限,价格低于成本价值,卖者出现亏损;在使用价值与成本价值之间是交易定价的可行域。

由此,商品的使用价值决定了其需求曲线,成本价值决定了其供给曲线。人们正是在讨价还价的辩证形式中实现价值正义。这是下面需要讨论的内容。

---

① 马克思.1844 年经济学哲学手稿[M].北京:人民出版社,1979:42-57.

二、供需决定商品的价格

价格是价值的市场表现形式,市场的价格机制就是价值正义的辩证实现形式,市场价格就是价值正义的辩证结果。

(一)形式上的供需决定论

1. 商品交易的基本条件

《周易·系辞下》说"交易而退,各得其所",在交易的过程中,使用价值决定了交易价格的上限,价格高于使用价值则消费者亏损;成本价值决定了交易价格的下限,价格低于成本价值则生产者亏损。我们定义,消费者剩余=使用价值-价格、生产者剩余=价格-成本价值,则有,劳动剩余=使用价值-成本价值=消费者剩余+生产者剩余。其中,生产者剩余也称剩余价值。所以,价格是划分劳动剩余的工具,价格之上是消费者剩余的空间,价格之下是生产者剩余的空间。从而,只要存在劳动剩余就有可能交易,也只有存在劳动剩余才有可能交易,价格就存在于商品的使用价值与成本价值之间。在交易过程中,卖者在劳动价值之上尽可能提高价格,买者在使用价值之下尽可能压低价格,两种力量的讨价还价形成商品的价格机制,确定商品的价格。

2. 在算例中理解供需曲线

以算例 7 的耕作为例,计算耕作者的人均收入 $mcv=\frac{40000}{100}=400$ 元,人均生活成本 $v=8$ 元,得到农机的需求曲线(耕作者 mc)记为 $y_{mc}=400-8=392$ 元;计算农机制造者购买生产资料的人均支出 $c=\frac{24000+8000}{100}=320$ 元,人均生活成本 $v=8$ 元,得到农机的供给曲线(农机制造者 cv)记为 $y_{cv}=328$ 元。画出耕作机械的供需曲线图 7-4。在这里,供给曲线与需求曲线不相交,但是需求曲线高于供给曲线,两者的差异构成了劳动剩余,劳动剩余 $=y_{mc}-y_{cv}=392-328=64$ 元,正好等于耕作者的劳动剩余与农机制造者的劳动剩余之和，耕作者剩余 $m=32$ 元，农机制造者剩余 $m=32$ 元，其中，耕作者剩余称消费者剩余，农机制造者剩余称生产者剩余。

算例 7 的两个基本假设：一是需求无上限，二是供给无差异，也就是劳动无差异。在这两个基本假设下，人们按照归因原则，追求社会公平：等量劳动获得等量回报。由此，社会的分配原则不是基于人性的善与恶的假设，而是基于归因主义的公平要求，基于社会"抑恶扬善"的原则要求，把这种原则称为人性本恶的假定，可能是一种误解，肯定地说，"抑恶扬善"不是人性本恶，也不是人性本善，而是不做定论，只做防范。通过制度安排，让恶者有恶报——"积不善之家必有余殃"，善者有善报——"积善之家必有余庆"。

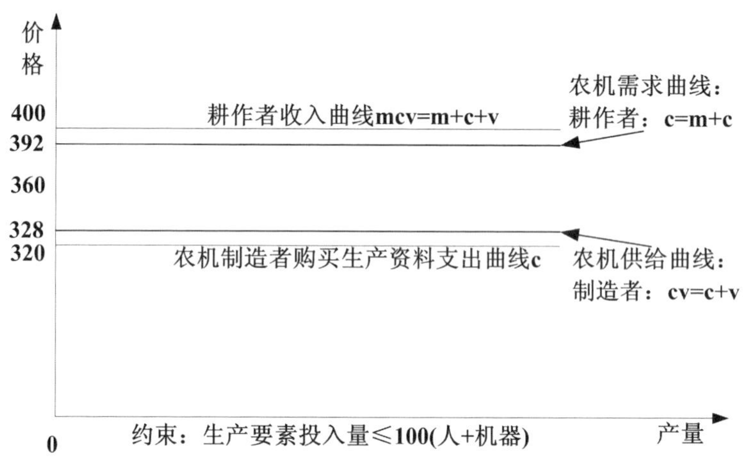

图 7-4　算例 7 中农机的供需曲线图

算例 8：为直观起见，调整数据，假定人们的劳动效率不同，耕作的人均收入在 380 元—420 元之间均匀分布，均值为 400 元；耕作的活劳动投入成本为人均 8 元，计算得到农机的需求曲线在 372 元—412 元之间均匀分布，均值为 398 元。农机的购买待定，由农机使用者（消费者）与农机供给者（生产者）在市场上讨价还价决定。农机制造者购买生产资料的成本在 300 元—340 元之间均匀分布,均值为 320 元;农机制造活劳动投入为人均 8 元;农机的供给曲线在 308 元—348 元之间均匀分布,均值为 328 元。图 7-4 变化为图 7-5。

图 7-5 用 $y=ax+b$ 的形式表达供需曲线,则农机的需求曲线(耕作者 mc)记为 $y_{mc}=-0.4x+412$;农机的供给曲线(农机制造者 cv)记为 $y_{cv}=0.4x+308$。其中,农机需求曲线 y_{mc} 是耕作者收益扣除活劳动投入的成本,即耕作者的 $mc=mcv-v$,形式上是使用农机带来的边际收益,本质上是活劳动的使用价值;农机供给曲线 y_{cv} 是农机制造者的成本曲线,即农机制造者的 $cv=c+v$,形式上是农机制造者购买生产要素(生产资料+活劳动)的成本,本质上是农机生产物化劳动与活劳动的成本累积,即是其劳动价值。其中,x 生产要素(生产资料+活劳动)是投入量,y 是价格。

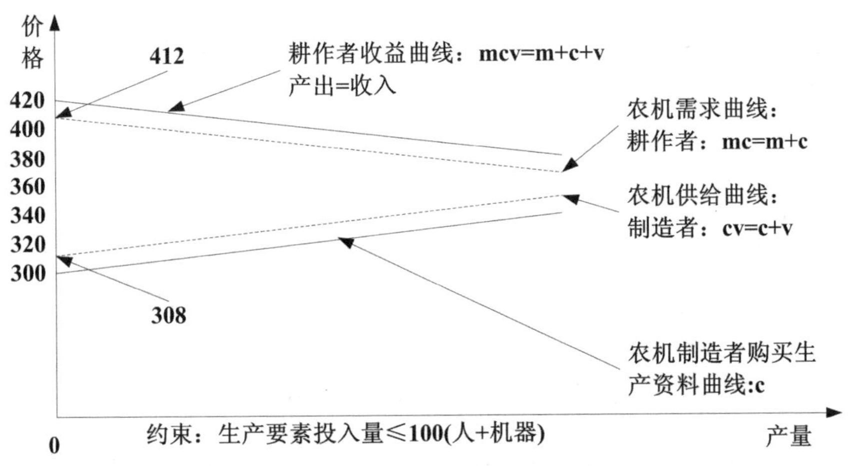

图 7-5 算例 8 中农机的供需曲线图

算例说明。(1)需求曲线与供给曲线相交于 $x=130$,对应 $y=360$ 元,即,均衡价格 360 元,均衡产量 130 单位。但是,资源限制,产量只能达到 100 单位。(2)按照均衡价格,耕作者使用农机获得 3200 元的劳动剩余,称为消费者剩余;农机制造者供给农机获得 3200 元的劳动剩余,称生产者剩余。可见,价格是劳动剩余的分配方式,在价格之上的部分由消费者获得,所以称消费者剩余;在价格之下的部分由生产者获得,所以称生产者剩余。(3)在市场机制下,均衡价格不是计算出来的,而是通过“价格-流量-价格”的范式,通过谈判实现动态均衡,当价格高于均衡价格时,生产量大于需求量,价格就会下降;价格低于均衡价格时,生产量小于需求量,价格就会上升。

算例9:调整数据,假定耕作的情况不变,与算例8相同,农机的购买待定。农机制造者购买生产资料的成本在260元-380元之间均匀分布,均值为320元;农机制造活劳动投入人均8元;农机的供给曲线在268元-388元之间均匀分布,均值为328元。图7-5变化为图7-6。

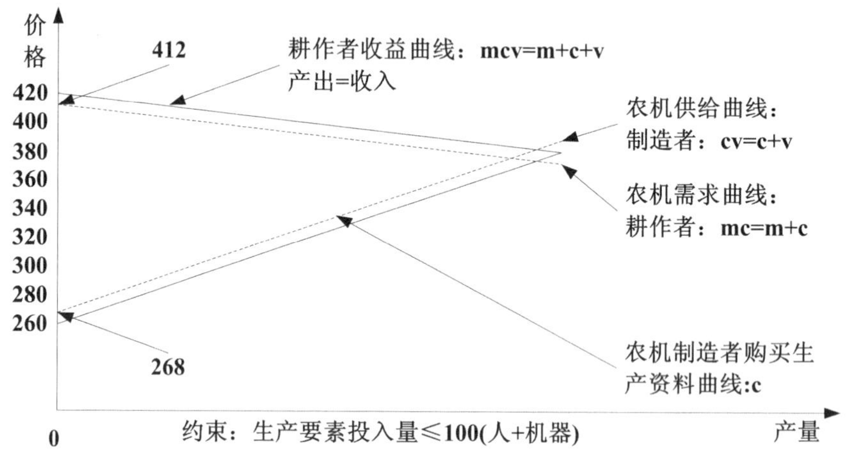

图7-6 算例9中农机的供需曲线图

图7-6中,$y=ax+b$的形式表达供需曲线,则农机的需求曲线(耕作者 mc)记为 $y_{mc}=-0.4x+412$;农机的供给曲线(农机制造者 cv)记为 $y_{cv}=1.2x+268$。

算例说明。(1)需求曲线与供给曲线相交于 $x=90$,对应 $y=376$ 元,即,均衡价格376元,均衡产量90单位。资源出现富余,产量不能达到100单位,出现了失业问题。(2)按照均衡产量,计算得出总剩余为6480元;按照均衡价格,耕作者使用农机获得1620元的劳动剩余,称为消费者剩余;农机制造者供给农机获得4860元的劳动剩余,称生产者剩余。(3)在市场机制下,均衡价格不是计算出来的，而是通过“价格—流量—价格”的范式，通过谈判实现动态均衡，当价格高于均衡价格时，生产量大于需求量，价格就会下降；价格低于均衡价格时，生产量小于需求量，价格就会上升。(4)可以看到，供给曲线比较陡峭，需求曲线比较平缓。曲线陡峭意味着劳动技术复杂度较高，曲线平缓意味着劳动技术复杂度较低，技术复杂度高者能够获得更大的劳动剩余。

(二)供需曲线的内在逻辑

1. 价格的重要意义

价格分配了劳动剩余，在价格之上与需求曲线之下的区间是消费者剩余，在价格之下与供给曲线之上的区间是生产者剩余。代入扩大再生产模型可得，$m=mx+\Delta c+\Delta v$，$mcv=m+c+\Delta c+v+\Delta v=H(c+\Delta c+v+\Delta v)$。为简化分析，这里剩余价值 m 就是生产者剩余。这里没有考虑生产者的购买行为，即没有考虑生产者变成消费者，其购买价格的剩余分配使他获得消费者剩余的情况。劳动剩余是一个组织作为生产者获得的生产者剩余与作为消费者获得的消费者剩余的总和。因此，价格划分了消费者剩余与生产者剩余，生产者剩余又确定了扩大再生产的追加投资，从而决定了产业的扩大再生产能力。这个结论带来两个重要的启示：一个是 mx 越小则再生产扩张能力越强，社会生产力发展越快，其中，mx 是非劳动消费。所以，从社会生产力发展的视角，当 $mx=0$ 时，社会生产力发展最快，这就是“纯粹按劳分配”的原则。这就从数学逻辑上证明了，在解决了信息带来的劳动激励困境(逆向选择和道德风险)之后，“纯粹按劳分配”的原则能够比“按劳分配+按资分配”的原则更能够促进生产力的发展。第二个是价格决定 m，只有当价格适度，有适度的劳动剩余 m，产业发展才能有合理地追加投资 $\Delta c+\Delta v$，产业升级才有可能。所以，一味强调低价格不利于产业发展，不利于社会财富的长期增长。合理的价格、合理的利润、合理的劳动剩余是产业不断扩张的内生动力，特别是技术进步所带来的扩张的重要前提。

2. 需求曲线的逻辑

需求曲线是购买行为的结果，购买行为遵循“价高者优先”的原则，社会全部购买者按照出价高低降序排列,需求曲线向右下方倾斜且下凸,这种倾斜体现了消费者个别消费效用递减——使用价值递减,表现为社会消费的边际效用递减——使用价值递减。需求曲线表明,特定商品的社会全部购买者的个别需求的总和构成该商品的社会总需求,简称社会需求。具体到算例中,耕作机械的需求曲线是耕作者对耕作机械的心理预期,在表现上是购买生产资料 c 的预付,在结构上是收入 mcv 减去($m+v$)的预期的结果。生活成本 v 是确定的,对于 m 的预期来自耕作者对市场劳动价值的认知,所以,收入 mcv 是需求曲线的决定因素,而收入 mcv 就是耕作劳动创造的使用价值。所以,使用价值决定需求曲线。

社会上同一个商品有不同的需求者,每个需求者的使用价值不同,由于使用价值决定了价格的上限,低于使用价值的价格能够形成交易,所以,在价格与交易量的平面坐标中可以按照使用价值排序,形成图 7-7 的需求曲线,需求曲线是社会使用价值的表述,是全部个别使用价值的降序排列表述。需求曲线向右下方倾斜,降序排列是买者“价高者优先”的结果,表达了社会消费的边际效用递减规律,更大的使用量带来的更大的使用价值,但是,使用价值的增量递减。

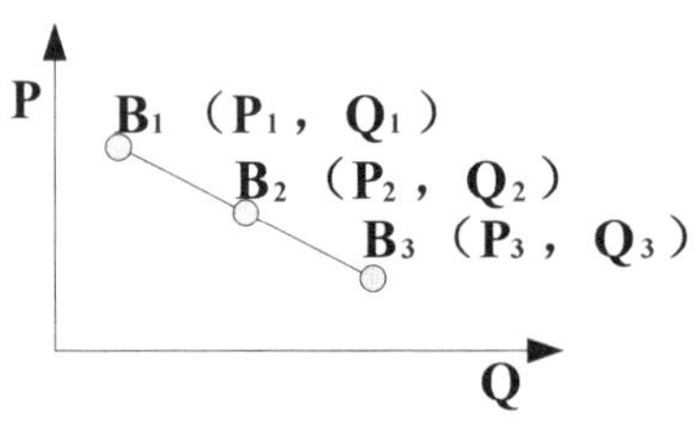

图 7-7　需求曲线

假定,B_1 的使用价值是 P_1,需求量是 Q_1;B_2 的使用价值是 P_2,需求量是 Q_2;B_3 的使用价值是 P_3,需求量是 Q_3。需求曲线表明,由于使用价值不同,在价格 P_1 时,只有 B_1 购买,需求量是 Q_1;在价格 P_2 时,B_1、B_2 都购买,需求量是 Q_1+Q_2;在价格 P_3 时,B_1、B_2、B_3 都购买,需求量 $Q_1+Q_2+Q_3$。所以,使用价值决定需求曲线。

3. 供给曲线的逻辑

供给曲线是销售行为的结果，销售行为遵循“价低者优先”的原则，社会全部销售者按照出价从低到高升序排列，供给曲线向右上方倾斜且下凸，这种倾斜体现了劳动者个别生产成本递增——劳动价值递增，表现为社会生产的边际成本递增——劳动价值递增。供给曲线表明，特定商品的社会全部销售者的个别供给的总和构成该商品的社会总供给，简称社会供给。具体到算例中，耕作机械的供给曲线是耕作机械制造者对耕作机械的心理预期，在表现上是销售耕作机械的收入 mcv，在结构上是 $m+c+v$ 的结果。对于 m 的预期来自制造者对市场劳动价值的认知，生活成本 v 是确定的，所以，生产资料 c 是供给曲线的决定因素，也等价于成本 cv 是供给曲线的决定因素。而成本 cv 就是制造耕作机械付出的全部劳动价值，是包括物化劳动的全部活劳动的累积。所以，劳动价值决定供给曲线。在会计学中，这种定价方法称为成本加成法。注意，物化劳动采用机会成本核算，因为可以选择不同的供应商，活劳动采用实际成本核算，因为不能选择不同的自己。所以，成本价值决定供给曲线。

社会上同一个商品有不同的供给者，每个供给者的成本价值不同，由于成本价值决定了价格的下限，高于成本价值的价格能够形成交易，所以，在价格与交易量的平面坐标中可以按照劳动价值排序，形成图 7-8 的供给曲线。供给曲线表达了社会劳动的成本价值，是全部个别劳动的成本价值的升序排列曲线。供给曲线向右上方倾斜，升序排列是卖者“价低者优先”的结果，表达了社会劳动的边际效用递减规律，形成了社会劳动成本递增规律，更多的供给量需要更多劳动的成本价值，而且，成本价值的增量也递增。

假定，A_1 的成本价值是 P_1，供给量是 Q_1；A_2 的成本价值是 P_2，供给量是 Q_2；A_3 的成本价值是 P_3，供给量是 Q_3。供给曲线表明，由于劳动价值不同，在价格 P_1 时，只有 A_1 供给，供给量是 Q_1；在价格 P_2 时，A_1、A_2 都供给，供给量是 Q_1+Q_2；在价格 P_3 时，A_1、A_2、A_3 都供给，供给量是 $Q_1+Q_2+Q_3$。所以，成本价值决定

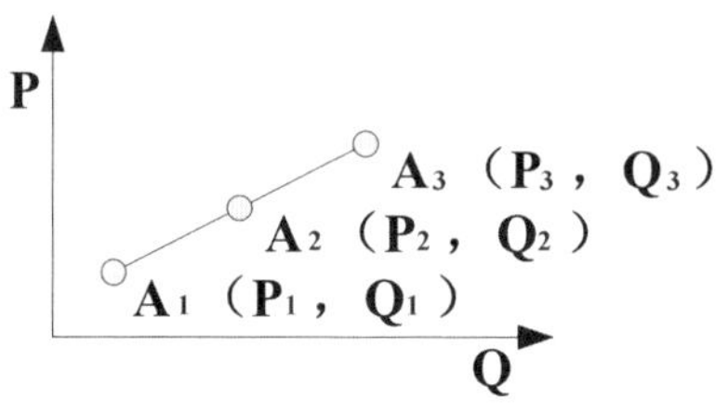

图 7-8　供给曲线

供给曲线。事实上，供给曲线可能不是平直的，也可能不是光滑的，可能是折线，但是，为了逻辑表达的便利，人们总是假定这个曲线是光滑的，因为，用这些散点图的回归线来代表供给曲线就是光滑的。

4. 劳动剩余的构成

同一个交易者在不同的交易中可以是不同的角色，在一次交易中可以是卖者，在另一次交易中可以是买者。在一次交易中，买者实现的劳动剩余 m^* 称为消费者剩余，卖者实现的劳动剩余 m^* 称为生产者剩余。在现实中，实际 m^* 未必等于预期 m，令 $\Delta m=m-m^*$，在一次交易中，消费者 Δm+生产者 $\Delta m=0$，即，一方所得即为一方所失，所以，交易是价值实现过程和价值分配过程的统一，但不是价值增值过程。

这里使用了“实现”一词，是特别强调，生产是价值增值过程，交易是价值实现过程。这里要严格区分“交易”与“交易行为”，交易只是交易行为的抽象，不包括交易行为的决策、法律手续等劳动付出；交易行为的劳动付出，通过更有效地配置资源和降低风险，创造了价值，实现了增值。

价格作为劳动剩余的划分，供给曲线与需求曲线都是交易者的心理预期，未必是实际的交易价格。在需求曲线上，买者心理预期的劳动剩余 m，但是，劳动 v 才是其价格底线，如果购买价格高于 $m+c$，购买者的劳动剩余将低于劳动成本 v，无法满足其基本生存必需条件。所以，价格曲线 $m+c$ 是购买价格的上限，由此构成了购买价格的弹性空间。在供给曲线上，卖者心理预期的劳动剩余 m，同样，劳动 v 才是其价格底线，如果销售价格低于 $c+v$，销售者的劳动剩余将

低于劳动成本 v，将无法满足其基本生存必需条件。所以，成本曲线 $c+v$ 是销售价格的下限，由此构成了销售价格的弹性空间。

5. 供需均衡价格达到劳动剩余总量最大

供给曲线 A 与需求曲线 B 相交于点 C，此时的价格 P_c，人们称之为均衡价格，如 7-9 所示。

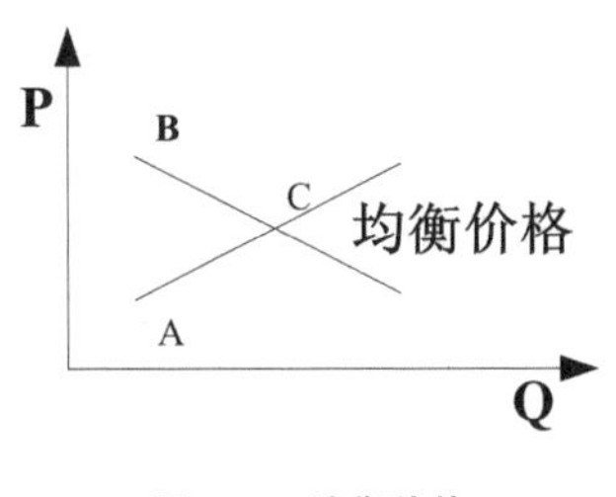

图 7-9　均衡价格

在均衡价格下，实现交易的所有购买者都能获得消费者剩余，实现交易的所有销售者都能获得生产者剩余，社会剩余价值的总量达到最大。高于均衡价格，供给大于需求，社会剩余价值总量不能实现最大化；低于均衡价格，需求大于供给，社会剩余价值总量也不能实现最大化。这里注意，购买者和生产者都指实际实现了参与购买和销售的企业，不是那些高于均衡价格的卖者和低于均衡价格的买者，因为他们没有实现销售和购买。

处于均衡价格左边由供给曲线与需求曲线构成的区域 ACB 称为劳动剩余可行域，也称交易可行域，在这个区域的任意买者的使用价值都大于任意卖者的劳动价值，从而，在这个区域的任意买者和任意卖者进行交易都能形成劳动剩余，都不减少社会劳动总剩余。但是，超越这个区域的买者或卖者参与交易则降低社会劳动总剩余。

均衡价格是价格波动的中心，这个时候的价格就是社会对均衡价值的价格认定，代表了社会必要劳动时间。当价格低于均衡价格，存在一些供应者亏损，社会供应量减少，价格提升；当价格高于均衡价格，存在一些消费者亏损，社会需求量下降，价格下降。波动的中心就是这个均衡价格，在均衡价格的状态就是,劳动价值等于使用价值。所以,这个价格就是社会必要劳动时间的市场评价。

商品是使用价值和劳动价值的辩证统一,均衡价格就是生产商品的社会必要劳动时间的货币形式,在均衡点存在以下关系:

均衡价格=均衡点社会边际劳动价值

=均衡点社会边际使用价值

=均衡点供给者个人平均劳动价值

=均衡点消费者个人平均使用价值

这里要关注三点:(1)注意区别不同的主体,看是社会还是个人。(2)“边际劳动价值=边际使用价值”是劳动剩余的极值条件,当“边际劳动价值=边际使用价值”时,劳动剩余达到最大。“社会边际劳动价值=社会边际使用价值”表示社会劳动剩余达到最大。需要注意,这里的主体是社会整体。(3)“平均劳动价值=平均使用价值”是劳动价值的盈亏条件,当“平均劳动价值>平均使用价值”时,存在劳动剩余;当“平均劳动价值=平均使用价值”时,劳动剩余处于盈亏平衡点;当“平均劳动价值<平均使用价值”时,存在劳动亏损,即劳动剩余为负值。需要注意,这里的主体是均衡点上的供给者或消费者个人。

(三)供需决定论与劳动价值论的统一

古典经济学之前是供需决定论,古典经济学提出了劳动价值论,形成了价值决定论,价值分析成为经济分析的主线,取代了供需分析的主线地位。新古典及其以后的经济学回归到供需决定论,恢复了供需分析作为经济分析的主线。事实上,劳动价值论与供需决定论是辩证统一的关系,形式上是供需决定论,实质上是劳动价值论。

1. 理解古典经济学的劳动价值论

古典经济学的价值规律认为,价格受供求关系影响,围绕价值上下波动。价值规律也称价值决定论,对称于供需决定论。这个中心价格就是供需均衡时的价格——均衡价格。均衡价格也代表了最后这个供给者的平均劳动时间——社会必要劳动时间。在计算中,边际价值决定剩余价值的变动趋势和最大化条件,平均价值决定剩余价值的具体的量和最大化的量。供给曲线向右上方倾斜是卖方“价低者优先”原则导致个人劳动价值升序排列的结果,表现为社会生产的边际劳动价值递增;需求曲线向右下方倾斜是买方“价低者优先”原则导致个人使用价值降序排列的结果,表现为社会消费的边际使用价值递减。

在数学中把二维空间称为平面,计算平面的总量称为面积,计算面积大体有两种方法,一种是二维乘法,简称乘法,一种是积分方法。在商业逻辑分析中,人们可以运用边际分析,代入积分模型进行计算;但在现实生活中,人们还是运用直接的乘法,在没有价格歧视的情况下,运用平均价格与数量进行计算。

所以,边际分析是一种理论逻辑的分析框架,而在实际的经济生活中,人们在劳动史上创造了市场,在市场的讨价还价中确立价格,开展交易,而市场交易的基本准则之一就是非价格歧视,因而人们更多是运用平均价格进行思考。当然,在经济分析中,也不会排斥边际分析,上面的图 7-7、图 7-8、图 7-9 都是逻辑分析的工具。在现实中,个别生产存在边际效用递减和规模经济两种规律,社会生产的这三个逻辑图所表达的规律都不是静态的而是动态的,人们不可能真正使用这种边际分析确定商品的均衡价格,而是创造了讨价还价的市场机制,形成动态价格均衡机制。一方面,形成价格均衡机制,调节市场供需关系,维护市场均衡;另一方面,形成劳动激励机制,使得市场交换既能够通过资源优化配置而提高社会福利水平,又能够激励劳动提高效率而提高社会财富水平,最终不断提高社会总福利水平,改善人们的生活条件。

2. 劳动价值论与供需决定论的关系

劳动价值论与供需决定论是同一个硬币的两面。劳动价值论构成了价值分析,价值分析的核心逻辑是,劳动创造价值,所以,劳动剩余归属于劳动者所有,由劳动者分配。供需决定论认为,劳动价值由劳动者创造,劳动剩余由劳动拥有,由劳动者分配,其中,具体分配由买方与卖方在市场上定价分配,市场价格把劳动剩余划分为生产者剩余和消费者剩余,卖方获得生产者剩余,买方获得消费者剩余。所以,市场价格机制是劳动价值论和供需决定论的统一,在形式上是供需决定论,是供需双方讨价还价形成价格,在本质上是价值决定论,是参与劳动协作的供需双方协商共识分配劳动剩余。市场价格机制是价值正义的主要辩证机制,劳动价值论和供需决定论是市场价格机制这同一个硬币的两面。

关于古典经济学的劳动价值论与新古典以后的供需决定论之间的逻辑等价关系,即关于市场定价等价于社会必要劳动时间的逻辑,可以这么理解:每一个人都既是买者又是卖者,作为卖者希望更高的价格,能够接受不低于别人的价格;作为买者希望更低的价格,能够接受不高于别人的价格;价值正义就是大家希望或能够接受的价格,大家希望的价格如果没有可能,就退而求其次,找一个大家都能够接受的价格——既不高于也不低于别人的价格,即等于别人的价格。每一个人都希望等于别人的价格,所以,大家的价格都相等就是成本共识,就成为价值正义的原则。在逻辑上,个别劳动时间换算成社会必要劳动时间有一个换算率,这个换算率与个人的劳动效率相关,所以称为个别劳动效率。个别劳动时间换算得到的社会必要劳动时间=个别劳动效率×个别劳动时间,劳动效率=劳动能力×劳动动力。社会平均劳动效率=1。在实践中,人们在市场上讨价还价确定商品的价格,而商品的价格反映了生产商品的社会必要劳动时间。商品的价格高低反映了劳动价值的高低,劳动价值高意味着均衡价格下生产商品的边际劳动价值高,即供需均衡时生产商品耗费的劳动时间多,反之反是。因此,劳动价值论与供需决定论是内容与形式的关系,或者说,是道与器的关系,劳动价值论是道,供需决定论是器。

三、影响商品价格的市场势力

供给与需求决定了市场的价格,但是,供给与需求也受到其他因素的影响,比如市场势力或称市场结构。

(一)市场势力影响商品价格的数学证明

关于市场结构对价格的影响,这里给出两个比较严格的数学证明。

定理:在“价高者优先”的买方原则下,买者越多价格越高;在“价低者优先”的卖方原则下,卖者越多价格越低。

1. 运用概率论的证明

证明:

记价格为 v,设有 n 个买者,所谓“价高者优先”的原则就是 $v(n+1)=max[v(n),v(1)]$,其中 $v(n)$ 是 n 个买者的最高价格。价格 v 的概率分布函数 $\varphi(v)$,有 $\int_0^{+\infty}\varphi(v)dv=1$。令 n 个买者的联合概率 $p_n=\int_0^{+\infty}\varphi_n(v)dv=1$,其价格 v 的数学期望 $E_n=E_n(v)=\int_0^{+\infty}v\varphi_n(v)dv$。

则 $E_{n+1}-E_n=\int_0^{+\infty}v\varphi_{n+1}(v)dv-\int_0^{+\infty}v\varphi_n(v)dv$

$=\int_0^{+\infty}v[\varphi_{n+1}(v)-\varphi_n(v)]dv$

$=\int_0^{E_n}v[\varphi_{n+1}(v)-\varphi_n(v)]dv+\int_{E_n}^{+\infty}v[\varphi_{n+1}(v)-\varphi_n(v)]dv$

由积分中值定理,存在 $0<v_1<E_n,E_n<v_2<+\infty$,

有 $E_{n+1}-E_n$

$=v_1\int_0^{E_n}[\varphi_{n+1}(v)-\varphi_n(v)]dv+v_2\int_{E_n}^{+\infty}[\varphi_{n+1}(v)-\varphi_n(v)]dv$

$=v_1[\int_0^{E_n}\varphi_{n+1}(v)dv-\int_0^{E_n}\varphi_n(v)dv]+v_2[\int_{E_n}^{+\infty}\varphi_{n+1}(v)dv-\int_{E_n}^{+\infty}\varphi_n(v)dv]$

令 $p_{n+1}^-=\int_0^{E_n}\varphi_{n+1}(v)dv,p_n^-=\int_0^{E_n}\varphi_n(v)dv$,

$p_{n+1}^+=\int_{E_n}^{+\infty}\varphi_{n+1}(v)dv,p_n^+=\int_{E_n}^{+\infty}\varphi_n(v)dv$,

有 $p_{n+1}^-+p_{n+1}^+=p_n^-+p_n^+=1$。

得:$E_{n+1}-E_n=v_1(p_{n+1}^--p_n^-)+v_2(p_{n+1}^+-p_n^+)$

令 $p^- = p^-_{n+1} - p^-_n$, $p^+ = p^+_{n+1} - p^+_n$,

有 $p^- + p^+ = 0$,即 $p^- = -p^+$

得:$E_{n+1} - E_n = v_1 \times p^- + v_2 \times p^+$

$= v_1 \times p^- + v_2 \times p^+ - E_n(p^- + p^+)$

$= p^-(v_1 - E_n) + p^+(v_2 - E_n)$

由价高者优先,即 $v(n+1) = max(v(n), v(1))$,有

$p^-_{n+1} = p^-_n \times p^-_1$,即,按"价高者优先"的原则,"降价"的联合概率是各概率的乘积。

由 $0 < p^-_1 < 1$,有 $p^-_{n+1} < p^-_n$,所以,$p^- < 0$。由 $p^- = -p^+$,得 $p^+ > 0$。

由 $v_1 < E_n$, $E_n < v_2$,有 $p^-(v_1 - E_n) > 0$, $p^+(v_2 - E_n) > 0$

所以,$E_{n+1} - E_n > 0$,即 $E_{n+1} > E_n$。

即,按照"价高者优先"的原则,买者越多价格越高,反之反是。只有一个买者时,称买方垄断,价格最低。

同理可证,在"价低者优先"的卖方原则下,卖者越多价格越低,反之反是。只有一个卖方时,称卖方垄断,价格最高。

证毕。

特别说明:"价低者优先"的卖方原则,即 $v(n+1) = mix[v(n), v(1)]$,其中,$v(n)$ 是 n 个卖者的最低价格。则 $p^+_{n+1} = p^+_n \times p^+_1$,即,按价低者优先的原则,"涨价"的联合概率是各概率的乘积。

对比,"价高者优先"的买方原则,即 $v(n+1) = max[v(n), v(1)]$,有 $p^-_{n+1} = p^-_n \times p^-_1$,即,按"价高者优先"的原则,"降价"的联合概率是各概率的乘积。

以两个人为例:"价低者优先"的卖方原则,两人同时涨价,价格才会上涨,所以,$p^+_2 = p^+_1 \times p^+_1$,$p^+_1$、$p^+_2$ 就是涨价的概率。"价高者优先"的买方原则,两人同时降价,价格才会下降,所以,$p^-_2 = p^-_1 \times p^-_1$,$p^-_1$、$p^-_2$ 是降价的概率。

其中有一个规律:总是要体现辩证关系。其中,在"价高者优先"的买方原则下,降价的联合概率是各买者降价的概率之乘积;在"价低者优先"的卖方原

则下,涨价的联合概率是各卖者涨价的概率之乘积。

2. 运用拍卖理论的证明

均衡价格是一种理想状态,实际是市场交易在信息不完备、交易有成本的条件下展开。

商品拍卖中人数与价格关系构成的数学问题可以描述为:给定 n 个买者,第 $i\in[1,\cdots,n]$ 个买者对商品的价值评价为 v_i,假定各买者对商品价值有相同的评价分布(评价是主观与客观的统一,因此,个人的评价不稳定,形成分布),则各买者对商品的期望价值评价相同,即 $E(v_i)=v$,各买者按各自的评价值报价 bv_i,有 $E(bv_i)=E(v_i)=v$。市场按最高报价确定买者和商品价值,有 $bv=max_1^n(bv_i)$。求证:$E(bv)\leqslant v$ 且 $E[max_1^n(bv_i)]\geqslant E[max_1^m(bv_i)]$,其中 $m\in[1,\cdots,n)$。

证明:

首先证明 $E(bv)\leqslant v$,即,商品价值的市场评价高于商品价值的个别评价。

商品期望价值为:$E(bv)=E[max_1^n(bv_i)]$

因为函数 $max(*)$ 是凸函数,由 Jensen 不等式得:

$$E(bv)=E[max_1^n(bv_i)]\leqslant max_1^n[E(bv_i)]=v$$

即在竞价过程中,商品的市场期望价值高于商品的个别期望价值。这种现象在竞价理论中称为“赢者灾难”[①],在股票发行中则称为“发行溢价”,在商品交易中称为超额利润。

其次证明当 $m\in[1,\cdots,n)$ 时有 $E[max_1^n(bv_i)]\geqslant E[max_1^m(bv_i)]$,即,竞价人数与商品价值评价正相关。

考虑最高报价函数 $max(*)$ 的定义,对于任意 $m\in[1,\cdots,n)$,有:

$$max_1^n(bv_i)=max\begin{bmatrix}max_1^m(bv_i)\\ max_{m+1}^n(bv_i)\end{bmatrix}\geqslant max_1^m(bv_i)$$

所以 $E[max_1^n(bv_i)]\geqslant E[max_1^m(bv_i)]$

---

① 周蓉.电子采购招标拍卖与供应商管理[J].物流技术,2002(2):14-16.

即:买者越多,市场对商品价值的评估越高。证毕。

按照相同的描述,我们还可以证明:卖者越多,市场对商品价值的评估越低。由此得到关于市场势力的基本定理:市场结构影响商品定价,买者人数与商品价格正相关,卖者人数与商品价格负相关。当然,这里的价格实际上是价格空间。

关于 max(*)是凸函数的说明:

设:$max(x1,x2)+max(y1,y2)$

$=max(x1+max(y1,y2),x2+max(y1,y2))$

$\geqslant max(x1+y1,x2+y2)$

$=2max(\frac{x1+y1}{2},\frac{x2+y2}{2})$

即,$\frac{1}{2}[max(x1,x2)+max(y1,y2)]\geqslant max(\frac{x1+y1}{2},\frac{x2+y2}{2})$

按照定义,若函数 $f(x)$,有 $\frac{1}{2}[f(x)+f(y)]\geqslant f(\frac{x+y}{2})$,称函数 $f(x)$ 是凸函数。

所以,$max(*)$是凸函数。

同理,$mix(*)$是凹函数。说明如下:

设:$mix(x1,x2)+mix(y1,y2)$

$=mix(x1+mix(y1,y2),x2+mix(y1,y2))$

$\leqslant mix(x1+y1,x2+y2)$

$=2mix(\frac{x1+y1}{2},\frac{x2+y2}{2})$

即,$\frac{1}{2}[mix(x1,x2)+mix(y1,y2)]\leqslant mix(\frac{x1+y1}{2},\frac{x2+y2}{2})$

所以,$mix(*)$是凹函数。

注意,这里我们定义,弓下弦上为凸,弓上弦下为凹。

(二)市场势力的讨论

上面的数学讨论表明,市场结构能够影响商品的市场价格。但是,上面的数学讨论基于一个假设,市场势力不会利用自己的市场地位影响市场的供给或需求,而这不是事实。因此,本节着重讨论市场势力对供给的影响,从而影响价格。按照对称性可以理解市场势力对需求及其价格的影响。

1. 市场势力的重要影响

上面的讨论没有涉及所谓的"声浪原理"。上面的讨论基于各个决策人独立决策,不受他人影响。事实上,无论是一般拍卖还是市场竞价,主导者都会营造场域和气氛,传递信息甚至制造信息。这里不讨论制造或传播虚假信息,甚至不讨论供给体系的商业技巧(这些技巧在第五章需求部分已经讨论),仅就正常的集聚拍卖和市场讨价还价就存在"声浪原理":所谓声高有理,或称声音大就有道理。假定每一个人的声音同样大,总的声音是每一个人声音的叠加。所以,人数多的一边声音大,就获得更多的人站边,人数就会更多。最终的结果只有少数信念坚定者能够站在对立面。这种情况很多,通常的公众社交场合、网络社交场合等都是这种场域。这种场域的数学基础就是联合概率问题,多个独立事件的联合概率是各自独立概率的乘积。所以,人数越多则出错概率越小。在市场竞价中,不是每一个参与者都有相同的声浪,而是每一个市场份额有一个声浪单位。所以,体量越大声浪越大,越能得到市场认同。所以,市场上那些势力大者能够更多地影响市场价格,势力足够大者能够左右市场或操控市场价格。声浪原理带来了不公平的市场格局,需要制度来平衡,要尽量避免出现过大的市场势力,才能维护公平。同时,不是赞同的人数多就掌握了真理,有时候真理掌握在少数人手里。多数人赞同未必是真理,而正义要求既是真理又要求获得认同。其实,正义可以划分为不同的正义度,比如,所有人赞同是完美正义,绝大多数人赞同是强正义,简单多数人赞同是弱正义,多数人反对就不是正义。

2. **市场势力影响价格公平的讨论**

在图 7-9 中，C 点是市场的均衡点，在 C 点的左边是市场的短缺状态，在 C 点的右边是市场的过剩状态。处于短缺状态的商品称短缺商品或稀缺商品，短缺商品的供需缺口越大则供需越加不平衡，商品的价格越高。处于过剩状态的商品称过剩商品，商品过剩得越多则市场价格越低。

利用市场的这个规律，历史上经常出现所谓的“囤积居奇”，就是某些市场势力利用市场波动情况和自己的市场地位，在市场供应紧张的时候，控制市场供应，造成市场供需的缺口加大，加剧商品的稀缺性，提高商品的市场价格，获得更大的超额利润。更有甚者，某些市场势力利用特定商品的需求刚性，直接操控市场价格，获取更大的超额利润。

价格的本质是劳动剩余的分配，买者获得生产者剩余，卖者获得消费者剩余，在正常的市场结构下，买卖双方价格博弈，卖者和买者内部价格竞争，在博弈和竞争中形成公平价格，实现价值正义，生产者和消费者都能够获得对价于自己劳动付出的劳动剩余。但是，在“囤积居奇”的状态下，卖者获得了超额利润，生产者剩余加大，消费者剩余减少，生产者剩余的增量等于消费者剩余的减量，消费者损失了他们的劳动剩余，造成生活或生产的困难，形成社会问题。

3. **市场势力影响劳资关系的讨论**

这种市场结构对价格的影响同样存在于劳资关系中。在劳资关系中，劳动力的供给是劳动者，资本的供给是出资人，但是，资本的经营会形成委托-代理结构，出资人不会直接独立经营资本，而是委托给代理人经营，形成了企业行为或称组织行为。

这种关系构成劳动者个人行为与出资人组织行为的结构，劳动者的数量远远大于企业的数量，由此形成了劳动力市场结构的不平衡，企业的市场势力远远大于劳动者的市场势力，企业在市场谈判中居于占据极大优势的地位。由此，一方面企业资本的价值得到高估，劳动力的价值被低估；另一方面企业资本能够操控价格而获得更大的超额利润，劳动者被迫接受歧视价格。历史上的劳资关系很多时候呈现出这种结构状态,阻碍了生产力的发展并引发社会矛盾。这种资本利益凌驾于劳动利益之上的社会格局就是资本主义,进而引发社会制度的异化。

针对这个问题,劳动者团结起来,组织工会或联盟,形成劳工组织来与企业组织谈判,劳资谈判从劳动者个人面对企业组织转化为劳动者组织面对企业组织,组织与组织的谈判,大体上能够数量均等和势力均衡,价格也就相对公平。当然,在某些状态下,劳动者组织的规模过大,比如,行业工会面对企业组织,行业工会的数量明显少于行业企业数量,工会组织势力大于企业组织势力,劳动力获得超额利润,企业资本利润过低,企业再投资能力受到限制,发展能力不足。这种格局比较少见。

因此,市场结构的势力均衡,才能够维护价值正义的机制稳定,市场结构的势力失衡,就会打破价值正义机制的稳定,造成价格畸形和分配不公,这都会阻碍经济发展和引发社会问题。

历史上主要是资本对劳动的过度占有,所以,社会问题也集中在资本的结构上。人们甚至把劳资关系看成不可调和的矛盾,其实,未必是劳资关系本身的问题,可能是劳动力市场的结构失衡问题,至少从中国古典经济学价值正义的视角看,劳动力市场的结构失衡是引发劳资关系矛盾的因素,因此,调整劳动力市场的结构可能是协调劳资关系的一种策略选择。历史上人们也确实做出了这个方面的努力,比如,工会组织、职工代表制度、反垄断法,甚至农村外出务工的自发组织,等等,都是人们在这个方面的努力尝试,不少也取得了成功。

四、市场机制是价值正义的实现形式

市场机制是讨价还价机制,是价值正义的实现形式,在价值范式上实现配置正义,在实践范式上实现群众路线,核心是坚持群众路线。

（一）劳动价值评价的困难

在一次讨论中，一个朋友提出了联合产品问题：1 头牛有 2 只犄角和 1 条尾巴，牛的犄角可以制造梳子，牛的尾巴可以做成食物，生产它们的劳动时间肯定相同，按照古典经济学的价值规律和劳动价值论，它们的价值相等，按照"等价交换"的原则，难道 2 只犄角与 1 条尾巴的市场价格一定相等吗？这就是联合产品问题，这类问题很多，比如，甘蔗的汁可以做糖，蔗渣可以造纸，1 根甘蔗的汁与其蔗渣也构成了联合产品问题，等等。我们应该如何理解？

讨论形成了三个方面的递进思路，包括整体与局部、两种价值的统一、价值分配或分摊问题。

（1）整体与局部。这里首先构成了一个整体与局部的关系问题，2 只犄角和 1 条尾巴都是局部，整头牛才是整体。前面之所以会提出那样的疑问，就是因为把局部等同于整体，认为 2 只犄角和 1 条尾巴耗费的劳动相同，按照这个逻辑也可以认为牛身上的 1 斤肉与 10 斤肉耗费的劳动相同，最终结果就是 2 只犄角和 1 条尾巴耗费的劳动等于养育整头牛的劳动，即局部就是整体、整体就是局部，形成逻辑上的矛盾。

（2）两种价值的统一。等价交换指的是交换的商品中凝结的社会劳动时间相同，其前提是这些商品的使用价值满足"各得其所"。就买者而言，要求商品的使用价值大于商品的流通价值，存在消费者剩余，这是购买行为的条件；就卖者而言，要求商品的流通价值大于商品的劳动价值，存在生产者剩余，这是销售行为的条件。所以，对这个问题的理解需要回到商品的本质来，人们购买商品的目的是获得使用价值，是获得商品提供的效用，因而商品就不过是效用的载体，是使用价值的基础。所以，对于商品交换就存在数与量的关系，商品的数与量确定了商品的使用价值、劳动价值和流通价值，在此基础上才有流通价值的等价交换。

（3）价值分配问题。作为一个整体的全部劳动耗费不是局部的劳动耗费，各个局部的劳动耗费之总和才是整体的全部劳动耗费。所以,局部劳动耗费需要分摊整体劳动耗费,这个分摊本质上就是价值的分配。这些局部的价值分配还是回到两个价值的统一,要看他们的使用价值评估,来决定流通价值的分配。比如,如果牛的犄角需求量更大,其流通价值分配就会更多一些,反之则反是。分配问题广泛存在,是经济学的核心问题。所以,关于等价交换的前提是"各得其所",即交易双方的使用价值都超过其劳动价值——个别劳动意义的使用价值和劳动价值。价值构成是使用价值和劳动价值的统一,价值评价既要考虑使用价值也要考虑劳动价值。

这些讨论启示我们,一是人们追求的是商品的使用价值而不是商品本身,但商品是使用价值的载体,效用与载体不可以简单分割。二是等价交换的前提是交易能够发生,买卖双方"各得其所",买者能够得到消费者剩余,卖者能够获得生产者剩余。三是等价交换是流通价值的等价,买卖双方共同创造劳动剩余,共同分享劳动剩余,消费者剩余反映市场对买方贡献的评价,生产者剩余反映市场对卖方贡献的评价。四是市场交换形成的剩余价值还存在再分配的问题。投资有回报、企业有利润、员工有收入、政府有税收的剩余价值四分法,传统的投资红利、土地地租、劳动工资的剩余价值三分法等,都是剩余价值的再分配方法。

(二)市场经济内含价值正义

1. 市场经济是价值正义

讨论市场经济的道德由来已久,人们通常认为,市场经济的前提是人们的自私,是好逸恶劳。事实上,实行市场经济是为了防范人们的投机取巧,为了防范"出工不出力",防范占有别人的劳动,是为了更好地鼓励人们努力劳动。所以,市场经济以归因主义为原则,通过市场的竞争与博弈来激励劳动,本质上是通过公平促进效率。市场的分工协作会产生很多环节,不断细分。同一个生产环节构成了竞争关系,生产的上下游环节构成博弈关系。

归因主义原则的主导实现形式是按劳分配,即按照劳动贡献的大小分配,个人参与市场活动给社会贡献劳动成果,社会通过市场活动回馈给个人。这样的市场经济分配原则体现个人利益与社会(集体)利益的统一,人们在市场组织中努力工作,在市场交易中“锱铢必较”,在市场竞争中优胜劣汰,就是为了提高劳动效率,创造更多财富,从而,个人获得更多的财富,也增进社会福利,实现了个人与社会(集体)的激励相容。所以,市场经济绝非好逸恶劳、自私自利,而是能够包容私利,是一种能够实现激励相容的制度安排。市场经济强调“君子爱财,取之有道”的合法创富,本质上是激励劳动,鼓励公利,包容私利。所以,市场是实现价值正义的一种辩证形式。

市场经济的公利性首先表现在激励劳动,创造财富,繁荣社会,这是最大的慈善。进而表现在鼓励人们可以在挣钱之后捐赠社会,这是真正的慈善。人们可以在挣钱之后扩大投资,创造更多的就业岗位,这是更大的慈善,是社会道德的价值取向,具有积极进步意义。相比之下,有人在不挣钱的状态下空谈利他,在不盈利的状态下搞捐赠,等等,其实都是慷他人之慨,因为他们转让了不属于他们的财富。

2. 市场经济是群众路线

市场经济从供给和需求两端实现群众路线,人民群众成为供给和需求的完整主体。在需求方面,本质上是为了人民,表现为满足人民群众的需求,人民群众是需求的主体,人们自由选择、自主购买、自我消费,市场通过自由选择、自主参与和公平竞争决定消费主体,把选择、购买和消费的决定权赋予消费者,从需求方面实现了群众路线;在供给方面,本质上是依靠人民,表现为人民群众自我供给,人民群众是供给的主体,人们自由选择、自我组织、自主经营、自负盈亏,市场通过自由选择、自主参与、公平竞争和优胜劣汰决定供给主体,把选择、生产和销售的决定权赋予生产者,从供给方面实现群众路线。因此,市场的本质是为了人民与依靠人民的辩证统一,是目的论与工具论的辩证统一,从供给和需求两端把决定权赋予群众,人民群众是供给和需求的主体,从而是市场的主体,从主体性上构成经济实践的群众路线。

市场经济充分发挥人的主观能动性。市场经济把需求什么、需求多少交给群众决定,而需求是经济的逻辑起点,因而可以说,市场经济从逻辑起点上就贯彻了群众路线。市场经济鼓励人们自我管理,自主决策,由此建立了分散的决策机制,人们在市场中,按照市场交易的价格调整自己的行为,达成了人们行为的自主性。在市场规则的框架内,市场原则肯定人们的勤劳创富活动,鼓励人民群众的创造精神,本质上就是群众路线的具体实现形式。人们常说"人民群众有无限的创造力",市场充分激发人民群众的创造力,就能够在不可能中创造可能。人民群众有无限的创造力,这个论断还包括三个观点,一是需要价值正义保护创造力,二是组织协作才有创造力,三是优化配置才有创造力,因为,人的天性是追逐财富,人的才能可以深度开发,人的天赋有差异而无优劣。

市场经济通过自由竞争来实现大众创业。自由竞争的三个原则:自由参与、独立决策、公平竞争。通过自由竞争,市场经济能够构建群众充分参与经济的场景。从主权视角看,市场经济中,人们自主决策参与市场,通过协作创造价值,通过市场分配价值,在市场的势力均衡中,自由竞争的三个原则维护了群众的主权,群众通过行使主权实现"主体是群众、主权在群众、目的为群众"的价值三位一体。从效率视角看,在市场过程中,人们立足于自身的经济行为,自主展开调查研究。由于自己需要承担决策后果,构成了有成本的场景,因而自主调查会比较真实,对自己的认知也会更加清晰。人们自己对自己的填报会更加真实,市场交易的有成本也使得交易行为本身比事前的预测更加准确。因此,市场原则就是群众路线。

3. 市场经济具有实践操作性

劳动协作能够提高劳动技能,从而提高劳动效率;但是,劳动协作也容易降低劳动努力,从而降低劳动效率。人们的劳动实践就在劳动协作的能力提高与动力下降之间做出协调,这种协调主要有两个方面,一方面是改善劳动过程的信息结构,对那些努力劳动者给予合理的奖励,对那些不努力劳动者施以合理的处罚,提高劳动产出与劳动收入之间的相关性,从而提高劳动努力程度;另一方面是优化制度安排,以劳动成果的分配提高劳动产出与劳动收入的相关性。市场制度就是这样的制度安排,它主要按照劳动产出来分配劳动收入,所谓的“按劳分配”,能够有效提高产出与收入的相关性,提高人们的劳动努力程度,这种制度安排是“激励相容”的。协调劳动协作的劳动动机和劳动效率构成了劳动协作的核心制度安排,也构成了生产关系的内在逻辑基础,或者说,生产关系的本质就是劳动协作关系,政治经济学的根本任务就是优化生产关系,推动生产力的发展。

本章小结

经济发展的本质就是更多的需求得到更好的满足,所以,经济发展意味着人们的需求更加多元,供给体系更加复杂,相应的市场支撑水平要求更高。

市场经济在逻辑上构建价值辩证关系,形成价值的形式正义,充实制度框架形成价值的实质正义,构建价值正义机制,实现群众路线,提高经济发展水平,实现更高水平的价值正义。

在方法上,市场经济创设了一个庞大的交易平台,让交易者们在交易平台讨价还价,贯彻群众路线,实现价值正义,深化群众路线,提升价值正义。

市场坚持了正义的“三义一约”:共同契约,这是一约;充分协商,自由表达,形成共识,这是“议”;内化于心,构成市场的契约精神,这“义”;外化于行,大家遵守共同契约,这是“仪”。通过正义实现了“主体是群众、主权在群众和目的为群众”的群众路线“三位一体”。因此,市场经济的本质是以构建正义机制实现群众路线,以群众路线深化价值正义。价值正义与群众路线形成辩证统一。

第八章　供给深化:货币和金融

工欲善其事,必先利其器。

——《论语·卫灵公》

价格是价值正义的市场表达形式,因而,价格是市场的信号灯。在一个高效率的市场经济体系,市场有且只有一盏信号灯,那就是价格。人们按照市场价格确定生产和交易,货币成为交易的加速器[①],金融成为货币的加速器,市场交易获得货币和金融两次加速的加持。

一、货币价值的逻辑

价格是价值的货币形式,货币的质量决定了价格的信息质量,也就是说,货币的质量决定市场信号灯的效率,货币质量高则市场交易畅通,交易成本低;反

① 休谟.休谟经济论文选·论货币[M].北京:商务印书馆,1984:29.

之，交易成本高①，市场交易阻滞②，经济走向衰退③。

（一）再生产方程的讨论

马克思的社会再生产方程为：Ⅰ$(v+m)$= Ⅱ(c)。方程以货币描述市场的价值结构，揭示了货币价值的逻辑。该方程描述了社会再生产过程中两大部类的市场均衡条件，故也称流量均衡方程。

1. 供给决定需求

第一部类购买的生活资料等价于第二部类购买的生产资料，这个等价关系就是货币的相等关系。因为，第一部类的生活资料来自第一部类对第二部类的购买，因此，第一部类能够购买的生活资料决定于第一部类获得的货币量，而第一部类获得的货币量决定于第一部类能够卖出去的商品量；同理，第二部类的购买量也决定于第二部类能够卖出去的商品量。所以，通过货币的交易中介，市场逻辑表现为供给决定需求。

在市场理想条件下，货币代表了劳动的时间，这个结论在算例 7 中可以看得很清楚。因此，货币的等价就是劳动时间的等价，"供给决定需求"就等价于，付出的劳动时间决定能够交换回来的劳动时间，商品的交换是生产商品的劳动之间的交换。市场理想条件被定义为信息完备、要素流动无成本和劳动无差异，其中，要素流动无成本称为流动自由。但是，劳动存在差异，复杂劳动的量

---

① 富兰克林.富兰克林经济论文选集·试论纸币的性质和必要性[M].北京：商务印书馆，1989：1-18.

② Modigliani, F. and Miller, M. H. Corporate Income Taxes and the Cost of Capital[J]. American Economic, 1963, 53：433-443.

Myers, Stewart C. and Majluf, Nicholas S. Myers, Stewart C. and Majluf, Nicholas S. Corporate Financing and Investment Decisions When Firms Have Information That Investors Do Not Have[J], Journal of Financial Economics, 1984, 13：187-221.

③ 麦金农.经济发展中的货币与资本[M].上海：上海人民出版社，1997：79；爱德华·肖.经济发展中的金融深化[M].上海：上海三联书店，1988：1-2。

是简单劳动的倍增[①],劳动的复杂度形成原因广泛,比如,人们的劳动培训不同,天赋不同,都是构成劳动复杂度差异的原因。所以,市场对复杂劳动量的评价可以看成是把复杂劳动的量折算为简单劳动的量,在将复杂劳动折算为简单劳动后,在逻辑抽象上实现了劳动的无差异。

2. 等价交易的内涵决定了货币的基本职能

方程表明,交易体现了等价交换的原则,在形式上是货币量的相等,在本质上是价值量的相等。交易是动态平衡,货币流量在逆差与顺差之中形成均衡的总量相等。价格的均衡是现象,价值的均衡是本质;在价格均衡的条件下,货币代表的均衡既是需求的均衡也是供给的均衡。所以,这个等价交易的内涵决定了货币的两种基本职能,一种是作为交易工具的职能,市场的交易通过货币来完成;一种是作为交易的价值尺度的职能,市场交易的价值量通过货币来衡量。

所以,再生产的货币流通方程表明,从结构上看,货币是交易的工具,从流量上看,货币是价值的度量。货币的引入,交易可以异步交换,货币就表现为购买职能,这就是支付职能;进而,人们不再需要自己储藏商品,只需要储藏货币,也就代表了储藏商品,这就是储藏职能;最后,世界贸易也可以通过货币来完成,这些完成国际贸易的货币工具就是世界货币,这些货币具有世界货币的职能。因此,货币具有价值尺度、交换工具(交易中介)、支付手段、储藏手段、世界货币等五大基本职能[②]。

3. 货币构成了虚拟经济的基础

货币的这些基本职能使得货币权证化,人们从追逐财富转向追逐货币,货币成为虚拟经济的基础,这些虚拟经济就是金融体系。

虚拟经济包括货币、信用、产业资本和金融资本四个层次,其中,信用是狭义的金融,是货币工具,是货币流动性和资本集中性的工具、延伸和衍生,是扩

---

① 马克思.资本论:第一卷[M].北京:人民出版社,1975:58。原文为:比较复杂的劳动只是自乘的或不如说多倍的简单劳动,因此,少量的复杂劳动等于多量的简单劳动。

② 马克思.马克思恩格斯全集(第13卷)·政治经济学批判[M].北京:人民出版社,1962:7.

大的货币,是经济扩张的货币工具,正如《资本论》所说的,“在危机中,信用主义会突然转变成货币主义”①;产业资本是投资于产业的货币,是社会集中力量办大事的金融路径,是金融与产业融合的体系;金融资本是金融的金融,是金融的控制工具;前面三个层次——货币、信用、产业资本是经济的流动性工具,它们推动社会化大生产的形成,交易从物的交换转变成价值分配,货币及其工具成为价值分配的工具;第四个层次金融资本是流动性工具的总开关和调节器,也是社会化大生产的价值分配的枢纽,构成国家经济现代治理体系的重要组成部分。由此可看出虚拟经济具有五大职能,一是资源配置,二是价值寄托,三是劳动激励,四是劳动组织,五是交易便利。

通过货币的五大职能,虚拟经济的后面三个职能都实现了,一是价值尺度充分激励了人们的奋斗精神,带来极大的劳动热情和创造力;二是交易工具极大刺激了人们的劳动协作,提高了人们的劳动组织水平,极大提高了劳动效率;三是五大职能的协同极大方便了人们的生活,降低了生活、生产的成本,人们获得了极大的自由。

但是在这里,货币作为价值尺度具有不完备性,因而不能完成价值寄托的职能。其次,社会再生产方程没有讨论货币的配置职能,而配置职能是虚拟经济的首要职能。《周易 · 系辞上》说“富有之谓大业,日新之谓盛德”,盛德大业就是做好事业,涉及做正确的事、正确地做事、强有力地做事等三要素,其中,资源配置就是解决做正确的事的问题,居于盛德大业的首位。所以,在社会再生产方程里,货币最重要的价值还没有揭示出来。

(二)对三个模型的分析

1. 三个模型及其简要说明

(1)费雪方程:$M \cdot V=P \cdot Q$。费雪方程也称货币流动方程,其中,M 是市场中流通的货币量,V 是市场中货币流通的周转率,P 是市场中商品的交易价格,

---

① 马克思.资本论:第三卷[M].北京:人民出版社,1975:608.

Q 是市场中商品的交易量。从货币流量的视角,方程讨论市场中货币流通量、货币周转率、商品价格、商品交易量之间的关系。其中,货币量 M 与周转率 V 的乘积构成了市场交易的货币总量,物价 P 与交易量 Q 的乘积构成了市场交易的价值总量,所以,方程揭示了货币与交易的关系,描述了市场交易中的流量关系,从流量关系中揭示了货币价值的逻辑。其中,在价格不变的条件下,P 的上升代表商品的功能、性能和质量的提升,就是产业升级;Q 的增加代表商品交易量增加,就是经济繁荣。货币周转率 V 与交易成本相关,交易成本下降则周转率 V 加大,在流通货币量 M 不变的条件下,一是引起 Q 增加,为经济繁荣,二是价格 P 提升,为产业升级。所以,在价格不变的前提下,经济繁荣就是市场交易量 Q 的增长,经济衰退就是市场交易量 Q 的减少;产业升级就是商品价格 P 的提升,产业退化就是商品价格 P 的下降。货币量 M 增加的两个渠道,一是产业升级带来商品价格 P 的提升,二是经济繁荣带来交易量 Q 的增长。不是这两个渠道引发的货币量增加,都是通货膨胀[①];非产业升级而出现价格 P 提升,那是通货膨胀的原始定义。

(2)剑桥方程:$m_d = kPY$。[②] 从货币存量的视角,方程讨论货币存量、货币偏好率、财富存量和价格之间的关系。其中,m_d 为名义货币需求,k 表示以货币形式拥有的财富占名义总收入的比例,P 代表价格水平,Y 代表总收入。方程是一种符号形式,其内涵可以在形式不变的条件下拓展。对于剑桥方程,可以把 Y 定义为财富,P 代表财富的价格,k 表示以货币形式拥有的财富占名义总财富的比例,$m_d = kPY$ 就代表了以货币形式拥有的财富量。方程的重要意义在于,它提供了一种财富结构优化的思路,不同的财富结构带来不同的财富价值。

(3)贷款利率模型:设项目收益率变量 $R \in [a, b]$,$a = 0$,b 是项目收益率的可能上限,R 的概率函数 $F(*)$,R 的概率密度函数 $f(*) \geqslant 0$,银行利率是 r。项目收益率 $ER = \int_0^b Rf(R)\,dR$,经借款人过手,由银行与借款人分享,借款人实际

---

① 西美尔.货币哲学[M].北京:华夏出版社,2002:408

② Pigou,A.C..The value of money[J].Quarterly Journal of Economics,1917(32),Nov:38-56.

收益率 $ER_A=E(R_A)=\int_{1+r}^{b}Rf(R)\,dR-(1+r)\int_{1+r}^{b}f(R)\,dR$，银行实际收益率 $ER_B=E(R_B)=\int_{0}^{1+r}Rf(R)\,dR+(1+r)\int_{1+r}^{b}f(R)\,dR$。对 ER_B 求 r 的导数得银行边际收益率 $ER_B'=\int_{1+r}^{b}f(R)\,dR\geqslant 0$，所以，银行实际收益率 ER_B 是贷款利率 r 的不减函数。贷款利率 r 只是贷款的约定利率，贷款实际利率是 $r^*=ER_B-1\leqslant r$，r^* 是 r 的不减函数。由对称性可知，借款人实际收益率 ER_A 是贷款利率 r 的不增函数，计算可得借款人违约概率 $R=F[R<(1+r)]=\int_{0}^{1+r}f(R)\,dR$，借款人违约边际概率 $R'=f(1+r)\geqslant 0$，借款人违约概率是贷款利率 r 的不减函数。模型的结构意义在于，它奠定了信贷配给的理论基础，明确了财富、项目的不同形式、不同效用和不同质量，信贷配给的边际分析和利率逻辑为优化财富结构提供了一种启示，启示人们遵循边际收益原理和财富结构的风险与收益关系，财富结构优化要考虑选择边际收益率高或边际增长率高的资产或项目，同时考虑风险和风险平衡，为运用边际分析和货币金融等工具优化资源配置奠定了逻辑基础。

前面两个方程都是流量模型，费雪方程从动态性讨论市场中货币与交易的流量问题，剑桥方程从静态性讨论市场中财富的形式及其货币的价值。利率模型是结构模型，描述了不同项目或资产的质量，也表达了利率作为货币价格的内涵。三个模型从流量与结构两个方面提供了一些货币与交易进而与经济发展的启示。另外，费雪方程主要启示人们要关注流动性，剑桥方程主要启示人们要关注效益性，利率模型主要启示人们要关注风险性——安全性，而流动性、效益性和安全性是银行的三性原则。

2. 货币的轻重

费雪方程表明货币流量与商品物价之间成反比关系，所谓“币重则物轻，币轻则物重”。对于足值货币，比如理想状态下的金、银等货币，这个关系的内涵是货币本身价值与商品的关系。如果货币自身的价值高，比如，生产金银的成本提高了，或者金银找到更高价值的用途而形成更大的机会成本，货币能够兑换的商品就多，商品能够兑换的货币就少，即币重则物轻；如果货币自身的价值低,货币能够兑换的商品就少,商品能够兑换的货币就多,即币轻则物重。

进入纸币或符号货币阶段,社会发行货币的成本下降,纸币的成本极低,符号货币则没有成本,只是记账工具。利率模型表明,货币的发行量不受限制,但依旧出现了轻重关系,货币的利率高则货币重,利率低则货币轻,这里的轻重代表了持有货币的成本大小。但是,费雪方程并没有涉及利率的形式。利率模式则深刻揭示了利率的货币价格形式及其对货币轻重的影响,进而揭示了利率对货币流量的影响。其实,可以把货币看成商品,把利率看成价格,费雪方程也能够表述这些利率与货币量的关系,只是不如利率模型表达得清晰明了。

3. 流量影响货币轻重

现实的市场不是理想状态,货币也不是足值货币,信用货币本身没有价值。在非足值货币的条件下,费雪方程表明,货币流通量是影响货币兑换商品的主要因素。尽管货币本身的价值对商品兑换依旧具有影响,但是,货币价值更多还是通过影响货币量来影响货币与商品的兑换。比如,中国历史上曾经主要使用铜钱,金属铜的产出量有限,人们能够用于铸币的铜相对稳定,铸币的重量就决定了铜币的发行量,由于农耕时代的经济发展水平变化不大,就出现了“币重则万物轻,币轻则万物重”的关系,也简称为“币重则物轻,币轻则物重”。

4. 货币的轻重影响市场交易量

费雪方程表明,在既定的价格下,货币流量的变化能够同步影响交易量的变化,货币流量的增加能够扩大市场交易量,反之反是。进而利率模型表明,人们可以通过影响货币轻重的利率、备付金等市场政策来影响货币的供应量,从而影响市场商品的交易量。这些构成了市场经济的冷热调节,是国家宏观经济调控的重要内容。

此外,剑桥方程和利率模型的组合表明,人们还可以通过不同的税率和利率来影响不同领域的货币轻重,从而形成不同领域的差异化流量控制,这些构成了市场经济的结构调节,是国家产业结构调整的重要内容。所以,货币的轻重能够影响市场的流量和结构,这是货币重要的结构性价值。

5. 货币是资源配置的工具

剑桥方程表明,人们拥有财富的形式多样,大体分为货币形式和非货币形式。人们以货币形式拥有财富的好处是货币的流动性和自由度,货币是交易中介,能够兑换各种财富,因而具有最大的流动性和自由度。同时,货币只是财富的形式,不是劳动过程的要素,不参与劳动创造价值的过程。关于货币不是劳动过程的要素这个观点,可能与流量均衡方程所传达的观点不同,流量均衡方程需要信贷和股权形成资本集中,货币因而成为生产过程的要素。

人们拥有非货币财富的缺陷在于流动性和自由度不足,但是,非货币财富的专用性带来了更高的效率,成为劳动对象和工具,能够创造更多的财富。因此,人们持有货币财富或非货币财富,本身是一种决策,是在自由度与专业化之间做选择。人们生活需要非货币财富,货币需要通过交易置换成财富,才能满足人们的需求,所以,市场交易成本越低人们越愿意拥有更多的货币,反之反是。所以,利润率是配置资源的信号灯。

人们在投资与存款之间的选择受到货币利率的影响。从存款利率方面看,当存款利率提高,人们存款的利得会增加,人们会更多地选择存款,而不是投资,人们财富中的货币资产会增加,财富的流动性和自由度加大,k(剑桥方程中以货币形式拥有的财富占名义总收入的比例)的水平会提高,资产的专用性降低,劳动效率下降,投资水平下降;反之反是。从贷款利率方面看,当贷款利率提高时,人们获得货币的成本增加,投资的利得降低,人们更多地选择不贷款,同时,为维持自身的流动性和自由度需要,人们就会更多地持有货币财富,k 的水平会提高。

6. 方程分析的小结

三个模式启示人们,财富有不同的形式,不同财富具有不同的效用和效率,合理分配财富的结构,能够提高财富的总体效用。这个启示为优化资源配置奠定了逻辑基础。

货币的价值首先体现在其经济职能上,模型描述了货币价值量与财富价值量的等价关系。货币的符号本质表明,货币只是产权证明,货币本身没有价值,货币的价值在于符号代表的财富的价值量,这是货币的微观价值,这时货币充当了价值尺度和交易工具。在微观价值的基础上,货币是交易工具和价值尺度的统一,货币成为市场机器平稳运行的润滑剂,这是货币的宏观价值。货币还能够调节经济的结构,这是货币的中观价值。由此,虚拟经济与实体经济有机结合起来,货币具有调控经济的作用。

经济的本质是知识的累积化和知识的财富化,即积累知识、运用知识和物化知识。知识财富化的核心是流动性,包括物体的流动性和产权的流动性。物体流动性由物流体系解决,产权流动性由商业和货币体系解决。所以,流动性是经济市场化的结果,货币不是流动性本身,而是流动性的工具。金融是货币的经营活动,遵循流动性、安全性和营利性三原则。金融的两大职能是流动性成本控制和货币风险经营,所谓流动性成本控制指金融降低了经济流动性的成本,所谓货币风险经营指金融为货币经营的风险定价。从流动性和风险性的视角,市场容量影响货币价值,一是影响流动性,市场容量大能够兑换的商品多,货币的自由度大,流动性就强,货币具有更大的价值;二是影响稳定性强,市场容量大能够降低非系统风险的扰动,币值波动较小,带来的交易风险小,这种稳定性构成货币更高的价值。货币的流动性也包括主权货币之间的兑换关系,人们选择不同主权货币的考量首先就是流动性,通常需要从市场容量、购买力评价及其稳定性、货币供需关系及其变化等方面评估货币流动性及其价值,这个方面也构成了主权货币国际化的核心要素。

货币便利了生活也拓展了经济体系。货币提供了储藏手段和更大的自由空间。人们外出不再需要携带生活用品,不再需要搬迁房屋,等等,只要携带货币,人们就携带了生活的条件。所以,货币促进了经济的繁荣,也带来了生活的自由。同时,货币成为配置资源的工具。由此,市场经济从"技术主导+生产主体"的体系转向了"配置主导+技术主体+生产基础"的体系,这是一种新型生产关系的结构,标志着经济体系从规模扩张转向内涵扩张,从数量主导转向质量主导，质量成为经济发展的主导形式，资源配置成为经济效率的收益因素，价值范式从“正确地做事+有力地做事”转向“做正确的事+正确地做事+有力地做事”。

（三）再生产方程生产函数的讨论

传统的再生产方程没有明确描述生产函数，传统的生产函数没有纳入配置资源这个重要因子，因此，需要对再生产方程补充生产函数——称为价值生产函数，以赓续古典经济学脉络。

1. 社会再生产方程的价值函数

社会再生产方程的价值函数为：

$$
\begin{aligned}
mcv &= h(c,v) = R_{(d,s)}(c_1,v_1) \cdot Y_s \\
&= A[R_{(d,s)}(c_1,v_1), T(c_2,v_2)] \cdot F(c_3,v_3) \\
&= h[[R_{(d,s)}(c_1,v_1), T(c_2,v_2), F(c_3,v_3)]
\end{aligned}
$$

这个函数包括了效率因子和规模因子，效率因子又包括质量因子、技术因子，由此形成了质量因子、技术因子和规模因子，解决做正确的事、正确地做事和强有力地做事等三个问题，被称为三因子价值函数。其中，mcv 为产出的价值；$h(c,v)$ 为价值的投入产出函数；$v=v_1+v_2+v_3$，投入的活劳动即劳动力（Labor）；$c=c_1+c_2+c_3$，投入的生产资料即物化劳动或称资本（Capital）；Y_s 为产出的物品，是价值的物质载体，构成质量因子中的供给 s；$R_{(d,s)}(c_1,v_1) \in [0,1]$ 为质量因子，称配置水平，是供给 s 与需求 d 的契合度，即做正确的事；c_1 是提高配置水平的生产资料投入；v_1 是提高配置水平的活劳动投入；$A[R_{(d,s)}(c_1,v_1), T(c_2,v_2)]$ 为效率因子，也称全要素生产率 TFP（total factor productivity），是配置水平与技术水平提高带来的生产效率提高；$T(c_2,v_2)$ 是技术要素，包括科技（technology）、管理、文化和人的素质等，即正确地做事；c_2 是提高技术水平的生产资料投入；v_2 是提高技术水平的活劳动投入；$F(c_3,v_3)$ 是规模因子，是生产力的规模要素，即强有力地做事；c_3 是维持和扩大生产规模的生产资料投入；v_3 是维持和扩大生产规模的活劳动投入。F 独立于科技水平;增加活劳动 v_3 和资本 c_3 可以扩大生产规模,从而推动经济增长。这种增长我们称为数量型增长。A 独立于生产规模,提高要素配置水平 R 和科技水平 T 可以提高全要素生产率,从而推动经济增长。这种增长称为效率型增长。

因此,货币作为社会生产组织的工具,首先是资源配置工具,其次是技术创新工具,最后是规模扩张工具,是社会生产的资源配置工具和劳动协作纽带,构成了生产力发展的核心生产关系,是市场经济的核心构成和核心制度。金融创新本质是制度创新,是一种资源配置制度的创新。每一次大国崛起都离不开金融的创新,比如,英国创立了现代商业银行制度,引领了第一次工业革命,成为当时的第一经济强国;美国创设了现代投资银行制度,强化了金融的风险经营能力,引领了第二次工业革命,直到今天仍是第一经济强国。

2. 货币经营构成了虚拟经济体系

在这个方程里,货币从"价值尺度+交易工具"转变为"配置工具+价值权证+价值尺度+交易工具",人们通过货币创造虚拟经济——经营货币的经济体系,通过虚拟经济控制实体经济,带来了一系列的社会变革,价值体系从自然价值体系转变为"社会价值+自然价值"的价值体系,价值的载体从财富转变为"产权+财富",市场从交易的财富体系转变为"交易+经营"的产权体系,经济从财富的生产体系转变为财富生产为基础、产权经营为主导的价值经营体系,市场经济从财富为目的和中心的生产和交易体系转变为财富为目的、产权为中心的价值经营体系,社会化大生产的价值范式从"技术主导+生产主体"转变为"配置主导+技术主导+生产基础"的价值范式,盛德大业从"正确地做事+有力地做事"的两要素模型转变为"做正确的事+正确地做事+有力地做事"的三要素模型。

由此,货币作为基石和砖石,构建起虚拟经济体系——金融体系,极大提高了实体经济的配置效率,极大加快了技术进步,极大推动了市场繁荣和经济发展,如前面提到的英国和美国。其中,基石的寓意是,货币是虚拟经济的逻辑起点和实践基础;砖石的寓意是,货币贯穿于整个虚拟经济,虚拟经济就是货币经营体系,也称金融体系。金融的寓意是货币在经济中融通,货币的五个基本职能没有包括融通职能。货币的融通职能首先是跨地区融通,有了货币人们外出不需要携带生活资料,只需要携带货币,这是货币的第一次跨区域融通;有了货币的经营结构,人们外出也不需要携带真正的货币,只需要携带货币的证明,到指定的机构兑换出货币,甚至,人们可以直接使用货币证明。比如,古人使用的银票,最初不是货币,只是钱庄签发的货币证明,而钱庄就是货币经营结构。后来,这种货币证明成为市场流通的事实纸币,纸币就诞生了。通过使用货币证明或纸币,也形成了跨区域融通。跨区域融通是金融的第一个融通职能,而这个职能又引发了第二个融通职能——跨时间融通:人们可以向银行贷款,然后再还款,这是货币的跨时间融通,货币因此产生了时间价值。金融的第二个融通职能加速了货币的流通量,成为市场交易的二次加速器。即,货币是交易的加速器,金融是货币的加速器,金融是交易加速器的二次方。这些观点可以从上面的三个方程和两个模型中得出。

(四)货币的本质

1. 货币是生产协作的工具

货币本质上是一种记账工具——产权证。货币表明,特定的人拥有特定量的价值。产权证是产权的证明,它表明特定的人拥有特定物的权利,当它不指定具体的人和具体的物,而是指定价值的量赋予拥有产权证明的人,这种产权证就是货币,具有价值尺度和交易工具两种基本职能,从而,货币能够通过分配和交易推动生产协作,在生产协作组织内部实现价值分配,在生产协作组织之间实现商品交易,货币成为生产协作的重要工具。

货币是生产协作的工具,从经济危机的视角可能更容易理解这个观点。经济危机的成因复杂,既有非货币导致的生产协作问题,也有货币导致的生产协作问题,其中,人们获得货币的价值不足而导致交易不足(周转率下降或交易量下降)是经济危机的重要原因之一。获得的货币价值不足有两个原因,一是通货膨胀导致人们难以获得价值足够的货币,人们能够获得货币但货币的价值过低,从而导致货币价值不足;二是流动性陷阱导致人们难以获得货币,人们获得的货币量不够导致价值不足。其中,流动性陷阱更为复杂,由此导致的危机称流动性危机,其本质是货币流动性不断降低,货币的流动性不足。

这种货币短缺是结构性短缺,经济内在的整体或局部供给大于需求引发利润率下降,特别地,消费是再生产的投资,投资利润率下降导致消费价值倒挂,抑制消费行为,出现投资不足和消费不足恶性互动,人们获得货币的能力不足,形成货币收入预期下降,导致市场整体出现“惜币”行为——货币“多收少支”或“只收不支”,形成流动性陷阱。本质上,“币重万物轻,币轻万物重”,货币价值上涨形成的货币需求大于供给、货币更晚付出更早收入等都会形成货币周转率 V 的下降,而货币周转率 V 的下降就是流动性陷阱。引发货币或流动性的需求过剩和供给不足,货币与商品运动有反向关系,商品的供大于求就是货币的供不应求。货币周转率 V 下降导致交易规模 Q 下降——结算周转率下降导致交易周转率下降和交易量下降——跳过了货币量 M,而且倒逼货币量 M 和商品价格 P 提升,其结果可能有两种,一种是交易缩减与通货紧缩引发经济衰退,另一种是交易缩减引发通货膨胀与经济衰退并存。

买涨不买跌是一种经济理性,也强化了经济周期的波动性。在温和通胀的条件下,货币的购买力下降不明显,不影响货币与货物反向流动的流动性,人们持有货币的利益下降,持有货物的利益上升。按照剑桥方程的资产选择原则,人们更多选择货物而放弃货币,从而优化了资产结构,获得更多的利益。同时,面向货物的价格上升,人们会提前购买而滞后销售,形成市场的需求上涨而供给下降,需求拉动了供需关系的缺口变化,进一步加大货物的需求缺口,导致物价上涨,流动性增加,人们更多持有货物以优化资产结构,进一步获得更多利益。所以,买涨不买跌是一种经济理性。按照费雪方程,购买主导了周转率 V 和交易量 Q,物价 P 上涨消化了部分货币 M 的增长压力,对货币量 M 的需求也增长，货币的价值上升，有效平衡了物价上涨带来的货币贬值，形成了货币价值的均衡性，在有效市场的交易均衡下，这四个方面平衡增长，形成经济繁荣，但也形成了经济增长惯性，导致经济过热的调控困难。所以，经济繁荣是币值稳定条件下，物价温和上升的结果，这是人们买涨不买跌的行为推动经济周期的原理。反之，当物价下降的时候，情况就会相反，人们减少购买而增加货币持有来优化资产结构，形成反向的市场行为，形成推动经济衰退的动力，也形成经济衰退的惯性，导致扭转经济衰退的困难。所以，买涨不买跌是人们基于经济实践的理性经验，也是推动经济周期的内生动力。其实，买涨不买跌背后的经济学原理就是选择边际收益率高或者边际增长率高的资产或项目，但这种动机和行为加剧了经济周期的波动。这既是个人的经济理性，又容易造成群体的合成谬误。

2. 货币是市场的重要构成

货币改变了人们交易的内涵和本质。货币引入交易过程，交易从物与物转向货币与货物，劳动协作从局部的劳动协作转向全局的劳动协作，交易的本质从商品的劳动价值交换转变为协作劳动的剩余价值分配，人们的交易行为超越了货物之间的交换，变成价值的分配行为。货币进入市场体系，市场从货物交易场所转变为价值分配场所，成为价值正义的实现机制。所以，货币是市场的重要构成，是有效动员劳动、组织劳动和配置劳动的工具。货币使得人们的劳动协作成为社会化大生产，市场不再只是货物交易场所，还是价值分配场所，是激励人们创造价值的所在，是实现价值正义的辩证机制。

在市场经济条件下，货币作为一般等价物就是一个被广泛接受和追求的价值体系。因为它被广泛接受，所以能够广泛动员人们参与协作；因为它是价值权证，能够兑换成满足需求的商品，所以成为价值追求，能够激励人们在协作中努力奋斗；因为它有流动性和自由度，能够更加精准地满足和表达人们的内心需求，所以它能够更加有效地配置资源，提高劳动质量和劳动效率；因为它被人们所追求，所以构成了人们劳动的主动性，形成了劳动选择和价值选择的自由空间。从社会整体看是劳动创造财富，货币只是交易工具和流动性，从个人视角看是分配获得财富，货币是财富的产权证明，代表财富。

广泛接受和满足需求这两条构成了价值分配的基础，流动性和自由度这两条构成了资源配置的基础，而货币则有效统一了这些职能要求。特别是通过货币的流动性与自由度，货币能够给人们兑换到需要的商品，比起直接分配商品，以货币来分配价值更有效率；同时，它凸显了价值的自由空间，更加有效地激励人们的主动性和创造性。

综上所述，本质上货币是劳动协作的纽带，虚拟经济是货币的经营体系。货币的本质确立了虚拟经济服务实体经济和发展实体经济的根本理念。理念需要通过原则来体现，需要通过规则来实施，为此，货币的这些理念需要构建“理念+原则+规则”的货币制度体系。

二、货币制度

制度是一种规制人们行为的规则体系，是一个“理念+原则+规则”的行为规制体系，其中，理念是基础，原则是中心，规则是主体；理念决定原则，原则表达理念，原则决定规则，规则体现原则。

（一）货币制度的内涵

1. 货币制度与货币政策

货币制度是规制货币发行、流通和经营的全部规则的总和，包括涉及发行主体（谁来发行）、发行客体（货币构成，核心是材料、形式和本位）、权威构成（公信力结构）、发行多少和怎么发行等的发行规制，包括流通渠道在内的流通规则，涉及经营主体（谁来经营）、经营客体（金融产品）、经营对象（服务对象）等的经营规则。货币制度还包括管理资本市场的制度。资本市场的管理和资本的经营构成了资本市场的制度安排。此外，资本的活动还需要管理，特别是资本的行为伦理需要制度约束,以保障市场活动的公平公正,保障经济的发展。

货币政策是广义货币制度的重要内容,是货币制度功能主义的重要表现。围绕功能主义,货币政策有四大目标:币值稳定,充分就业,经济增长,国际收支平衡。更进一步,四大目标构成货币政策的目标主线:稳定币值→充分就业→经济发展→国际收支平衡。即是说,稳定币值是货币政策的首要目标,通过稳定币值促进充分就业,通过充分就业推动经济发展,通过经济发展达成国际收支动态平衡。因此,货币作为价值尺度,其社会责任首先就是价值稳定——币值稳定。其次,利率是持有货币的成本,影响着货币的流通量,也影响了货币的相对价值。这里要注意,政策工具的数量不能少于政策目标的数量。

2. 货币与资本

货币成为价值符号,也就成为人们满足需求的条件。于是,追逐货币成为人们劳动的目的,货币成为人们劳动协作的纽带,也成为资源配置的工具,货币因此具有了创造货币的能力。而那些用来创造货币的货币就是资本,货币开始了资本化的进程。

资本的集中带来资源和要素的集中,集中力量办大事有了新的实践工具,社会也迎来了大规模协作的历史。传统上,集中力量办大事是通过财政税收来完成,是行政工具;而资本集中是通过市场形成股权和债权来完成,是市场工具。资本集中带来了新的集中力量办大事的路径,相较于传统财政路径,资本集中更加灵活,能够动员更多的人参与决策,能够形成更好的权力与责任对称机制,因而具有更高的效率。所以,财政工具适应公共产品,市场工具适应私人产品,两者各自具有优势领域,形成了更加丰富的供给结构。

再生产方程的生产函数 $mcv=A[R_{(d,s)}(c_1,v_1),T(c_2,v_2)]\cdot F(c_3,v_3)$ 表明,经济增长是提高效率和扩大规模的结果,合称经济扩张。效率因子的扩张是结构的内涵式发展,本质是配置优化和技术创新;规模因子的扩张是数量的外延式发展,本质是技术扩散。投资就是资源的配置,既有技术创新的投资,也有技术扩散的投资。资本的扩张本质是生产力的发展,费雪方程表达了数量的规模关系,利率模型表达了质量的结构关系。

技术创新的本质是知识创新。生产力发展的两个扩张,一个是知识扩张,关键要素是活力;一个是资本扩张,关键要素是效率。知识扩张是生产力内涵的发展,带动了资本的扩张;资本扩张的技术创新部分是内涵式发展,技术扩散部分是外延式发展。社会生产力的发展是劳动协作的成果,现象上是资本的扩张,本质上是知识的扩张,外延上表现为生产工具的数量增长,内涵上体现为生产工具的质量提高。知识扩张主导发展的经济是现代化经济,规模扩张主导发展的经济是传统经济。所以,资本是其中的配置工具和协作纽带,决定了劳动的效率水平,决定了经济的发展水平。

3. 货币与信贷和投资

货币作为资本,深刻影响着生产力的发展。也引发了货币的供需断裂问题。一方面,货币的拥有是源于历史总结,反映了过去劳动创造价值的分配;另一方面,货币的需求是为了创造未来,表达了对未来劳动创造价值的需要,由此形成了货币供给与货币需求的结构性矛盾:有钱的未必有用,有用的未必用钱;有钱的未必会用,会用的未必有钱。

于是,融通产生了(第二次融通),股权的投资和债权的信贷产生了。人们把暂时未用的钱投放给有用的人,把效率低的钱投放给效率高的人,人们创造了投资;人们把未用的钱暂时借给急用的人,把效率低的钱借给效率高的人,人们创造了信贷。市场集中力量办大事的强大机制得以形成。进而人们用信贷创造了货币,借贷给需要的人们。由此,信贷实现了货币创造职能,货币量成为一个需要管理的问题。

货币本身是一种权利,信贷是货币的权利,是一定时间的货币使用的权利。利息应运而生,利息是货币的租赁费用,租赁就与一定的时间相关,所以,利率是单位货币在一定时间内的租赁费。但是,利息是后期结算,而不是同步交易,更不是预先支付,这就产生了信贷风险。这是利率模型揭示的货币本质。

(二)维护货币制度的原则

货币是虚拟经济的基础,货币稳定虚拟经济才能稳固,货币不稳则虚拟经济千疮百孔。因此,货币制度的一些原则需要维护。

1. 信任

货币是交易的工具,需要建立一种制度,解决人们的信任问题。人们协作的基本问题就是信任问题。

从货币本身看,信任来自内外两个方面。信任的内在方面是货币本身的价值内涵,这样的货币通常是实物货币,比如,金银或者稻谷,特别是稻谷,本身就具有使用价值,这个使用价值构成了交易过程中的价值同步转移,即使是交易的一方不需要稻谷,稻谷本身的价值也是一种可以信赖的质押,因而这类本身具有价值的实物货币能够解决信任问题。

信任的外在方面大体包括社会信用、强制能力两个方面。货币的社会信用在于它是一种产权证明,能够兑换一定价值的商品。费雪方程还表明,当人们信任货币时,那些愿意采用货币交易的商品也都是货币的社会信用,因此,这个方面的信息就构成了货币信任的重要来源。货币的强制力是负面清单的社会信用,它意味着货币的背后拥有保障其价值实现的力量,如果人们违反规定而损害货币价值时,保障力量能够维护货币的价值实现,在现代这种强制力量通常来自于政府。历史上,这种力量有时也来自非政府的其他组织,比如商业组织、专业货币经营者,通常这种组织规模比较大,因而具有相当的社会强制能力。

其实,现代货币就是信用货币。货币的信用也是一种价值,同时它又是一种强制力。从价值的视角看,如果信用货币的符号价值不能够实现,货币发行者就会损失信用,人们将不再接受它发行的货币。所以,信用本身就是价值,这是负面清单价值。同时,信用本身能够带来交易的担保,促进价值的创造,因而具有社会价值,这是正面清单价值。信用货币也存在强制性,除去真实以对等价值拿回物的强制力,社会的信用剥夺也是一种强制力,它能够导致违约者的"社死"——社会关系的死亡。"社死"就意味着失去社会协作能力,贫困的本质是缺乏协作能力,区域贫困源于难以与其他区域协作,组织贫困源于难以与其他组织协作,个人贫困源于难以与其他个人协作。所以,"社死"也就意味着失去价值再生产的能力而陷入贫困。物的强制力与信用强制力是货币的两大强制力构成,也是商业社会的两块基石。

2. **通用**

通用性就是货币能够兑换的商品范围。费雪方程表明,货币能够兑换的商品种类越多,货币的流动性就越强,自由度就越大,社会信用就越好,货币符号价值就越稳定。

在历史上,人们通常认为金银的通用性最好,因此,很多时候都用金银作为货币。但是,金银的通用性是相对的,在生活资料短缺的时候,金银作为非生活资料的奢侈品,就不具有良好的兑换能力,反而是粮食这类生活必需品兑换能力更强。比如,在中国的古代,官员的俸禄就曾以粟米为计,比如《史记·孔子世家》记载孔子在鲁国"奉粟六万",《唐六典》记载《汉官仪》:"尚书秩六百石,次补二千石。"

3. **价值稳定**

作为价值尺度,货币的价值不能随意变动。用金银和稻谷作为货币,在农耕时代其价值变化不大。但是,在工业时代其价值变化就会很大。这个问题用费雪方程可以充分说明,比如,以金银为货币,$M \cdot V=P \cdot Q$,农耕时代 M 的增长大致等于 Q 的增长,技术规制下的周转率 V 不变,商品的货币价格 P 也大体不变;在工业时代,M 的增长远远低于 Q 的增长,技术规制下的周转率 V 不变,商品的货币价格 P 就会大幅度上升。这就是金银本位没有办法维持的原因之一。

比如,"二战"结束后创立的布雷顿森林体系,开始采用固定汇率制度,各国货币盯住美元、美元盯住黄金,本质就是货币兑换黄金。但是这个固定汇率制度没有能够维持下去,因为经济的增长率超过黄金增长率。特里芬在《黄金与美元危机》中解释了这个问题，但其特里芬悖论则可能过于严格[①]。该理论认为美国要扩大美元的世界货币供应量就需要贸易逆差，要维持美元的币值稳定就需要贸易顺差，这两个要求互相矛盾成为一个悖论。其实，费雪方程表明，维持美元币值稳定无须美国的贸易顺差，只需要美国贸易逆差形成的美元增加量不超过市场流通要求的美元增加量。所以，这里不存在两难问题，只是量的技术要求比较精准，做到静态平衡难度极大，做到动态平衡则虽有难度但也不大。关键在于它不是逻辑上的悖论，不是逻辑上的不可能，有难度与不可能是不同的两个概念。

4. 充分与可控

作为交易工具，货币既要充分满足交易的需要，又要可控，不破坏价值尺度。这里的充分不是货币随意发行，而是发行潜力充分，在需要发行的时候能够发行，不致因发行技术能力障碍造成通货紧缩。

在历史上，货币的可控与充分是一对矛盾，充分就意味着非强制力下的不可控，自然可控就意味着数量天然的不充分。比如，水是充分的，但是它不可控，因而它不是货币。金银是可控的，这个可控是由金银自身的稀缺性形成的，因而具有不充分性；人们以金银作为货币本位，它们就成了货币或货币基础，作为货币它们具有可控性，在经济增速不大的时代它们也能满足充分性，但在经济增速较大的时代它们不能满足充分性。

所以，历史上在金银充当货币的同时，铜币也充当货币。铜币本身具有较好的充分性，也具有一定的可控性——主要是靠政府强制力来实现可控性。但是，随着工业化之后经济发展速度加快，能够满足充分性的货币只能是发行成本低的符号货币，比如纸币。

在现实中，技术支撑了纸币、数字货币、数字记账货币等，这些货币本质上都是符号货币，因而是信用货币，能够很好地满足市场交易要求的充分性，但是，可控性就成为问题。信用货币的可控性问题是通货膨胀的历史原因和现实

---

① 特里芬.黄金与美元危机——自由兑换的未来[M].北京：商务印书馆，1997：8-10.

逻辑,因而各国都希望通过一定的货币政策规制其可控性,形成稳定的价值尺度。但是,面对多种其他目标的追逐,币值稳定的具体操作依旧困难。

5. 便利

货币作为交易工具还需要便利性,包括携带、分割、储藏等方面的便利性。便利性就是成本低,货币便利性就是交易成本低,如果货币不便利,交易成本很高,人们就难以大规模交易,劳动协作就难以组织,社会生产效率极低。

比如,稻谷作为足值货币就不太方便携带,也不能储藏太久,因而不是好的货币;铜的分割需要较高的成本,因而不是好的货币,人们采用标准化的铜币组合而不是非标准化的金属铜,不同币值的货币组合使用,零钱找补替代了铜的切割,但大量携带铜钱依旧不够便利;金银亦是如此,如今,金银只是作为货币本位而不是货币本身。在现实中,符号货币具有良好的便利性,因而成为主流和方向。

三、货币的伦理

货币极大降低了交易成本,推动了社会协作,提高了劳动效率和财富创造能力。但是,发展的不均衡引发了矛盾冲突,以及人们对货币的批判。

(一)关于挣钱的伦理讨论

1. 问题的提出

前面用价值正义讨论了按劳分配的伦理问题,但是,在货币形式下,这个问题被转换成人们挣钱的伦理讨论:挣钱是不是合理?

有人认为不能把挣钱作为工作的基本要求。他们认为,人们应该无偿贡献劳动而不应该追求劳动的回报,强调人们争取合理的劳动回报就是不够理想主义,不以事业为重。

其实,追求合理的劳动回报就是追求价值正义,追求价值正义与“一切向钱看”有本质上的不同。存在分配不公就一定存在剥削,追求价值正义就是反抗剥削。

2. 讨论

关于这个问题,这里先看以下讨论。

A 问 B:C 和 D 合作,C 的获得明显大于其劳动贡献,D 的获得明显小于其劳动贡献,C 是不是剥削了 D?

B 回答:是的。

A 问 B:如果你看到 C 在剥削 D,你会怎么办?

B 回答:当然要主持正义,帮助 D 摆脱 C 的剥削。

A 再问 B:如果这个被剥削者是你,你是否坚持维护正义,要脱 C 的剥削?

B 回答:肯定要维护正义,摆脱剥削。

A 最后问:那么,你是不是奉献精神不够?

B 回答:奉献就是要被剥削吗?应当不是,在等价劳动回报的条件下,在不被剥削的条件下,付出劳动努力工作就是奉献。

3. 反抗剥削就是正义

一个社会,只有珍惜点滴的正义之水才能汇聚成为磅礴的正义洪流。需要确立一个基本信念:反抗剥削不是自己需要而是正义需要。一个正义的人,既要反抗自己的不正义,又要反抗别人的不正义,还要支持和帮助别人反抗不正义。反抗自己的不正义是自觉,反抗别人的不正义是勇敢,帮助别人反抗不正义是侠义。只有更多的人追求正义,社会才会有正义。那些指责他人拜金主义的人不过是为了更好地占有他人劳动,那些指责他人缺少奉献精神的人不过是为了更好地剥削他人。当然,公平正义地挣钱之后,可以有多种渠道奉献社会,比如,投资创造更多的就业岗位、做慈善等。这些也都是社会正义。

4. 正确区分追求价值正义与“一切向钱看”

必须正确区分“一切向钱看”与追求价值正义。事情有轻重缓急,如果所有的事情都要事先谈钱,那是真正的拜金主义,是真正的“一切向钱看”;在一个追求价值正义的“有道”社会，面对一个落水之人，人们会义无反顾地施救，事后被救之人会真诚感谢，尽可能按照施救者的付出等价补偿，施救者也会坦荡接受。关于这些，孔子在“子路受而劝德，子贡让而止善”的历史公案中讲得很清楚。事实上，人们劳动就是为了生活得更好。市场经济提供了一个用劳动创造财富的制度，不是提供了一个天上掉馅饼的制度，它强调劳动的贡献与回报的等价关系，这也是价值正义的本意。

5. 争取等价回报是价值正义的题中应有之义

劳动争取等价回报的基本原则是按劳分配，其正义性至少有四个方面。

一是事业所需，公德所在。争取等价回报是实现劳动价值，每一个人都实现自己的劳动价值，这是个人事业；所有人都实现自己的劳动价值，这是共同事业；通过劳动价值实现共同富裕，这是伟大事业，所谓“富有之谓大业”。所以，每一个人都按照“各尽所能，按劳分配”的原则争取实现劳动价值，实现共同富裕，经济才能够发展，社会才能进步，这是事业所需，公德所在。

二是反对剥削，维护正义。有人没有得到等价的劳动回报就意味着有劳动剩余被剥削了，社会正义被损害了，努力争取劳动回报就降低了被剥削的程度，本身就维护了社会的公平正义。从信息的委托—代理结构看，组织无法获得完备的劳动信息，维护社会的公平首先需要劳动者的自觉争取，从而形成信息的公开，才能达成社会的公正。只有人人自觉维护正义，社会才有真正的公平。

三是中道所在，辩证需要。争取等价劳动回报是劳动要素的讨价还价，讨价还价是市场经济的基本原则，是矛盾辩证逻辑的经济反映，是市场道德体系的本质。市场经济的道德体系在于辩证关系，它通过利益双方甚至利益各方的讨价还价，尽力争取，来形成辩证关系，从而消除预设正义，实现价值正义。所以，双方的表达都需要保护，双方的利益都需要维护。道德绑架就是预设正义，人们不能预设正义，明辨之后才有正义。社会的公平正义要求正反两方面的单向度辩论，利益双方尽其所能地论争，包括逻辑辩论和实践竞争，只有在充分辩证之后，社会才能够找到公平正义所在。因此，争取等价劳动回报具有确定的正义性,无须接受道德绑架。

四是优化配置,提高效率。人们的才能有差异,按劳分配能够明确业绩,反映能力的差异,形成人力资本的配置优化。人类只能按照历史呈现的贡献和能力来配置资源,有三个原因,第一是激励劳动,只有把资源配置给贡献大的人,人们才会更加努力地工作;第二是实践出真知,历史上成功的人们更加具有经验,值得配置更多的资源;第三是能力匹配,历史上成功的人们具备的能力更加契合时代需求,值得配置更多的资源。所以,按照历史业绩配置资源能够带来更高的效率,但前提就是历史业绩记录的真实性。反之,如果是混淆分配,人力资本的标识上就会出现误差,业绩上形成干事与挂名的“张冠李戴”,真正干事的人拿不到钱也就得不到名,名义上干事的人拿到了钱也就得到了名,历史的标记不真实,那就只能形成资源配置上的信息误导,在未来的工作中必然导致资源错配,有能力的人得不到资源配置,没有能力的人超需求资源配置,形成巨大的资源浪费,极大地降低社会劳动效率。所以,争取等价劳动回报涉及社会的公平正义,也涉及社会的配置效率。只有秉持按劳分配的原则,实事求是地记录人力资源的业绩,才能形成正确的人力资源标识,优化人力资源配置,促进经济健康发展;这是价值正义的基础。

所以,人们常说“亲兄弟明算账”,只讲情怀不谈钱的都是道德绑架,不讲情怀只谈钱的是淡漠无趣,市场经济既有情怀也谈钱。讨价还价是常态,劳动工资方面也不例外,工资不仅应该谈、可以谈,而且需要按照不破裂、不妥协、不放弃的三原则认真谈。而且,作为集体主义文化人格的一个重要原则就是鼓励每一个人争取自己的平等劳动价值和社会权利。

6. 对拜金主义的防范和批判

从辩证法出发,在坚定捍卫价值正义的时候,也要着力批判拜金主义,小心防范“一切向钱看”。货币具有多重性,作为一种工具,它有效放大了人们的劳动协作能力,激励了人们劳动的动力;同时,它也放大了人们的欲望,这种欲望包括好的欲望,也包括不好的欲望,既放大了人们为善的能力,也放大了人们为恶的能力。其实,只要欲望过度就是贪欲,只要行为过度即非善行,都会给社会带来危害。所以,《道德经》从"五色令人目盲"讲到"难得之货令人行妨",对人们的欲望攀升给予了重要的警示。天下没有免费的午餐,货币带给人们好处的同时,也给人们带来难题。但不能因噎废食,只要有文化的洗礼、政治的管理,就能有效抑制货币激起的欲望,不让它发展成为"恶龙"。

我们需要构建起五类货币文化:(1)货币历史的文化。让人们了解货币发展的历史,在历史中找到货币的合理地位。(2)货币商业艺术文化。让人们了解货币内在的商业技巧和艺术内涵,理解复杂金融产品所内含的商业艺术智慧,提高人们设计和运用货币和金融产品的技能和意识。(3)货币与崇拜文化。让人们了解货币崇拜的历史,货币崇拜的图腾,货币崇拜的本质,帮助人们构建正确的价值观和人生信仰,提升生命的价值追求。(4)货币价值的文化。让人们更好地理解货币的本质和金融的本质,理解虚拟经济与实体经济的关系,提高运用货币和金融的能力和意识,提升运用货币和金融的理论自觉和历史自觉,为货币批判文化的构建奠定基础。(5)货币批判的文化。更好地构建关于货币价值观的辩证关系及其合理科学正义的社会文化力量,运用文化力量,充分发挥货币和金融的正能量,抑制其负能量,真正让货币和金融服务于实体经济,服务于人,服务于社会。

(二)资本的控制问题

1. 资本市场的结构失衡带来异化问题

货币的产生让人类社会从财产中心转向了产权中心,从围绕创造财富和分配财富展开社会活动转向围绕产权获得展开实践活动。资本作为需求满足的条件,自身转变为需求本身,成为人们劳动的目的,进而成为劳动的控制工具,存在控制人的问题,马克思称之为异化[①]。

资本异化源于资本的资源配置力,资本具有资源配置力因而具有设定一定

① 马克思.1844年经济学-哲学手稿[M].北京:人民出版社,1979:42-57.

的群体目标和规制一定的组织行为的能力,形成了经济效率,也就产生了市场势力。市场势力的形成,在价格上形成了影响力,在政策上也会形成影响力,势力越大影响力越大,市场内在的竞争机制和价格机制变形越大,由此存在市场的否定力量,干扰市场的效率。

本质上这种变化符合辩证规律,任何事物都存在发展的肯定与否定力量,《周易》说“一阴一阳之谓道”,这种肯定与否定的力量构成了事物内在的矛盾,是事物发展的根本力量。推动事物发展就是要控制好内在矛盾,不是消除矛盾。同样,资本带来的问题构成了市场经济的内在矛盾,也是市场经济高度发展带来的根本矛盾。如何控制资本?我们需要有一种社会力量来制约资本力量,才能维护社会的和谐稳定和均衡发展。这就涉及资本的控制问题。

2. 维护资本市场的结构均衡是解决资本异化的根本

资本的否定力量主要来自规模,因此,控制资本规模,抑制资本的势力,这是矛盾控制方法的具体化。历史上,人们主要采取了“反垄断”的制度安排,比如,反垄断法。本质就是要控制资本规模,形成资本内卷,维护市场竞争,制约资本的经济控制力和政治控制力。我国历史上出现的“重农抑商”就是控制资本的一个制度安排,比如,《商君书·垦令》中说:“重关市之赋,则农恶商,商有疑惰之心。农恶商,商疑惰,则草必垦矣。”在特定的历史条件下,这些制度既避免了人口过度流向商业而造成农业劳动力短缺,还避免了资本力量坐大,左右市场和官场,干扰社会正常秩序。《史记·八书·平准书》记载:“(汉)高祖乃令贾人不得衣丝乘车,重租税以困辱之。”《文献通考·卷三十六·选举考九》记载,隋文帝开皇七年(587年)诏令:“诸州岁贡三人,工商不得入仕。”《唐六典·卷二》“尚书吏部”条记载:“凡官人身及同居大功已上宗,自执工商,家专其业,皆不得入仕。”这些制度阻止了商人入仕为官,在一定程度上构建了制衡资本的社会力量,能够比较有效地控制资本的野蛮生长和无序竞争。将资本力量限制在经济领域,这是控制资本的野蛮生长;制约资本的市场垄断,这是控制资本的无序竞争。

任何事物都有正反两个方面的力量和影响,矛盾是推动事物发展的根本力量,资本问题亦是如此。构造制约资本的社会力量,形成具有良性矛盾的社会体系,发挥资本的正能量,抑制资本的负能量,这才是构成“道”的“阳面之法”和“阴面之技”,这个阳面之法有二,一是构造一种制衡资本的社会力量,历史上主要是政治力量;二是构造资本内部的制衡力量,历史上主要是反垄断。阴面之技则是滋养资本发展的市场生态,这个资本包括国有资本和民营资本,基本方法就是维护市场主体的公平地位和竞争关系,尽力降低市场的制度成本,提高市场配置资源和优胜劣汰的效率,增强资本积累和资本集中的能力,提高资本积累和资本集中的速度。两者之间“有立有破”“先立后破”和“破立互济”。要有制约资本的力量,要有顺应资本的力量;制约资本的力量要先立起来,在明确的制度框架内,资本的生长就能更加有序和自由;要把制约资本和支持资本辩证统一起来,动态调整,有机结合,不走极端,制约是为了更好发展,发展是为了更加有序。

四、信贷配给问题

信贷市场表现出供给与需求的不对称状态,通常情况下,贷款需求大于贷款供给,即所谓的信贷配给问题。这个问题引发了经济学的广泛讨论[①]。

(一)信贷配给的内涵

人们认为,贷款是一种产品,利率就是产品价格,高利率会减少贷款需求量,增加贷款供给量,借贷市场会出现一个供需均衡点,贷款的需求与贷款的供

① Scott, Ira Jr..The availability doctrine: theoretical underpinnings[J].Review of Economic Studies, 1957, 25, : 41-48.Scott, Ira Jr..The availability doctrine: development and implications[J].Canadian Journal of Economics and Political Science, 1957, 23: 532-539.Jaffee D.and Modigliani F..A theory and test of credit rationing[J].American Economic Review 1969, 59: 850-872. Williamson. Costly Monitoring, Financial Intermediation, and Equilibrium Credit Rationing[J].Journal of Monetary Economics 1986, 18: 159-179.

给达到均衡。但是,现实中往往没有出现这样的均衡状态,而是出现了贷款的需求量大于供给量的情况,这称为信贷配给。信贷配给有两类,一是信贷供给总量小于信贷需求总量的现象称为第一种信贷配给,即信贷总量配给;二是某些借款人能获得所需全部贷款,某些借款人得到部分贷款,某些借款人不能得到贷款的现象称为第二种信贷配给现象,即结构性信贷配给。在信贷实践中,结构性的信贷配给是主要的现象。

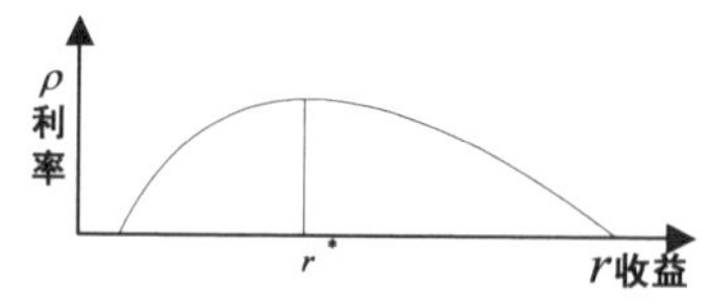

图 8-1　利率-收益非单调示意图

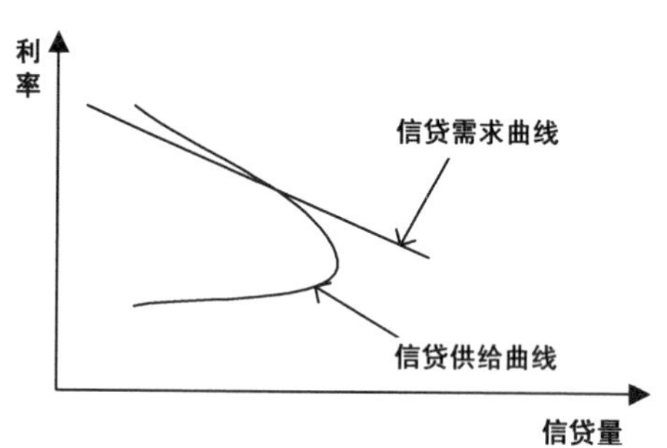

图 8-2　信贷供给曲线弯曲示意图

分析信贷利率模型可以得出图 8-1 和图 8-2,图 8-1 表明贷款实际利率存在上限①,图 8-2 表明贷款实际利率的上限制约了贷款的供给量,使得贷款供应曲线呈现弯曲现象②。这些情况在信贷领域成为常态。立足于信贷利率模型分析,可以从银行和客户两个方面讨论。

① Stiglitz J. E. and Weiss A.. Credit Rationing in Markets with Imperfect Information[J]. The American Economic Review, 1981, 71:939-410.

② Hodgman and Donald. Reply[J]. quarterly Journal of Economics, 1962, 76:488-493. Hodgman and Donald. Credit Risk and Credit Rationing[J]. Quarterly Journal of Economic, 1960, 74:258-278.

(二)从银行看信贷配给

从银行方面看，利率存在上限，参见图8-1。有三个方面的原因：一是现代金融制度下，贷款的利率不能过高，过高就是高利贷，现代金融就是在反对高利贷的历史进程中发展演化出来的金融体系。二是非意愿风险由银行承担。所谓非意愿风险指贷款人没有能力还贷导致的损失，这些损失只能是银行承担。所以，贷款利率只是贷款产品的约定价格，不是履约价格，真实的履约价格存在一个极限，超过这个价格的约定都是空头支票。三是客户逆淘汰(逆选择)现象，高风险高收益，才能偿还高利率，贷款利率过高，会淘汰掉那些风险较低的客户，剩下高风险的客户，恶化了银行客户的风险结构，也就恶化了银行信贷资产的风险结构，这也是贷款利率的自然限制。所以，从银行看，贷款利率存在上限，当这个上限低于理论上的逻辑均衡点，贷款供给量就小于贷款需求量，信贷配给自然产生。

(三)从借款人看信贷配给

从借款人方面看，优质借款人存在利率上限，劣质借款人没有利率上限。优质借款人以经营利润偿还贷款利息，本身不愿意出现毁约情况，必须以经营利润的数学期望决定财务成本(过高的利率导致业务追求高利润率，提高业务风险，恶化公司业务结构)，由此形成贷款利率的上限；劣质借款人自身业务风险大，经营利润的数学期望不高，非意愿性毁约的概率很大，非意愿风险由银行承担，而银行的利率固定，意外成果的收益主要归客户所得，既有高收益引诱又无须承担风险，自然不在乎利率高低；无能力借款人没有利率上限，这类借款人的贷款并非为了盈利，而是其他的各种不得已，自己知道没有能力偿还贷款，也就没有准备偿还贷款，自然不在乎利率多少，这类贷款的风险全部由银行承担。因此，只有第一类借款人受到利率的调控。

如果信贷市场上都是第一类借款人，贷款利率可以成为供需调节的杠杆，通过提高利率达成信贷供需的均衡;但是,信贷市场上同时存在以上三类借款人,贷款利率不是调控贷款供需关系的杠杆,反而容易因为过高利率而淘汰第一类借款人,从而恶化整个信贷市场的风险结构,也恶化整个社会的经济效率,这就是信贷市场可能出现的"劣币驱逐良币"现象。因此,为了避免这种情况,银行需要限制贷款利率,做好信贷调查,排斥第二、三类借款人,优化贷款人的结构。这就是第二类信贷配给。同时,对于第一类借款人也要认真审查资金需求,对于那些优良的第一类借款人,银行一般列为基本客户群或优良客户群,不做信贷配给;对于第一类借款人与第二类借款人的过渡部分,贷款人的资金自律性不强,需要限定贷款量,降低银行财务风险,这就出现了第二类信贷配给中有些人只能得到部分贷款的情况。

(四)风险控制要求的对称结构

企业资金来源主要有股权和债权两大类,两者承担的风险不同,获得的权利也不相同。这里以银行的信贷为例,讨论银行与股东的权利结构。

人们设计股东承担较高的风险,股东的权利主要包括:发给股票或其他股权证明的请求权;股份转让权;股息红利分配请求权,即资产收益权;股东会临时召集请求权或自行召集权;出席股东会并行使表决权,即参与重大决策权和选择管理者的权利;对公司财务的监督检查权和会计财簿的查阅权;公司章程、股东会会议记录、董事会会议决议、监事会会议决议的查阅权和复制权;优先认购新股权;公司剩余财产分配权;股东权利损害救济和股东代表诉讼权;公司重整申请权;对公司经营的建议与质询权。股东的权利对企业经营的影响较低。

人们设计银行承担较低的风险,银行获得的业务权利主要有四个方面:一是信贷审查权利,银行有权对借款人进行信贷审查,通过审查借款人的经营状态,识别借款人的风险状态,为降低信贷风险提供信息基础。二是信贷配给权,指银行可以自主决定是否给特定的借款人发放贷款和是否续贷、展期、延期,由此选择较低风险的借款人,拒绝过高风险的借款人,保障信贷业务处于适度的风险区域。三是债务清偿权,贷款到期银行有权收回,对于拒绝偿还贷款者,银行可以要求债务清偿,在债务清偿中银行优先于股东获得清偿,通过债务清偿权能够在一定程度上提高银行获得风险补偿的能力,降低贷款的风险损失。四是失信报告权,银行有权通过法律手段将拒不归还贷款的毁约者纳入法院的"失信被执行人名单",强化债务清偿力度,也降低毁约者的社会信用状况,影响毁约者的社会关系,弱化毁约者的社会协作能力,形成信贷制裁。其中,银行行使拒绝贷款、债务清偿和失信报告等三项权利能够降低被执行者的经营能力,因而这三项权利常被用于制裁那些拒不偿还贷款的毁约者,被称为信贷制裁手段。银行的权利对借款企业经营的影响较小。

从控制风险的角度分析上面银行与股东的权利结构,银行可以运用信贷配给权收回到期贷款,而股东撤资比较困难,银行还拥有优先于股东的债务清偿权,所以银行的信贷风险要小于股东的投资风险,相应的,银行获得的业务权利较少干预到借款企业的经营,股东获得的业务权利则深度介入企业的经营,即,银行承担的风险较小相应获得的权利对企业经营的影响也较小,股东承担的风险较大相应获得的权利对企业经营的影响也较大,这种按照承担风险来配置权利的原则,体现了风险结构与权利结构的匹配关系,这种匹配关系本身也是一种结构,我们称为风险与权利的对称结构。

因此,信贷配置是市场化的结果,而理论均衡点是基于不合理假设状态的非市场化的逻辑推论。而且,信贷配给带来了三个重要的启示,一是资源和产权配置极端重要,它们是配置效率的基础;二是市场存在形式均衡与实质均衡,不能简单追求形式均衡而忽视实质均衡;三是风险是需要认真对待的经济发展负面要素。

本章小结

货币是一种关于劳动协作的制度安排,资本是用于组织社会生产的货币,货币和金融是市场经济的重要工具。人们的协作带来了市场均衡的要求，所有的要求都是约束，市场均衡的要求带来了秩序，秩序是能够提高优化效率的约束，但约束可能会降低经济优化的水平，人们需要在优化的可能性与现实性之间平衡。但是，货币和金融松弛了这种秩序约束，在不影响秩序的条件下，提高了市场均衡的自由度，提高了经济优化的水平。这是货币的价值，货币加速了交易，金融二次加速了交易。当休谟说货币是贸易的润滑剂时，无论他自己还是其他人都没有想到交易成本降低的意义，直到 1937 年科斯提出交易成本理论，人们才意识到货币极大降低交易成本的意义。人们还意识到，集中力量办大事的重要性，但是，人们只认识到财政是集中力量办大事的机制，《资本论》则独具慧眼地看到了货币和金融是另一条集中力量办大事的路径，而且，这条路径满足激励相容的原则，是一条更加广阔更有效率的大道。货币和金融构成了虚拟经济，形成了实体经济的服务体系、助力体系和协调体系，是实体经济的血脉，纵观历史，每一次大国的崛起都离不开这个国家的金融创新。货币和金融还将讲述更加精彩的大国故事。

第九章　供给深化:产业发展

富有之谓大业,日新之谓盛德。生生之谓易。

——《周易·系辞上》

产业是供给的重要内容,是经济体系的重要层次,是共同价值的协作体系,所谓“百工居肆以成其事,君子修学以致其道”①。从价值正义和劳动协作展开经济分析的方式,称经济人文主义,也称人文主义经济学;产业的概念从工业革命中形成,所以,从价值正义和劳动协作展开产业分析的方式称工业人文主义。本章从工业人文主义的视角,讨论产业相关问题。

一、产业的内涵和质量

产业内涵丰富,主要包括:产业组织、产业结构、产业关联、产业布局、产业发展、产业政策等。本节从产业经济学的历史着手,重点从劳动协作的视角,考察产业的基本内涵,并展开产业讨论。

---

① 《论语》原文为“百工居肆以成其事,君子学以致其道”,但《周易·乾·文言》说“君子进德修业,欲及时也”,笔者认为,此处用“君子修学以致其道”可能更准确一些。

(一)产业的内涵

1. 产业经济学简述

产业经济学的思想源远流长,1879 年马歇尔夫妇出版《产业经济学》[①],1890 年马歇尔提出工业组织[②]。其后,这门学科大体沿着七个主要方向展开。

一是产业组织。20 世纪 30 年代,以张伯伦[③]和罗宾逊夫人[④]为代表,研究垄断竞争与不完全竞争;20 世纪 40-70 年代,梅森《大企业的生产价格政策》(1939)、贝恩《产业组织》(1959)和谢勒《产业市场结构和经济绩效》(1970)提出 SCP(结构-行为-绩效)框架[⑤],1988 年让·梯若尔,出版《产业组织理论》[⑥],提出产业内博弈的研究框架。

二是产业结构。威廉·配第(1672)[⑦]初步涉及产业结构,科林·克拉克(1940)[⑧]创立了三次产业结构的经济分析方法;马克思在《资本论》(1867)[⑨]提出资本有机构成理论,霍夫曼(1931)[⑩]倒置这个系数探讨工业结构演变规律;西蒙·库兹涅茨(1971)[⑪]研究产业结构发展规律;钱纳里(1986)[⑫]提出工业化三个阶段六个时期的划分及其标准。

---

① 阿尔弗雷德·马歇尔,玛丽·佩利·马歇尔.产业经济学[M].北京:商务印书馆,2015.

② 马歇尔.经济学原理(上)[M].北京:商务印书馆,1964:256-233.

③ 张伯伦.垄断竞争理论[M].北京:三联书店,1958.

④ 琼·罗宾逊.不完全竞争经济学[M].北京:华夏出版社,2012.

⑤ 苏东水.产业经济学[M].北京:高等教育出版社,2000:86-93.

⑥ 让·梯若尔.产业组织理论[M].北京:中国人民大学出版社,2015:22-80.

⑦ 威廉·配第.政治算术[M].北京:商务印书馆,1978:22-24.

⑧ Colin Clark.The Conditions of Economic Progress[M].London:Macmillan & Co.Ltd,1940.

⑨ 马克思.资本论:第三卷[M].北京:人民出版社,1975:236.

⑩ 臧旭恒等.产业经济学(第三版)[M].经济科学出版社,2005:322-323.

⑪ 西蒙·库兹涅茨.各国经济增长[M].北京:商务印书馆,2005:122-444.

⑫ 霍利斯·钱纳里等.工业化和经济增长的比较研究[M].上海:三联书店上海分店、上海人民出版社,1995.

三是产业周期。赤松要(1935)[1]提出产业转移的雁行理论;弗农(1966)[2]正式提出了产品生命周期理论;艾伯纳西和厄特拜克(1975)[3]提出著名的A-U模型;格雷姆·迪恩斯等(2010)[4]提出开创、规模、专营、平衡与联盟的阶段产业整合周期理论。

四是产业关联。弗兰克·普伦普顿·拉姆齐(1928)[5]提出最大化资本积累定理;冯·诺依曼(1945)[6]提出资本存量模型;罗伯特·多夫曼等(1958)[7]证明冯·诺依曼模型。钱纳里和克拉克(1959)[8]细化了产业关联的研究;里昂惕夫(1966)[9]创立投入产出分析方法。

五是产业布局。有三大体系,一是考察产业能否发展,筱原三代平(1957)[10]提出选择主导产业的"两基准"。二是产业优先发展理论,赫希曼体系(1958)[11]提出产业布局的关联原则;罗斯托(1960)[12]提出"罗斯托准则"。三是产业竞争理论,斯密提出绝对优势理论[13],李嘉图提出比较优势理论[14],马克思提出两类极

---

① 车维汉."雁行形态"理论及实证研究综述[J].经济学动态,2004(11):102-106.

② Raymond Vernon.International Investment and International Trade in the Product Cycle[J].The Quarterly Journal of Economics,1966,80(2):190-207.

③ J. Utterback and N. Abernathy.A dynamical model of process and product innovation[J].omega,1975,3(6):639-656.

④ 格雷姆·迪恩斯,费里茨·克勤格尔,斯特芬·蔡塞尔.科尔尼并购策略[M].机械工业出版社,2004.

⑤ Frank P. Ramsey.A Mathematical Theory of Saving[J].Economic Journal,1928,38(152):543-559.

⑥ J. Von Neumann.A Model of General Economic Equilibrium[J].Review of Economic Studies,1945,13(1):1-9.

⑦ Robert Dorfman,Paul A. Samuelson,Robert M.Solow.Linear programming and economic analysis[M].New York:McGraw-Hill,1958.

⑧ Chenery H. B. and P. G. Clark.Interindustry economics[M].London:John Wiley & Sons,1959.

⑨ 沃西里·里昂惕夫.投入产出经济学[M].北京:商务印书馆,1982.

⑩ 筱原三代平.产业结构与投资分配[J].经济研究(一桥大学),1957(10):8-14.

⑪ 赫希曼.经济发展战略[M].北京:经济科学出版社,1991:99,105-108,169-172.

⑫ 罗斯托.从起飞进入持续增长的经济学[M].成都:四川人民出版社,1988:1-25.

⑬ 亚当·斯密.国富论[M].北京:华夏出版社,2004:7-15.

⑭ 大卫·李嘉图.政治经济学及赋税原理[M].北京:光明日报出版社,2009:109-129.

差地租理论[①]，杜能提出产业圈层理论[②]，俄林提出要素禀赋理论[③]，迈克尔·波特的竞争三部曲（1980、1985、1990）[④]提出了产业集群的布局原则；克鲁格曼（1991）[⑤]创立新经济地理学的产业竞争理论。

六是贫困地区产业发展。罗森斯坦·罗丹（1943）[⑥]提出大推动理论；罗格纳·纳克斯（1952）[⑦]提出了著名的贫困因果循环理论；舒尔茨（1964）[⑧]认为运用现代要素和知识创新才能提高农业的生产效率，投资于人是效率最高的投资；钱纳里（1979）[⑨]探索贫困国家发展的产业升级道路和产业政策路径；弗朗索瓦·佩鲁（1950）[⑩]提出了增长极的概念，缪尔达尔（1957）[⑪]提出了回流效应与扩散效应，赫希曼（1958）提出了涓滴效应和极化效应。

七是其他理论。主要是植草益（2001）[⑫]提出产业融合理论，Gereffi 等（1994）[⑬]提出产业链理论，青木昌彦（2002）[⑭]提出产业模块化理论，Azadegan 等（2011）[⑮]提出产业升级的知识驱动理论等。

---

① 马克思.资本论：第三卷[M].北京：人民出版社，1975：236，721-772.

② 约翰·冯·杜能.孤立国同农业和国民经济的关系[M].北京：商务印书馆，1986：20-219.

③ 伯特尔·俄林.区际贸易与国际贸易[M].北京：华夏出版社，2008.

④ 迈克尔·波特.竞争战略[M].北京：华夏出版社，2004；迈克尔·波特.竞争优势[M].北京：华夏出版社，2004；迈克尔·波特.国家竞争优势[M].北京：华夏出版社，2002.

⑤ 保罗·克鲁格曼.地理和贸易[M].北京：北京大学出版社，2000.

⑥ Paul Rosenstein-Rodan.Problems of Industrialisation of Eastern and South-Eastern Europe[J].Economic Journal，1943，53（210/211）：202-211.

⑦ 罗格纳·讷克斯.不发达国家的资本形成问题[M].北京：商务印书馆，1966.

⑧ 西奥多·舒尔茨.改造传统农业[M].北京：商务印书馆，2006：4，5，16，160-175.

⑨ 霍利斯·钱纳里.结构变化与发展政策[M].北京：经济科学出版社，1991：85，103-117，146，181-185，403.

⑩ 弗朗索瓦·佩鲁.经济空间：理论与应用[J].经济学季刊，1950（1）：37-45.

⑪ 缪尔达尔.亚洲的戏剧：对一些国家贫困问题的研究[M].北京：北京经济学院出版社，1992：217，220.

⑫ 植草益.信息通讯业的产业融合[J].中国工业经济，2001（2）：24-27.

⑬ Gereffi，G.，Korzeniewicz，M..Commodity Chains and Global Capitalism[M].Westport：Praeger，1994：189-201.

⑭ 青木昌彦，安藤晴彦.模块化时代：新产业结构的本质[M].上海：上海远东出版社，2003.

⑮ Arash Azadegan，Stephan M. Wagner.Industrial upgrading，exploitative innovations and explorative innovations[J].Int.J.Production Economics，2011，130（2）：54-65.

2. 产业的界定

产业就是因产置业,产是财产,包括生产资料和生活资料,也称财富。业是事业,能够创造财富的活动,《周易 · 系辞上》说"富有之谓大业"。人们因为需要财富就置办事业,这是产业的原意,能够创造财富的事业也就成了产业。作为动词,产业是因产置业;作为名词,产业是能够创造财富的事业;作为过程,产业包括创造财富和置办产业。因此,产业要有产有业,具有生产资料,能够创造财富。

产业是同一类价值载体的劳动协同体系,或称劳动协同集群。同一类价值载体表明,同一个产业的产品具有高度的结构相似性,因而产品之间具有高替代关系,比如小汽车、苹果等。

产业是共同价值的共生体,这些共同价值的"共同"形成了价值载体的替代关系。共同价值通过产品的替代关系来体现,通常人们把产品的替代关系作为判定产业的标准。比如,苹果之间的替代性比较高,雪梨之间的替代性也比较高,苹果之间的替代性比苹果与雪梨之间的替代性要高,雪梨之间的替代性比苹果与雪梨的替代性要高,所以,苹果是同一个产业,雪梨是同一个产业,苹果与雪梨不是同一个产业。

但是,这种划分有相对性。从较高的替代关系看,苹果与雪梨是不同产业,但从较低的替代关系看,两者又都是水果产业。而且,在市场的价格替代关系中,高端苹果与高端雪梨的价格替代关系要大于高端苹果与低端苹果的价格替代关系,也大于高端雪梨与低端雪梨的价格替代关系。这里的价格替代关系指,一种商品提价导致人们更多购买另外的商品——替代品,价格替代关系是商品替代性的现实标准。

其实,人们是按照产品的效用和技术相似性来判定,即实际效用的替代性和生产技术的替代性,来判定是否属于同一个产业。相似性就是替代性,相似性越高则替代性越强。

3. 产业与企业

产业是价值共同体,是缩小版的经济(体),有明确的价值目标和价值载体。

经济是产业的集合，产业是经济的子集，是子经济，称产业经济。经济是产业的集合，产业是企业的集合，企业是个人的集合。产业和企业之间的区别在于，产业是交易关系的组织，企业是管理关系的组织。

"产业是交易关系的组织"是指，产业是企业的集合，产业内部的企业在市场中运行，在交易中形成协作，在协作中创造价值，在交易中分配价值。产业是企业的集合，但企业与产业之间并无契约，企业与企业之间是平行的契约关系，企业之间通过交易关系形成产业的组织结构，即产业市场结构，整个经济的市场结构就是全部产业市场结构的总和。

"企业是管理关系的组织"是指，企业是个人的集合，企业内部的个人在企业内部劳动，由管理者分配工作，在管理的框架内形成协作关系，在协作中创造价值，在交易中分配价值。个人与企业之间存在契约，个人与个人之间并无契约而是管理框架内的协作关系，个人与个人之间不是交易关系而是平行协作关系或管理与被管理的协作关系。

更加简明地说，在产业中，企业与企业之间签订契约，形成交易；在企业中，个人与企业签订契约，形成交易。在产业内部，企业与企业之间没有管理关系；在企业内部，个人与个人之间没有契约关系。在产业中，企业与企业之间的隶属关系不是产业关系，而是资本关系。在企业中，个人与个人之间的管理关系不是契约关系，而是组织关系，是企业内部授权形成的组织关系。所以，企业是个人的协作组织，产业是企业的协作组织，经济是产业的协作组织。

企业内部的个人协作关系属于管理的内涵，产业内部的企业协作关系属于交易的内涵。所以，如何有效形成个人之间的协作是企业的核心问题，这属于企业管理学的范畴；如何有效形成企业之间的协作是产业的核心问题，这属于产业经济学的范畴。企业是经济的基本组织，被称为市场经济的细胞，是市场交易的核心主体，共同价值载体的企业集合形成产业。

由此带来了一个重要的问题，那就是企业规模的边界在哪里？或者说，人们创设了两种基本的劳动组织形式，一种是市场，一种是企业，人们选择市场与选择企业的原则是什么?

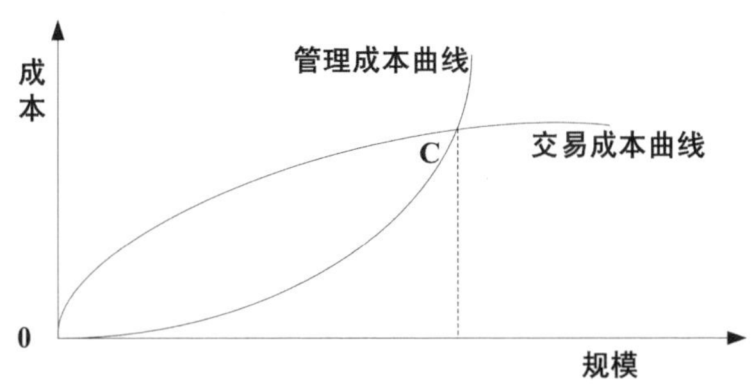

图 9-1 交易成本曲线与管理成本曲线

我们引入市场交易的成本曲线和企业管理的成本曲线,如图 9-1。可以看出,在交易规模较小的时候,管理的边际成本小于交易的边际成本,但是,随着管理规模的扩大,管理的边际成本大于交易的边际成本。所以,在均衡点 *C* 之前是管理成本低于交易成本,在 *C* 点之后的管理成本高于交易成本,人们会将企业规模控制在 *C* 点之下。

(二)产业的内在质量

产业的内在质量就是指产业"好不好",考虑产业的好坏有两个基本面,一是产业本身,二是产业与地方的契合关系,也就是"好产业+能落地"。产业总要落地,落地的选择构成了产业集聚问题,这方面经济地理学有大量的研究。这里从区域选择产业的视角讨论问题,大体有一些需要着重考虑的因素,归纳起来是"两基准+三禀赋+两条件",简称"好产业能落地"。

1. 判定好产业的标准是两基准

1957 年,日本经济学家筱原三代平提出了产业选择的两基准:生产效率上升基准和收入弹性基准。两个基准具有明确的数学定义,反映了产业发展的动态性,对产业选择具有重要意义。回归本质,两个基准反映了产业的市场需求和技术供给,对应了产业项目评估体系的市场评估和技术评估。在现实中,人们通常称为两个风口,一个是需求风口。随着经济发展,人们的生活状况改善,人们会把增加的收入更多用于某些支出,更多满足某些需求。需求层次理论认为,人们会更多支出满足更高层次的需求;人们的需求呈现倒三角状态,需求的层次越高,满足的秩序越靠后,满足的成本越大。所以,在筱原两基准是定性分析方法的基础上,需求层次理论为人们的产业选择提供了一种定量分析的方法,提供了比较便利而逻辑清晰的分析框架。另一个是供给风口。随着技术进步,有些产业能够得到更大的效率提升空间,产品功能、质量提升更多,生产成本下降更快,人们从产品中获得的满足和人们从生产中获得的成长更大。由于供给风口是技术进步的结果,这里也把供给风口称为技术风口。技术层次的逻辑表明,越是贴近人脑思维的技术越是能够影响人们的劳动效率,因为,知识是劳动效率提升的根本,而知识是劳动成果,所以,那些距离知识创造越近的技术,其知识创造的效率越高。而数字技术贴近人们的知识创造,能够更好地促进人们的知识创造,极大提高人们的劳动效率。所以,筱原的生产效率基准是对技术风口的定量分析,而技术逻辑体系则为人们的分析提供了定性工具,形成了便利的定性分析方法。如果产业能够处在需求风口和技术风口上,这样的产业就有发展前景。

2. 能落地的判定标准是三禀赋

所谓三禀赋指自然禀赋、技术禀赋和文化禀赋,合称产业落地三禀赋。自然禀赋是产业发展的初等要素,包括自然矿产、原材料、水、电、气等供应,需要建设发展的港口、枢纽等公、铁、水、空等交通运输条件,它们极大地影响生产成本,对于产业的导入具有很大影响。具备这些要素带来的较低成本,产业导入就相对容易。人们通常把产业的导入称“一次创业”。技术禀赋是产业发展的高等要素,核心是高水平的大学、研究院所和上市公司。其中,研究院所有些属于大学,有些属于大企业,有些独立运行,从经济学的视角,可以把它们划分进大学和企业。因为资本的追逐利益和高质量企业的资本需求,高质量企业通常都是上市公司和潜在上市公司,所以只讨论大学和上市公司。大学和上市公司构成了一个地区的技术禀赋,因为,科技进步的内涵是知识创造,知识创造活动是大规模、组织的群众行为。特别在当代,科技进步表现为知识创新与技术扩散,知识创新有技术化趋势,即知识创新表现出技术化的趋势,越来越依靠技术,研究工作的技术装备越来越多,技术装备的科技含量和技术水平越来越高,装备的贡献率也越来越高,这就需要有大规模的资本协作、大规模的组织协作,因而大学和上市公司就成为科技创新的核心组织。所以,人们认为科技是产业发展的中等要素,而高水平的大学和高质量的上市公司是科技发展的策源地,是产业发展的高等要素,构成地区的技术禀赋。文化禀赋亦是产业发展的高等要素。文化本身是地区产业的历史沉淀,影响到人们的思维方式和行为模式,对于地区的技术特征、人们的经营方式、奋斗精神、竞争习惯和竞争方式选择、产业发展模式选择等具有重要影响。作为一种深藏不露的力量,文化无处不在又无所显示,无孔不入,清泉细流,润物无声。契合文化的产业能够得到文化的支持,获得巨大的外部经济效益,具有强大的市场竞争力。反之,如果文化与产业相背离,文化成为阻碍产业发展的力量,产业的发展必然是举步维艰。所以,在塑造文化中发展产业,又在产业发展中塑造文化,形成具有产业特色的地区文化是产业长期发展的重要路径。这样的产业文化塑造和发展机制构成了地区的文化禀赋。这些产业高等要素主要影响产业的发展和升级,人们把产业的发展和升级称为“二次创业”。

3. 产业发展的两个基本条件

产业发展的两个基本条件,一个是政策条件,是产业发展的全局性问题,涉及资源配置的优化。所以,国家和地区都会出台产业政策,对某些产业做出鼓励,对某些产业做出限制,即所谓的正面清单和负面清单。能够得到产业政策鼓励的产业才能够得到社会力量的支持,得到地区社会文化的支持,能够更好地汇聚产业要素,实施产业的导入,推动产业的发展和升级。另一个是产业集聚条件。产业内部的企业发展具有共同的产业生态要求,这些产业生态构成了企业的外部经济来源。比如,产业的公共基础设施,物流、法律、会计等产业服务支持，知识传播的平台，等等，都具有规模经济效应，能够形成产业集聚的良性双向互动。所以，既成的产业集聚格局是未来产业集聚的重要条件。产业内在的关联（包括技术关联、产品关联、物流关联、业务关联等），人才和知识的关联，劳动技能的关联，等等，都是企业外部经济的核心因素，构成产业集聚的重要条件。所以，产业集聚的发展趋势是产业的集群，如产业集群化，集群园区化，园区小镇化。

4. 现代化产业体系的构建

构建现代化产业体系，要做到以下五点。

第一，要强化现代技术的运用和创新，滋养好现代化产业体系的灵魂。《资本论》指出："各种经济时代的区别，不在于生产什么，而在于怎样生产，用什么劳动资料生产。"[①]所以，以时代先进科技及其生产方式装备的产业就是现代化产业。构建现代化产业的首要条件就是强化现代科技的产业应用和创新发展。一是制定政策激励企业应用 AI 为龙头的数字信息技术、新材料、新能源、生物工程等现代科技，加强产学研合作，做技术性正向和逆向投资，补齐科技短板，加快产品换代和产业升级。二是充分运用现代科技的创新能力，推动小发明、小创造、小革新、小设计、小建议等"五小创新"，加快产品、工艺、装备等改进和迭代。三是强化知识产权确权和保护，降低知识产权确权成本，探索科技人员经纪制度，让专业的人做专业的事，加快科技成果的市场转化和价值实现。

第二，要优化核心产业选择，锻造好现代化产业体系的骨骼。遵循产业竞争和资源稀缺原理，顺应物流与信息流发展带来的产业半径增大和产业竞争加剧的发展格局，按照"聚焦产业，集中资源，做深做实做第一"的原则构建现代化产业体系。一是按照"产业有前景，地方有优势"的原则精炼现代化产业体系，力戒"撒胡椒面"分散资源。产业前景重点是收入弹性和生产率上升两基准，地方优势重点是自然禀赋、技术资本、文化资本、社会资本、人力资本、产业集聚和国家政策支持。二是按照带动系数和关联系数确定核心企业和核心项目，按照

① 马克思.资本论：第一卷[M].北京：人民出版社，1975：204。

"吃饱喝足"的原则集中资源倾力支持,打造"名片级产业"。所谓"名片级产业"就是做到极致的好产业,这类产业成为地方名片,人们提到这个产业就会想到这个地方,人们提到这个地方就会想到这个产业,这类产业成为地方文化的主导因素,深刻影响地方文化的历史走向,是地方文化的核心构成。三是在产业发展过程中要注意累积技术资本、文化资本、社会资本和人力资本,夯实产业升级基础,更为导入战略性新兴产业和未来产业等新质生产力奠定基础。

第三,要推动市场的开放和竞争,梳理好现代化产业体系的经络。产业组织的理论与实践表明,公平竞争是产业技术升级和产业组织演化的核心动力。因此,开放型市场是现代化产业体系的经络。这种开放包括两个层次,一是公平竞争和消除分治的商品市场开放,二是进出便利和优胜劣汰的产业组织开放。为此,要加强商品市场、要素市场和产权市场建设,面向市场政策需求,特别是法治化、标准化和信息化要求,按照持续改进的原则,对市场建设和营商环境规制开展政策审查,以改革破除市场分治和弱化市场的各种因素,维护市场的竞争机制,让企业、商品和要素能够在公开、公平和公正的市场条件下充分竞争,让企业能够优胜劣汰,适应市场的企业能够发展壮大,不适应市场的企业能够淘汰和重组。

第四,要建设虚实互济的金融产业,调理好现代化产业体系的血脉。技术创新理论指出,颠覆性技术会打断投资回收周期,导致投资失败,形成创新性破坏效应。现代科技革命加剧了创新性破坏,投资失败从个别陷阱转化为普遍沼泽。由此,防范风险、控制风险、风险补充和缩短建设周期成为金融与实体经济良性互动的着力点。一是要优化资金结构,降低商业银行业务的债权性资金比重,提高投资银行业务的股权性资金比重;二是要实施上市战略,降低公司上市政策门槛,提高公司上市市场化水平;三是要推动科技成果的股权化、证券化和金融化,加快科技成果的市场流通和产业转化;四是要深化金融资本与产业资本融合,为重点产业设立发展基金,开展投资银行和私人银行业务,提高金融专业化水平,提高投资风险识别和风险补偿能力;五是要让金融资本与人力资本深度融合,早期介入技术研发,形成科技研发与产业运用的有效衔接,将颠覆技术转变为产业升级的技术支撑。六是要加强供应链金融供给,深化价值链与产业链融合,提高风险识别、控制能力,压缩建设周期。七是要加强技术改造的金融支持,缩短建设周期,延长盈利周期。

其中,要着力建设产业投资激励基金,提高新兴产业和未来产业的积极性。产业投资激励基金不投资产业,而是对投资产业的基金做出风险补偿。这种风险补偿通过对指定产业进行投资的基金进行奖励来完成,不是当时奖励而是等产业成功后奖励。比如,指定产业的同时设立基金,每年产业前 10 位公司统计他们的投资来源,每个公司投资前 10 位的基金投资额度进入贡献值计算。待到产业前 10 位公司的税收超过投资额度的当年为结算年度。计算产业各年份贡献值,按照贡献值分享产业基金。其中,贡献值=(投资年份-结算年份)×投资额度。总贡献值形成总股份,各基金按照自己的贡献值分享激励基金的额度。这些额度用于购买这些基金指定的投资股份,消化他们的风险暴露投资,由此形成对这些基金的投资风险补偿,降低风险损失,提高投资效益,激励投资积极性。

第五,要注意产业技术特征带来的集聚要求。以芯片产业为例。考察 ASML、尼康、佳能、台积电、三星等芯片产业组织的发展规律,芯片产业的核心领域光刻机制造、芯片生产、相关工业软件等都是大科学时代典型的超级精密工程,具有重资产、高技术、高增长、高产值、高带动率、大集群效应突出、低污染等七个基本特征。因而产业发展需要满足三个条件:一是国家级芯片产业政策,形成金融主导和财政支持的集中力量办大事的机制;二是有大量城市布局芯片研究机构、产业组织等形成产业发展的力量生成空间;三是有 1—2 个芯片产业专业化城市作为产业发展的力量凝聚空间。芯片产业专业化城市需要满足 5 个条件:一是没有其他特别强大的制造业,避免挤占和分割芯片产业空间;二是具有一定的芯片产业发展要素,核心是高水平的电子技术专业型大学,作为技术要素和人才要素的集聚基础;三是城市具有相当优良的生态环境、生活条件和自然景观,能够达到旅游休闲城市标准,这是集聚芯片高端人才的重要条件;四是城市具备良好的交通条件,特别是航空客运和物流条件;五是城市周边近邻具有一定的机械类加工产业集群。

二、产业发展规律

产业是劳动协作体系,安全和经济是产业空间的基本要求。

(一)协作是产业效率的核心和关键

1. 安全与经济是产业空间的基本要求

城市的基本职能,一个是安全,"重门击柝以待暴客",所以称为城;一个是经济,"日中为市",所以称为市。安全的三个基本职能,一是防卫,二是治安,三是安心和安魂。经济的两个基本职能,一是商业,"交易而退各得其所",市场交易产生商业;二是工业,"百工居肆以成其事",早期是手工业,现代是大工业。经济功能的内核是集聚,所谓"致天下之民"和"聚天下之货"。人们把防卫和治安与经济功能合称安身,所以,安全与经济是城市的基本职能。

2. 产业协作是复杂的生态

面向共同价值载体,产业是共同价值的共生体系,产业内部的协作关系构成产业内部生态,产业发展的外部环境构成产业外部生态。产业视角的劳动协作效率受到产业内部生态和外部生态的多种因素影响,评估一个产业项目需要考虑多方面的因素,主要有十二个方面:政策评估、产业配套评估、基础设施评估、经济效益评估、社会效益评估、生态环境评估、营商环境评估、市场评估、技术评估、财务评估、经营团队评估、风险评估。也称"11+1 体系",其中十一个方面的专业评估和一个方面的综合评估,风险评估是综合评估。其中,前面七个方面是产业外部生态评估,后五个方面是产业内部生态评估,其中财务和经营团队评估是企业内部生态评估和项目内部要素评估。

(二)产业发展的空间力量

现代产业发展遵循“产业集群化,集群园区化,园区小镇化”的“三化”空间逻辑,核心是构建有利于群体协作展开知识创新的空间力量。

一是产业集群化。产业专业化的演化过程体现在三个方面:一是产业布局的专业化,产业空间构成“产城人融合”的产业社区,每一个产业社区含有一个产业集群,自成专业体系,避免专业分散;二是企业组织的专业化,产业社区内部细化产业分工,企业组织的业务领域细分,专业化水平提高,交易成本替代管理成本,专业效率替代规模效率;三是集群演进的知识化,分工推动专业化,专业化推动知识创新,知识创新推动分工,三者循环互动、不断演化。产业集群化关键在内置金融和产权交易。通过内置金融和内置产权交易,完善产业链、价值链与资本链的融合机制,推动金融资本与产业资本深度融合,形成资金优序结构;推动金融资本与产业资本同步专业化发展,更加深度介入产业发展全过程,推动产业集群良序演化。所谓资金优序结构是指资金分类的效率排序,外部资本优于内部资本,股权资金优于债权资金。内置金融和产权交易能够激发实体经济潜能,细化产业分工,推动集群演进,增强知识创新的能力建设。

二是集群园区化。集群园区化包括空间紧致化和“三元参与”两个方面。在空间紧致化方面,产业集群的地域布局邻接,不产生中间断裂,产业布局的密度要不断提高,不出现低密度产业,能够有效提高劳动的协作效率,不断降低劳动的协作成本。“三元参与”格局指政府、企业和大学的合作,其中,政府提供公共服务,包括产业导向、工作引导、行政服务等,还要着力推动企业与大学合作的“产学研一体化”,围绕产业发展,组建产业协同创新体系,推动联合技术研发,累积产业发展的知识资本;组建文化建设中心,推动技术研发和文化创意的融合,累积产业发展的文化资本。协同创新的逻辑基础是知识产品论,认为知识是一种劳动成果,也就是劳动产品,因而知识创新遵循产品生产的劳动协作论,遵循“天道酬勤”的劳动价值论,遵循商品生产的价值规律,等等。协同创新与文化创意的融合包括:(1)结构化的创新制度安排,如学术交流体系、大学制度体系、职业教育体系、职业培训体系等;(2)非结构化的制度安排,如专业社团、非专业社团、自治学术团体、专业协会等;(3)充裕的学术空间,比如,各种学院、图书馆、文化馆、博物馆,特别是茶馆、咖啡馆、社团会所等小型聚会场所。这些文化体系与产业深度融合,为产业发展提供不竭的知识创新和人文精神动力。

三是园区小镇化。指要按照工业人文主义"三生一景五便利"的原则规划设计①。总体目标方面,根据知识经济原理和经济美学原理,以人为中心,遵循"聚人气、聚要素、聚产业、建秩序"的准则,建设产业、文化和技术一体化发展的产业社区,形成创新能力突出和人文气息厚重的紧致空间。所谓"三生"就是生活圈、生产圈和生态圈。

生活圈就是社区要有完备的服务体系,包括先进的医院和学校、发达的商业、丰富的娱乐和交流,等等。生活圈的功能要求园区是小镇而不是单纯的生产集中地,要求园区的生活条件与生产条件协调,生活设施与生产设施完整,生活与生产在时间、空间、文化、组织上有机结合。

生产圈就是拥有比较完整的产业配套体系,上下游产业链完整,专业分工细化,金融、会计、法律、人力资源培训和人力资本累积等专业化服务配套完整。这里所谓体系指的就是产业结构独立、功能互补,要求产业小镇不是传统的居住小镇,而是人与产业深度融合的体系。产业小镇要有比较发达的产业,形成产业集中地,有生产活动和生产空间;有清晰、完整的产业秩序,构成较强的产业关联,形成产业集群;产业集群包括主产业链、副产品链、再生资源链,体系完整;产业服务体系完善,包括产业商务体系、产业金融体系、产品服务体系、人力资本体系,等等。

生态圈指能够解决好人与自然和谐共生问题,有完善的生态设施,能够有效控制生态伤害和环境污染。所谓"一景"就是景观美丽,推动生态景观化发

---

① 赵禹骅.增强产业内生创新能力,促进广西经济高质量发展[J].当代广西,2019(16).

展,特别是以水域和林带等为本底建设生态公园和主题公园,景观建设与生态空间、生活空间、生产空间有机结合,建设心灵安放空间,所谓“此心安处是吾乡”。“五便利”指工作便利、生活便利、教育和社交便利、交通物流便利、亲近自然便利。比如,在亲近自然方面,强调绿地和水域,比如步行10分钟有绿地,驾车30分钟有水域等。这些都是现代工业社区的标准。

产业空间“三化”的本质是构建产业发展的空间力量,以人为中心构建空间关系,强化创新能力的空间集聚度,形成卓越的内生创新能力。着力建设三个维度:一是时间自由。按照身体状态管理的要求,在产业社区内配套完备的专业化服务体系,最大限度减少家政和其他非专业工作时间,合理安排专业工作时间,延长休闲时间和保障锻炼时间,确保身体和精神的最佳状态投入专业工作,提高创新效率。二是追梦畅达。建构既能激励思想火花又能燃烧思想火炬的空间结构,一方面关照创新所需的独立宁静空间,保障畅想的自由,燃烧思想的火炬——人们因孤独而幻想,因幻想而创造。另一方面关照创新所需的充分交流空间,点燃思想的火花——科学植根于实践,发展于交流和讨论。充分降低交流成本,在交流中形成“头脑风暴”。这种交流更多在于非正式的交流,在于文化资本的构建[①]。三是灵魂安放。城市的安全功能不仅是防卫和治安,更包括心灵的安放。为此,要着力建设精神生活的集体活动空间,形成能够安身、安心和安魂的心灵安放,解决工业文明的灵魂安放问题和城市文化的乡愁记忆问题,能够安身、安心、安魂才是“立命”所在,所谓“此心安处是吾乡”。

(三)产业集聚区的四个层次

产业集聚区是产业集聚的落地支撑,从空间集聚的技术特征及其形成的空间集聚经济效益划分,大体上有四个层次,在历史上大体又先后依次出现,也被划分为四代产业集聚区。这些层次性呈现出产业集聚的规律:围绕人气集聚,围绕群体协作,围绕知识创新。

---

① 乔纳森·特纳.社会学理论的结构(下)[M].北京:华夏出版社,2001:192.

1. 第一代产业集聚区

第一代产业集聚区是原始工业集中地，也称产业集聚区或产业区，是比较典型的工厂集中地，没有明确的产业主线，表现出早期工业集中地的主要特征，遵循韦柏在《工业区位论》中提出的交通指向、劳动力指向和集聚指向等三大指向[①]。但是，随着工业化进程形成的分工细化，早期制造业的大规模、流水线、机械化等特征已经淡出历史。第一代产业集聚区在一级产业（第一、二、三次产业）秩序上获得共享、协同、外溢、氛围、规模经济、专业化优势等六种集聚效应，在四代集聚区中协作深度最浅，经济效益最低。

2. 第二代产业集聚区

第二代产业集聚区是产业集群，是工业化中后期集中地的主要特征。产业集群有清晰、完整的产业秩序、产业关联，形成产品链，能够从产业纵深关联中获得共享、协同、外溢、氛围、规模经济、专业化优势、生态效率与经济效率统一与优化等七种集聚效应。产业集群是一组企业集合，在地理上邻接，在技术和业务上相互关联，它们同处一个产业领域或共享一个核心技术，因为共享特定的外部经济性而集聚在一起，因为功能互补而联系在一起，形成结构上独立、功能上互补的产业体系。例如，一个装备制造产业集群核心包括组装、零部件、服务等专业化的生产者、供应商和专业化基础设施的提供者。集群还经常向下延伸至销售渠道和客户，侧向扩展到辅助性产品的制造商以及与技能技术或投入相关的企业。许多集群还包括提供专业化培训、教育、信息研究和技术支持的政府和其他机构，例如大学、标准的制定机构、智囊团、职业培训提供者和贸易联盟等。自信息革命以来，产业集群在时间上经历了从以信息产业为主导到涵盖能源、材料、生命科学等高新技术产业的转变。这些集群不仅集聚程度高，而且拥有明确的产业主线，充分体现了产业集群的特征。产业集群在一级和二级产业秩序上获得区域集聚效应，加深了集聚效应的深度。但是，产业集群只在产业主线上形成秩序，这限制了其产业秩序形成的广度，形成了“深度有余，广

---

① 阿尔弗雷德·韦伯.工业区位论[M].北京：商务印书馆，2013：32-105.

度不足”的特点,因而其经济效益在四代集聚区中居中。

3. 第三代产业集聚区

第三代是生态产业集聚区,也称产业聚落,是生态文明的思维模式在产业集聚中的体现,其基本特点就是产业集聚度、关联度和契约结构度都很高。产业聚落能够从产业纵深和产业横向关联中获得共享、协同、外溢、氛围、规模经济、专业化优势、生态效率与经济效率统一与优化等七种集聚效应。这里的“生态”借用了环境生态的内涵,指称产业内部企业之间的相互依存关系。产业聚落是完整的产业生态体系,内外均有比较复杂的主产业链和副产品链(某些还包括再生资源链),产业主线与产业次线都明晰,在一级产业和二级产业、产业主线和产业次线等层次上都从产业秩序获得七种效应,产业秩序“既有深度,又有广度”。在四代集聚区中,产业聚落的经济利润第二。产业聚落本质上就是完整的生产力空间布局,并通过工业生态过程的复杂设计,形成制造业企业和服务业企业组成相互依存、协作共生的群落。它通过在管理包括能源、水、材料和产品这些基本要素在内的环境与资源方面的合作来实现环境与经济的双重优化和协调发展,形成最大的物质集成、能量集成、水集成、技术集成、信息集成,求得最大的经济利益、最小的资源消耗,最终使产业群落获得“整体大于部分之和”的集聚效益。简言之,产业聚落的目标就是要改善参与企业的经济表现,同时最大限度地减少其环境影响。既有生态与经济相统一,良性互动,互为手段,互为目标,又有整体大于部分之和的经济效益、环境效益和社会效益。

4. 第四代集聚区

第四代集聚区是开放性产业小镇,是具有灵魂的产业生命体。它具有深厚人文精神,按照“强人文、高技术、重生态、精管理、齐配套、大规模”的原则构建生态产业集群,“三生一景五便利”的体系完整,具有清晰、完整的产业秩序、产业关联,形成知识链和产品链,从协同创新中获得强大的知识创新能力。此外,它能够从产业纵深和横向关联中获得共享、协同、外溢、氛围、规模经济、专业化优势、生态效率与经济效率统一与优化等七种集聚效应。产业小镇包括对外开放和内部开放，对外开放既包括自贸区一类，更包括产业开放，与其他区域有紧密、丰富而复杂的产业关联，远离“经济孤岛”的逻辑；内部开放主要是产业对学术与研究的开放。产业小镇的协同创新体系是以物联网为基础，围绕一些高校、研究院所和研发中心而布局的产业集群。高校、研究院所和研发中心作为知识生产体系，生产知识、扩散知识，形成强大的创新能力，为产业集群提供知识支撑。产业集群利用高校或研究院所生产的知识，在物联网的支持下，快速形成生产力，个性化地创造财富，并给高校或研究院所提供资金、产业实践、研究问题，等等。由此，形成知识与产业的良性互动和协同发展。

本质上，产业小镇是一种充分体现毛泽东实践论中理论与实践相结合的产业集聚区，是生产力发展的产物。产业小镇是一个以知识为核心的“产业社区”，具有“三生一景五便利”的知识化产业集中区，具有高水平社群化的特点。高水平社群化指产业小镇具有产业圈、生活圈、生态圈之外，还要有社团圈，提供社会团体活动的空间和规则，强化精神生活的社会团体归属。社团圈的功能要求产业小镇有社团组织、社团空间、社团活动和社团文化；要有园区文化，有灵魂、有精神、有活力，能自我发展、自我管理、自我演进。社团性也是产业小镇的最本质特征，是协同创新的内在要求和根本特征，也是保证共享、协同、外溢、氛围、规模经济、专业化优势、生态效率与经济效率统一等七种园区效应的广度、深度、持续性的根本动力。毕竟，人们只有在共同的社会活动中才能交流，才能沟通，只有在专业性的社交活动中才能更好地进行专业交流和专业沟通，而专业交流与专业沟通正是技术进步和创新思想的主要动力。

（五）产业发展的文化力量

产业是一种人的组织，文化是产业的灵魂[①]，建设产业文化是灵魂工程。文

---

① 包亚明.文化资本与社会炼金术：布尔迪厄访谈录[M].上海：上海人民出版社，1997：189-211.

化本体包括五个要素:道、魂、本、范、行[1]。文化之“道”,指世界观和价值观,是对事物本源的看法,对事物的价值认识和价值判断。“魂”是“道”的具体,“道”是“魂”的抽象。文化之“魂”是价值观表达的艺术具体和形象具体,包括价值观(精神价值观的文字化)、仪式(价值观的行为表达)、英雄(价值观的人格表达)、符号(价值观的符号形式)四个层次[2],核心是纲领、英雄、神话和故事,通过艺术具体和形象具体,“道”形成直指人心的审美力量,或在清泉细流、无声润物中植入识海,或在心灵的震撼印入识海,形成超越生命的精神力量,这是文化之“魂”。“魂”的关键在于既是高山仰止却又真实可信。文化之“本”指模式,包括:(1)精神情感模式,它是心灵内化的价值观,构成情感冲动的模式,也是信仰构建的精神基础;(2)思维理性模式,它是头脑内化的价值观,构成思维活动模式和思想信念模式,也是信仰构建的逻辑基础;(3)行为性格模式,它是实践内化的价值观,构成行动习惯和情绪模式。文化之“范”指行为规范,也称原则体系或规则体系,是外化的价值观。价值观外化为行为规范,形成对人们行为的具体要求,行为规范也就是价值观在组织制度的具体外化。文化之“行”指实践行为,即在文化本体四要素基础上,特别是行为规范体系之上,人们的社会实践活动。文化本体的五要素构成了如图 9-3 示的关系,称文化五行模型。

文化的“道”和“魂”合称理念,文化五个要素的心理进路构成三种过程范式:(1)“理念-本-范-行”的“理念-原则-制度”范式,简称“制度”范式,是理念控制行为的“硬”范式;(2)“理念-本-行”的“文化”范式,是理念控制行为的“软”范式;(3)“范-行-本-理念”的“习-性-命”范式,是行为和制度影响理念的范式。三种范式的具体化就是组织与制度,即组织建设和制度建设及其活动。

---

① 赵禹骅,凌经球.加快转变经济发展方式的当代人文主义审视[J].改革与战略,2013(6):1-9,13;赵禹骅,凌经球.当代中国人文主义价值理性下的产业集群构建研究[J].桂海论丛,2013(3):90-95.

② 吉尔特·霍夫斯泰德,格特·扬·霍夫斯泰德.文化与组织:心理软件的力量(第 2 版)[M].北京:中国人民大学出版社,2010:6-8.

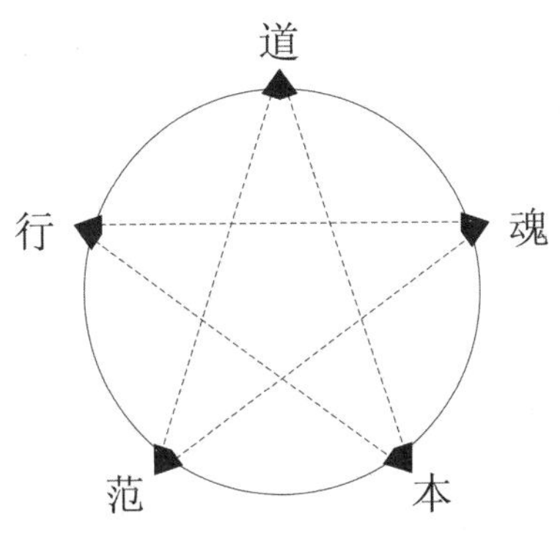

图 9-3 文化的五行模型

文化本体的内核是人文精神,人文精神有纲领、英雄、故事和神话三大要素来表达。“纲领”是人文精神的文字表达,需要具有升华灵魂的能力,具有承载理想、希望、光荣与梦想的张力。“英雄”是人文精神的人格化,关键是真实性与仰止性,真实性要求英雄的业绩可测度与可追溯,仰止性要求英雄的业绩要吸引人、难超越,甚至令人敬畏。故事和神话是英雄的功业的内涵和过程,是英雄成为英雄的原因。所以,三大要素的核心是英雄,英雄是文化的图腾。

因此,产业文化的根基需要植根于产业英雄的成长,需要植根于群众内生和产业劳动的具体实践。夯实产业文化建设的基础,要做好两件事情:一是要建立和完善教育体系,包括普通教育体系和职业技术教育体系;二是重视历史记录,特别是人们工作和学习的历史记录和组织的业绩记录,关注人们成长和组织发展的过程管理,关注人们成长和组织发展的真实故事,这既为人们的成长和组织的发展提供了科学指导的依据,又为产业文化建设奠定基础。在此基础上展开产业文化的构建,标准化各类工作技能,建立劳动业绩晒台,记录、公布、累积劳动业绩,举办劳动技能公开赛、科研成果公开评比、经营业绩公开公示等,形成业绩、技能、成果的公开化、累积化、竞赛化和艺术化,设立产业“英雄榜”,既有个人也有集体,塑造真实可信的劳动英雄,让“英雄梦”植根于劳动深层,让英雄、英雄的业绩和英雄的故事承载产业文化的精神内涵。

三、供应链与金融链深度融合

供应链与金融链深度融合是产业发展的重要趋势①,简称两链融合。两链融合降低了市场交易成本,推动了产业分工细化。本节从银行的角度讨论两链融合的风险控制根源。

(一)风险控制是两链融合的重要推手

1. 两链融合的基本内涵

供应链是产业链的子链,在传统的金融概念中,供应链是股权资本的领域,通过纵向一体化能够更好地控制供应链内生经营风险,而债权信贷没有把供应链作为风险控制的重要策略。

在信息革命之后,市场交易成本极大下降,产业分工细化,供应链内部企业数量急剧增大,供应链风险控制成为信贷风险控制的重要手段,供应链与金融链的融合不断深化。

2. 两链融合有利于风险控制

在实际工作中,企业之间的纵向关系数量众多、关系复杂,与横向关系同样,对企业经营风险的影响非常大。纵向关系是企业业务的主导关系,其集合构成特定的供应链,供应链的业务关系是经营风险的重要因素。

从价值链的观点来看,一种社会价值的全部实现是纵向关系构成的完整供应链上全部节点价值实现的总和。各节点之间的摩擦和各节点内部的低效都构成整个供应链的价值减项,从而形成风险。所以,当信贷决策影响到某一企业的上下游时,由于企业的关联性,该企业实际上也受到影响,信贷决策不再是该企业风险的外生变量,而是内生变量。事实上,资金在供应链中充当着润滑剂的作用,而信贷则可能是这个润滑剂的调节器。所以,两链融合有利于企业

---

① 宋华.供应链金融(第二版)[M].北京:中国人民大学出版社,2016:2-8.

控制风险。

当银行放弃了供应链这种企业之间的业务纵向关联关系后,企业之间的有机联系就被割裂了,银行难以从企业的外部获取信息并加以整合,其贷款管理的全部信息只能来源于企业。在银行与企业的博弈关系中,银行事实上处在信息劣势的地位,这种地位对银行调整自己的信贷管理策略是不利的。所以,两链融合有利于信贷风险控制。

因此,在信息技术带来管理能力提高后,以供应链作为关联企业的主导形式有其逻辑上的合理性,供应链与金融链的深度融合是银行与企业共同利益所在。

(二)供应链业务关联形式的基本逻辑分析

1. 供应链的定义和本质

供应链是产业链的子链,产业链由多个供应链构成。供应链的企业之间形成增值过程,这个过程形成物流、资金流和信息流,以制造商为核心,链接起供应商、制造商、分销商、终端用户等,形成完整的价值创造过程。因此,供应链的本质是从企业"链(网)"式结构,是企业间纵向业务关系的集合,是特定商品以企业为增值环节的价值链。产业链与供应链的关系如图 9-4 所示。因此,商品价值的创造和实现由供应链完成。

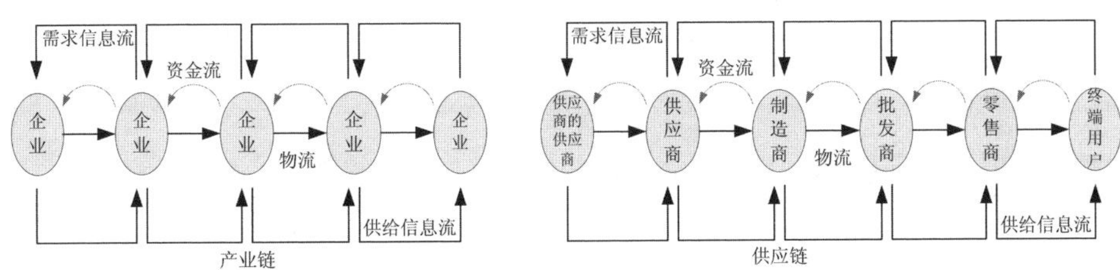

图 9-4　产业链与供应链示意图

2. 两种管理方式的定性比较

供应链内部各节点之间存在资金流动的内在联系,因此,银行与供应链的逻辑关系如图 9-5 所示。而以单个企业为管理对象的逻辑关系如图 9-6 所示。这两种形式的资金流动管理中,存在一些不同的特点:

在图 9-5 中,对银行而言,在供应链内企业间的资金流动是清楚的,而且是封闭的。在图 9-6 中,对银行而言,企业间的资金流动是不清楚的,也很难做到封闭。

在图 9-5 中,由于资金的需求基础就是节点间的资金流量,而这些流量又以节点间的业务关系为基础,因此银行清楚各节点在本供应链内的资金需求,其信贷决策可以实际业务为依据,因而供应链中的贷款具有更强的业务背景。而在图 9-6 中,各企业之间的业务关系不清,银行很难核定贷款背景的真实性。从理论与工作实践的结果来看,业务背景有利于贷款风险控制。

在图 9-5 中,银行的信贷决策信息不仅来源于企业,还来源于整个产业链,扩大了信息来源的范围,也提高了信息获取的真实性和适时性。在图 9-6 中,银行只有单个企业信息,无法形成整合。

在图 9-5 中,关联企业之间由资金问题引发的风险是信贷决策的内生变量,在信贷决策的控制范围之内,信贷工作可以比较好地发挥其资金调节作用。而在图 4-6 中,关联企业之间由资金问题引发的风险是信贷决策的外生变量,信贷决策难以控制其风险。

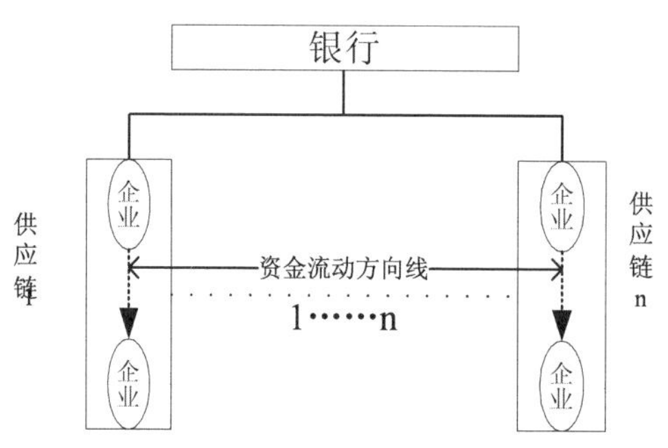

图 9-5 供应链方式的资金管理

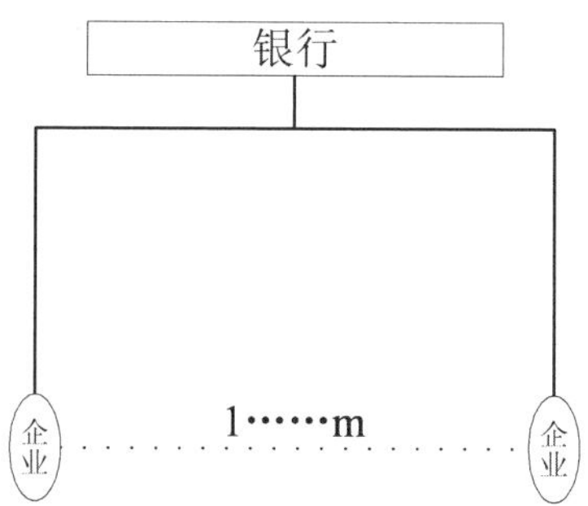

图 9-6 企业方式的资金管理

(三)供应链业务关联形式的数学模型分析

1. 风险模型分析

设有风险函数 $P(x,y,z)$,其中,P 是贷款项目的风险,即贷款项目收益未能足额偿还银行贷款本息的概率,因此也是银行贷款的风险;x 是资金因素,有:当 $x<\bar{x}$ 时,$\partial P/\partial x<0$;当 $x\geqslant\bar{x}$ 时,$\partial P/\partial x=0$;其中,$\bar{x}$ 是项目的资金容量。y 是上下游企业的风险因素,包括:上游企业不能按时、按质、按量提供项目的外购设备、零部件、原材料、劳务产品等,下游企业不能按时按量提供资金。有$\partial P/\partial y>0$;且对某上下游企业的风险函数 $P^*(x^*,y^*,z^*)$,有交叉偏导数$\partial y^*/\partial P>0$,即一个企业的经营风险会沿上下游传播。$z$ 是其他因素。

给定借款人 A、B,设 A 是 B 的上游企业,则在图 9-6 下,银行对 A、B 的信贷风险分别考虑。设银行给 A 的贷款额度为 $x_A^\#=\overline{x_A}$,给 B 的贷款额度为 $x_B^\#<\overline{x_B}$,做独立风险分析,有:

$$P_A(x_A^\#,y,z)=P_A(\overline{x_A},y,z)$$

$$P_B(x_B^\#,y,z)<P_B(\overline{x_B},y,z)$$

此时,B 风险度加大了,似乎 A 的风险未加大。但是,如果考虑其关联风险,$\partial y_A/\partial P_B>0$,有 $y_A[P_B(x_B^\#,y,z)]<y_A[P_B(\overline{x_B},y,z)]$。故有:

$$P_A\{x_A^\#,y_A[P_B(x_B^\#,y_B,z)],z\}<P_A\{\overline{x_A},y_A[P_B(\overline{x_B},y_B,z)],z\}$$

所以,考虑 B 的影响时,A 的贷款风险度也在加大。

由此,整个产业链上的风险将逐个环节地传播,整个产业链的综合风险有可能加大。

在图 9-5 下,银行以企业的业务关联为管理对象,以其业务背景为授信基础,对 A 企业贷款 $x_A^\#=\overline{x_A}$,对 B 企业贷款 $x_B^\#=\overline{x_B}$,则各自风险度为:$P_A(x_A^\#,y,z)=P_A(\overline{x_A},y,z)$,$P_B(x_B^\#,y,z)=P_B(\overline{x_B},y,z)$。

考虑 B 对 A 的影响,则 A 的风险度为:

$$P_A\{x_A^\#,y_A[P_B(x_B^\#,y_B,z)],z\}=P_A\{\overline{x_A},y_A[P_B(\overline{x_B},y_B,z)],z\}$$

对比两式，可知，图 9-5 中 A 的综合风险度小于图 9-6 中 A 的综合风险度。

这一模型反映了价值创造与价值实现两个方面的问题。其中 B 企业的风险是价值创造的风险，即，B 不能有效组织生产或销售；A 企业的风险是价值实现的风险，即 A 不能从 B 处如期取得应付货款。

本例实际上是一个三角债的问题，如果 A、B 的上下游关系颠倒，则上述结论仍然成立，但就不是三角债的问题，而是供应的有效组织问题，即，B 因资金不足而影响生产，导致 A 的供应问题而引发 A 的经营风险。这个原理由再生产均衡方程描述。所以，企业的上下游都会相互影响，存在相互依存、共同发展的关系，企业之间的相互关系构成企业发展的产业生态。

由此可见，随着信息技术的发展，企业管理能力不断提高，社会分工因而不断细化，企业间业务联系越来越紧密，业务依存度越来越高，产业链中的风险传播成为一种重要的风险因素，将供应链作为一种企业关联体进行管理是控制信贷风险的一种有效途径。

2. 信息模型分析

设有信息函数 $I(x,y,z)$，其中，I 是项目的信息价值，由三个分量 x、y 和 z 共同决定。x 是企业内部的信息，与业务无直接的关系，不直接反映在企业间的资金流动上，有 $\partial I/\partial x>0$。y 是企业之间的信息，是企业间业务关系的直接信息，直接反映在企业间的资金流动上，有 $\partial I/\partial y>0$。z 是产业链之外的信息，与企业间业务无直接关系，不直接反映在企业间的资金流动上。

在图 9-6 下，银行通过企业了解信息 y，由信息论知，信息传播的环节越多，信息的失真度和时滞越大，价值越低。设一个中间环节传播的信息变为 $t(y)$，有 $t(y)<y$。故，通过企业了解信息 y 时，项目的信息价值 $I(x,t(y),z)<I(x,y,z)$。

在图 9-5 下，银行直接从供应链中了解信息 y，没有中间环节，故其项目的信息价值为 $I(x,y,z)$。可见，比较图 9-6，图 9-5 在信息的获取上占有优势。

信贷决策依赖于信息的获取，上面风险构成模型中分析的问题本质上也是没有充分获取企业间业务信息而导致的结果,事实上,信息始终是决策的依据,无论从信贷理论还是从信贷实践的角度看,信贷决策都首先依赖于信贷业务信息。

因而,上面模型从数学上支持了这一结论:以供应链的企业关联作为信贷管理对象,一方面可以从价值创造和价值实现两个方面控制借款人的经营风险;另一方面可以通过对供应链内资金流动的管理获取借款人的经营信息,有利于信贷决策。从这两个方面看,以供应链作为信贷管理对象有利于降低信贷风险。

(四)以供应链作为信贷管理对象的可行性分析

1. 政策可行性分析

从上面的分析可知,以供应链为对象进行管理可以使资金的流动清晰,从而有利于风险的控制。但这种做法有可能导致供应链中的资金封闭在供应链的账户中,形成供应链中资金的封闭运行。在资金封闭的状态下,供应链中各企业的账户必须是专用的,其资金只能向上游企业的对应账户流动,也只能接受其下游企业对应账户的资金划转。因此,对应于每一条供应链,企业必须有一个结算账户。一个企业可以用多种产品,每种产品至少可以加入一条供应链。这样,一个企业应该拥有多个结算账户。

因此,在账户管理政策上,实施以供应链为对象的信贷管理要求企业可以拥有多个结算账户。在现行的账户管理办法下,企业在贷款银行可以开立普通账户用于转账结算,满足以供应链为对象的管理方式的要求,这在政策上是可行的。

2. 技术可行性分析

图 9-4 所示的是供应链的企业集合示意图,在实际工作中各企业间的业务关系可能是一种网状结构。但若企业只以专用账户进入供应链的逻辑组织中,供应链以某一核心企业为中心,按层次组织上下游关系时,其上游关系、下游关

系都是一种树形结构。在此,我们称其上游关系形成的树形结构为上游树,下游关系形成的树形结构为下游树,核心企业是上游树、下游树的根。但在上游树中,每一个企业与其全部上游企业组成整个供应链的一棵子树,该企业是其全部上游企业组成的子树的根;在下游树中,每一个企业同样与其全部下游企业组成整个供应链的一棵子树,该企业也是其全部下游企业组成的子树的根。如图 9-7 所示。上游树一般是供应树,下游树一般是销售树。

在树形结构中,一个 $n \times m$ 的树形结构(n 层,每层可以有 m 棵子树)可以拥有多达 m^n 个账户。这用手工管理是不可能的,但是运用计算机系统能够轻松完成。过去曾有人对糖厂进行过不完全的纵向关系管理,不涉及消费者、零售商和蔗农,只管两层,即糖厂、批发商或工业用户。在不完全管理的情况下,共有账户数十家,手工完成显然不可能,但以他们运用当时的计算机 FoxPro 系统,能够轻易完成[①]。所以,支持产业链为对象的管理模式的数据运行在技术上是可能的。

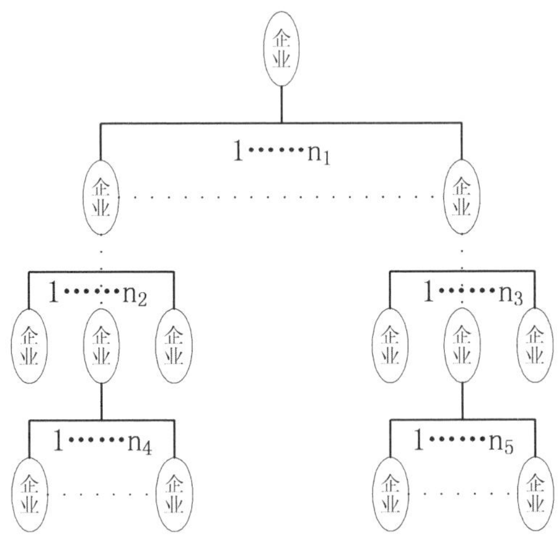

图 9-7 供应链的树形结构图

① 赵禹骅.信贷管理中的风险控制方法研究[D].同济大学,2004:102-109.

3. **数据可行性分析**

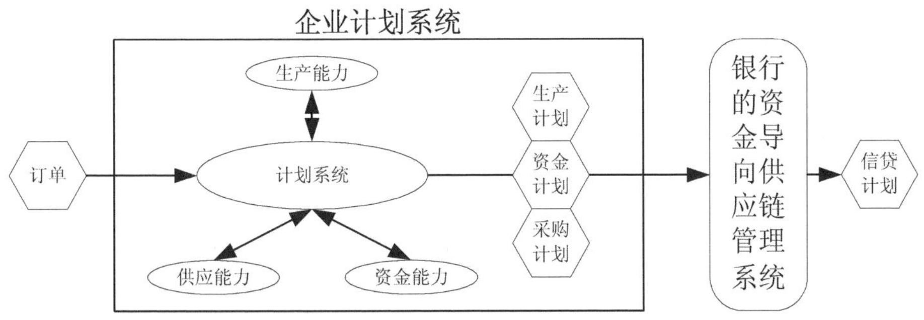

图 9-8　资金计划编制流程示意图

在数据生成方面,由于银行信贷决策以业务背景为基础,需要核定各环节企业的资金需求计划,包括时间和额度。因此,计算机需要解决:(1)数据分解问题。即某一企业按其所接收的下游企业的订单分解出向其上游企业订购的物料清单;(2)资金计划安排问题。即某一企业根据其订单和生产能力安排生产计划,由生产计划和物料单形成采购和资金计划。这些计划的编制过程如图 9-8。这是上游树的过程,下游树的过程类似(但不是订单,而是销售计划),但要简单些。以目前的管理信息技术能力而言,获取这些数据是可行的。

在数据组织方面,为形成图 9-7 的树形结构,各结点必须要有指针指明其上下游关系,在树形结构中是父子关系。在上游树中,父亲是下游企业,儿子是上游企业。在下游树中,父亲是上游企业,儿子是下游企业。从理论上讲,在树形结构中要指明父子关系使用一根指针即可。但每个企业可以参加多条供应链,所以,在数据组织中仅指明上下游关系还是不够的,还必须指明其供应链的归属,因此,每个结点的数据中还应包含供应链标识,该标识可以使用核心企业的企业代码为内容。其数据内容的逻辑图如图 9-9 所示。

使用这些数据即可组成树形关联企业的数据结构,所以,在数据组织方面是可行的。

在这种组织方式下,各企业账户以其所属供应链不同而独立管理,所有的

图 9-9　供应链中树形结构的数据结构图

账户都封闭运行。其缺点是企业账户数量变大，在会计处理上，要求企业账户下记录其资金往来所属供应链，或者设置子科目，或者设置专用账户，在统计后归并到相应账户。这种方式可以增加企业资金流动的清晰度。供应链中的贷款是有计划且封闭运行的真实票据贷款，能够有效降低贷款风险。

（五）供应链信贷管理的风险影响

信息技术的发展提供了强大的数据处理能力，以供应链作为信贷管理对象成为可能。以供应链作为信贷管理对象，银行信贷工作更加深入到企业生产活动中，金融润滑剂的供给更贴近价值创造、价值实现的实际需求，能够从创造和实现两个环节，更好地疏导价值链的运动，既有利于社会财富增长，也有利于信贷风险降低。同时，信贷系统获得更加适时和更为充分的信息，有利于信贷风险的控制。因此，在当代信息技术的支持下，以供应链为信贷管理对象的方式是有效的信贷风险控制工具，两链融合是产业经济的重要发展趋势。

四、产业组织细分与市场效率的数学逻辑

在产业体系中，市场交易与企业管理两种组织方式并存，企业的规模不会无限扩大，而且，随着交易成本下降，企业组织规模趋向缩小，形成产业组织细分，这是产业逻辑。产业组织细分的数学原理支撑着组织拆分，构成了市场交易和市场经济的效率支撑。

（一）数学模型

第一章“价值正义概述”给出了描述经济的数学模型，对那个模型进行抽

象,就是带约束条件的函数寻优问题,被称为数学规划。

1. 讨论问题的基本思路

产业细分表明,人们面对大规模的问题总是偏向于拆分成小规模的问题来处理,所谓"图难于其易,为大于其细"。面对全社会的庞大需求与供给,人们同样创设了市场,形成分散决策机制,将一个规模庞大的数学规划问题拆分成众多规模较小的数学规划进行求解。本质上,市场经济就是人们创立的模型拆分方法,人们通过市场交易替代企业组织,把庞大的经济模型拆分成为较小的企业模型,在合理的企业规模内避免了数学规划模型的组合爆炸问题。在这个原理下,企业规模不会太大,市场交易平衡企业规模,行政组织同样受制于规模。因此,产业细分的数学原理也同样支撑市场经济的结构逻辑。所以,这里从其数学模型开始,讨论其内在的原理和逻辑,能更好地理解产业、理解市场经济、理解企业组织和行政组织的结构细分的数学原理、哲学逻辑和经济学思考。

2. 数学规划的模型

数学规模基本模型如下:

$$\text{问题}:\begin{cases}\dfrac{minF(x)}{\text{s.t.}G(x)\geqslant 0}\\ x\in D(x)\end{cases}$$

其中,x 为决策向量,由多个变量组成 $x=(x_1,\cdots,x_n)$,n 是决策向量的维度,x_k 是决策变量,$k\in\{1,\cdots,n\}$;$F(x)$是目标函数,可以求最大或最小,标准化为最小化函数;$G(x)$是约束条件或约束函数,也称优化约束条件,限制了 x 的空间;$D(x)$是决策空间,是决策变量 x 的基本限制条件,确保决策变量限制在允许的范围内,也称底线约束条件,每一个决策变量 x_k 有且只有一个底线约束条件。有 $G(x)$? $D(x)$,优化不能突破底线。

3. 数学规划模型的讨论

约束条件 $G(x)$和决策空间 $D(x)$都是约束条件,令 $X=\{x|x\in G(x)\wedge x\in D(x)\}$,则 X 被称为问题的解空间。模型可以进一步抽象为:

问题:$\begin{cases} minF(x) \\ \text{s.t.} x \in X \end{cases}$

抽象到这里就明确了,模型表明,这是一类解空间上的寻优问题。即,目标函数 $F(x)$ 在解空间 X 上的寻优问题。解空间的任意元素都是解,但未必是最优解,寻优就是找出这些解中的最优者。寻优过程中产生的局部最优解称局部极值,在局部寻优也称为求极值。局部最优解未必是全局最优解。

对于这类问题的数学讨论可知,决策空间的边界条件是有效约束,构成了等式约束,未达边界的约束都是无效约束。无效约束可以从约束条件集合中剔除,留下全部有效约束条件,记为 $\varphi(x)=0$。$\varphi(x)\subseteq X$,问题的模型又可以描述如下。

模型:$\begin{cases} minF(x) \\ \text{s.t.} \varphi(x)=0 \end{cases}$

对于这类问题,数学上用拉格朗日乘子法求解。即,构造拉格朗日函数 $L=F(x)+\lambda\varphi(x)$。对其求偏导数,构造方程组,求解得到驻点 $x^*=P(x_1,\cdots,x_n)$,即是问题的解。拉格朗日乘子法是升维方法的典范,它增加新的变量来构造方程,增加了方程的维度,更一般地说,它构造一个蕴含原问题的高维度问题,然后解决高维度问题,就把原问题解决了,这种方法也称“降维打击”,即用高维度的办法解决低维度的问题。

至此,理论上的求解逻辑完成。

4. 模型计算的时间复杂度和技术可行性分析

这里注意,令 $\varphi(x)=\{\varphi_1(x),\cdots,\varphi_q(x)\}$,其中 q 是有效约束条件的数量,偏导数方程 $\partial L/\partial x_k=\partial F/\partial x_k+\lambda\partial\varphi/\partial x_k=0$,共有 n 个方程。对 λ 的偏导数方程就是约束方程 $\varphi_k(x)=0$,共有 q 个方程。总共有 $(q+n)$ 个方程构成联立方程组,方程的变量集合 $x=(\lambda,x_1,\cdots,x_n)$,故有 $(n+1)$ 个变量。这里出现了两个问题:模型计算的时间复杂度和技术可行性。

一是模型计算的时间复杂度。上面的联立方程组构造中,计算的时间复杂度与 n 和 q 相关,尤其与 q 相关。首先是 $\varphi_k(x)=0$ 的方程有 q 个,其次是每个 ∂

$L/\partial x_k=\partial F/\partial x_k+\lambda\partial\varphi/\partial x_k=0$ 方程都包含 q 个 $\partial\varphi/\partial x_k$ 因子,整理方程的时间复杂度就是 $O(n\times q)$。所以,计算方程组的时间复杂度是 $O(n\times q)$ 的量级。在经济模型中,q 与协商关系相关,在组织管理中时间复杂度为 $O[(m)^e]$,其中,m 是组织中人数,$e\geqslant2$,而且 $e=e(m)$,是 m 的递增函数,还是 m 的边际递增函数。所以,$O(n\times q)=O[n\times(m)^e]$。即,随着人数的增加,存在组合爆炸问题。

二是模型计算的技术可行性。实践上对于问题$\begin{cases}minF(x)\\ \text{s.t.}x\in X\end{cases}$的有效约束难以计算,即 $\varphi(x)=0$ 难以获得。因此,模型$\begin{cases}minF(x)\\ \text{s.t.}\varphi(x)=0\end{cases}$无法构造。在技术上存在方程构造的障碍,所以这个理论方法在实际计算中存在技术上不可行。

所以,这类问题需要另外求解。其中,组合爆炸问题是组合优化的根本问题,因此,可以把这类问题归并到组合优化问题讨论。组合优化问题中,最简明的就是"旅行商问题"(TSP,Traveling Salesman Problem),本文即从其着手,研究这类问题的求解方法。

选择"旅行商问题"着手讨论是因为这个问题简明和直观,能够带给人们启发,这里的启发不是要启发这个问题的求解,而是启发这类组合优化问题、大型规划问题求解的数学原理和哲学逻辑,以此讨论经济内涵的市场逻辑,解释市场历史背后的数学原理、哲学逻辑和经济学思考。

(二)案例讨论

1. 实例

给定问题如图 9-10 示,求遍历 A、B、C、D、E、F、G 七个点,要求其路径最短。给出实例数据如表 9-1[①],描述了上述七个节点两两之间的距离。这是经典的"旅行商问题",也称赋权 Hamilton(汉密尔顿)问题。

问题:不使用枚举法,如何选择路径遍历各点,使其总路径最短？这类问题

---

① 胡运权,郭耀煌.运筹学教程[M].北京:清华大学出版社,2000:405-410.

是物流工作日常遇到的问题。

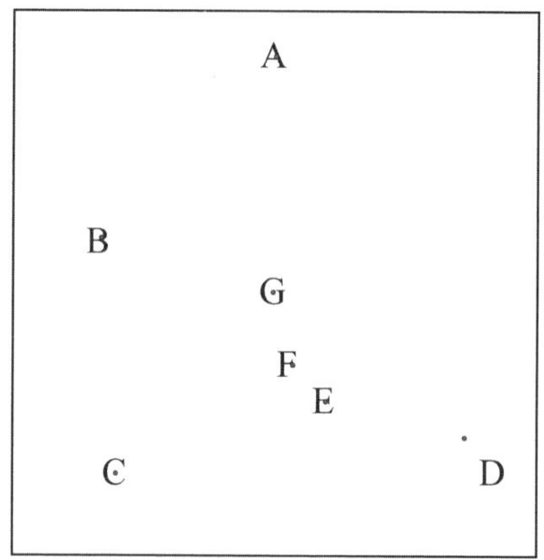

图 9-10　实例示意图

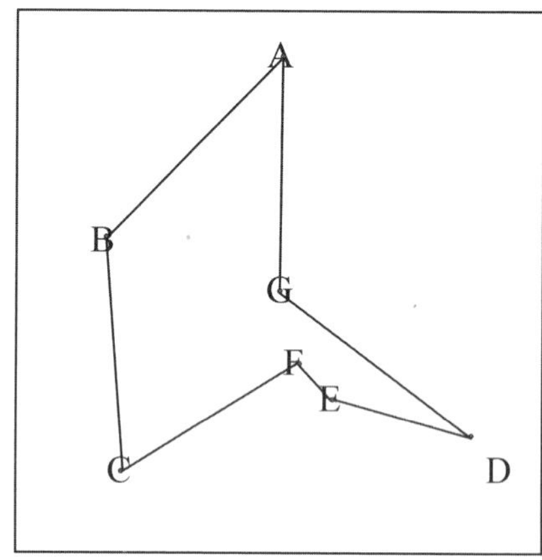

图 9-11　C-W 算法的结果

表 9-1："旅行商问题"实例数据表

	A	B	C	D	E	F	G
A	0	14. 14	24. 7	23. 71	19. 24	17. 03	13
B	14. 14	0	13. 04	23. 71	15. 81	13. 04	10. 44
C	24. 7	13. 04	0	20. 1	12. 65	11. 66	13. 45
D	23. 71	23. 71	20. 1	0	8. 25	10. 77	13. 6
E	19. 24	15. 81	12. 65	8. 25	0	2. 83	6. 71
F	17. 03	13. 04	11. 66	10. 77	2. 83	0	4. 12
G	13	10. 44	13. 45	13. 6	6. 71	4. 12	0

2. 问题分析

(1)分析

这个"旅行商问题"的节点数较少，可以使用简单枚举法求解。但是，我们的目的在于理解启发式算法的本质和逻辑[①],所以题设规定了不能使用枚举法。这类组合优化问题,在小规模时都可以使用简单枚举法求解。在大规模时,枚举法产生组合爆炸,无法有效完成,目前,还没有有效的求解算法,只能用启发式算法求解[②]。

目前“旅行商问题”的启发式算法有很多种,分为成圈型算法和改进型算法[③],其中成圈型算法较多,改进型算法较少。所谓成圈型算法也称构造型算法或构造算法,就是运用某种规则,从零开始,构造出遍历各点的回路。所谓改进型算法或改进算法就是对业已成圈的回路进行改进或优化。每一个改进型算法都可以其他改进型算法的结果作为基础进行改进,即是说,改进型算法可以叠加,这大模型多 Agent(代理)算法的数学基础。其实,市场经济就是多 Agent 优化模型,每一个市场主体都是一个 Agent,异质的 Agent 之间展开协作或博弈,同质的 Agent 之间展开竞争,在全体 Agent 的共同协作、博弈和竞争中完成优化形成效率。这里我们重点讨论改进型算法,理解其中启发式算法的“必要性”原则,理解这类问题的数学原理和思维逻辑。

(2)原则

在其他点不变的条件下,每一个点的接入必须最优。最优路径存在一个必要条件,就是说,最优路径上每增加一个点,这个点插入一条边,其他各点的连接不变,这个插入点选择的插入边应使路径变化量最小,即路径的增量最小。

关于这个规则,用反证法可以简单证明:在最优路径上插入一点,形成了新的最优路径,记为路径 1。但是,在插入路径时,其路径增量不是最小。那么,至少还有一种插入法,其路径增量更小,记为路径 2。则以路径 2 替代路径 1,由此形成的回路,其路径更短。而这与原路径最短的假设矛盾。所以,规则成立。

---

① 赵禹骅,任伟民,李可柏.关于汉密尔顿最短路径的算法[J].东方电气评论,2004(3):42-46.

② Richard A.Brualdi.Introductory Combinatorics (3th)[M].北京:机械工业出版社,2002.

③ James R.E.,Edward M..Optimization Algorithms For Networks And Graphs (2th)[M].New York: Marcel Dekker (INC),1992:342.

这里注意两点，一是这里用了反证法，二是严格限制其他各点不变。所以，这个规则是必要性规则，未必是充分性规则。也就是说，不满足这个规则的路径肯定不是最优路径，但是满足这个规则的路径未必是最优路径。再次用反证法，找到一个满足这个规则的路径，但不是最优路径，这就是下面经典构造算法构造出来的路径。所以，这条规则是必要性规则且不是充分性规则。这里确认，作为成圈算法的原理它不是充分条件，所以，由它构造的成圈算法是启发式算法，不是有效算法。但是，没有证明作为改进算法的原理它不是充分条件，所以，由它构造的改进算法至少是启发式算法，未能确定是不是有效算法。

上述规则被应用于“旅行商问题”的启发式算法中，多数用于设计成圈算法，个别人将之用于改进算法①。

依据上面的分析，我们设计相应的图论算法。

(3)算法总体步骤

算法的总体思路。依据上面的规则，算法设计分为两步：①运用 C-W 算法求出一条“旅行商问题”的回路，该算法以上述规则作为算法原理，由 Clarke 和 Wright 设计；②运用该规则设计改进算法，对该回路进行优化。在此，这里不讨论成圈算法，集中考察改进算法，成圈性问题由经典算法解决。

(4)改进型算法描述

改进型算法的思路：切下一个点，按上述路径变化量最小原则重新插入回路。具体算法描述如下。

第 0 步，确定一个初始的循环起点。在已经构造形成的“旅行商问题”回路上确定一个点作为循环的起点。以该起点为当前点，转入第 1 步。

第 1 步，跨线切割形成孤立点。以当前点为起点，按路径方向找到第一、第二邻接点，向第二邻接点连线记为跨线——跨过第一邻接点，由此切割第一邻接点成为孤立点，跨线成为新回路的一条边。此时回路不包含全部点，故非“旅行商问题”回路，转入第 2 步。

---

① 赵禹骅，信贷管理中的风险控制研究[D].同济大学，2004：172-177.

第 2 步,将孤立点重新连入路径中。按路径变化量最小原则,将孤立点插入回路,形成新的“旅行商问题”回路。转入第 3 步。

第 3 步,如果新旧回路产生路径变化,则以新回路取代旧回路,该跨线起点为循环新起点和当前点,返回第 1 步,继续循环计算。如果新旧回路产生路径无变化,当前点按路径方向移动一个点,转入第 4 步。

第 4 步,判断算法结束。对比当前点是否循环起点,如是,算法结束;如不是,转回第 1 步。(算法描述完毕)

算法结束时,回路上其他点不变的条件下,每一个点的插入都是最优,回路达到局部极值。由算法过程计算,每个改进的时间复杂度为 $O[(n-1)^2]$。

(5)几个概念

跨线:在回路中,顺着约定的方向(比如顺时针或逆时针),每一个点都有第一、第二邻接点,该点向第二邻接点连线,跨过第一邻接点,该连线称跨线。例如,在回路 $A-B-C-D-E-F-G-A$ 中,A 是当前点,B 是 A 的第一邻接点,C 是 A 的第二邻接点,则连线 AC 是针对 B 的跨线,形成了对 B 的切割。注意,对平面“旅行商问题”,可简化计算,跨线为内连线时(孤立点在新回路外),不作变动,走向下点;跨线为外连线时(孤立点在新回路内),切割孤立点再重新插入回路。

边:两个相邻点之间的连线。如上面 A 与 B 的连线、B 与 C 的连线都是边。

路径变化量:将当前点插入回路,要选择一条边,把当前点与该边的起点和终点相连,以两条新边取代一条旧边。这样,两条新边的总长与旧边长之差就是路径变化量。例如,将点 D 插入回路 $A-B-C-E-F-G-A$ 的 EF 边,将 ED、DF 相连,新边 ED、DF 取代旧边 EF,路径变化量 $=(ED+DF)-EF=(A-B-C-E-D-F-G-A)-(A-B-C-E-F-G-A)$。

路径变化量最小原则:将一个点插入回路,有多条边可以选择,插入不同边的路径变化量各不相同,选择路径变化量最小的边来插入,则能够达到局部极值即局部最优。

3. 计算过程

(1)求出“旅行商问题”回路

运用经典算法求得回路:$A-B-C-F-E-D-G-A$,如图 9-11 所示。

路径长为:14.14+13.04+11.66+2.83+8.25+13.60+13.00=76.52。

至此,经典启发式算法对“旅行商问题”的求解完成。进入优化回路过程,运用改进型算法,寻找局部极值。

(2)“旅行商问题”回路的优化

由图 9-11,从 A 点开始做循环调整。

起步:循环起点 $T=A$,当前点 $S=A$,当前图标号 $N=9-12(1)$。

①图 9-11 中,由 $S=A$ 点作跨线 AC,AC 是内连线,不切割点。向下点走,$S=B$。

②图 9-11 中,由 $S=B$ 点作跨线 BF,BF 是内连线,不切割点。向下点走,$S=C$。

③图 9-11 中,由 $S=C$ 点作跨线 CE,CE 是外连线,切割 F 点,得图 9-12(1)。按路径变化量最小原则,重新将点 F 插入回路。计算 F 的路径变化量如下:

插入 AB:$AFB=AF+FB-AB=17.03+13.04-14.14=15.93$

插入 BC:$BFC=BF+FC-BC=13.04+11.66-13.04=11.66$

插入 CE:$CFE=CF+FE-CE=11.66+2.83-12.65=1.84$

插入 ED:$EFD=EF+FD-ED=2.83+10.77-8.25=5.35$

插入 DG:$DFG=DF+FG-DG=10.77+4.12-13.60=1.29$

插入 GA:$GFA=GF+FA-GA=4.12+17.03-13.00=8.15$

其中,$DFG=1.29$ 是最小变化量,点 F 插入边 DG,得图 9-12(2),$N=9-12(2)$。

因 C 点跨线引起了路径变化,所以,$T=C$,且应对新图再从 $S=C$ 点继续作跨线。由图 9-12(2),跨线为 CD,CD 是外连线,切割 E 点,得图 9-12(3)。按

规则重新将点 E 插入路径中。计算 E 的路径变化量如下:

插入 AB:$AEB=AE+EB-AB=19.24+15.81-14.14=20.91$

插入 BC:$BEC=BE+EC-BC=15.81+12.65-13.04=15.42$

插入 CD:$CED=CE+ED-CD=12.65+8.25-20.10=0.8$

插入 DF:$DEF=DE+EF-DF=8.25+2.83-10.77=0.31$

插入 FG:$FEG=FE+EG-FG=2.83+6.71-4.12=5.42$

插入 GA:$GEA=GE+EA-GA=6.71+19.28-13.00=12.99$

最小路径变化量为:$DEF=0.31$。

点 E 插入边 DF,得图 9-12(4),N=9-12(4)。

因 C 点跨线引起变化,所以,$T=C$,由图 9-12(4),从 $S=C$ 点继续作跨线。图 9-12(4)中,跨线为 CE,CE 是内连线,不处理,向下走,$S=D$。

④图 9-12(4)中,由 $S=D$ 作跨线 DF,DF 是外连线,切割 E,得图 9-12(3)。按规则将点 E 重新连入得图 9-12(4)。因 D 点跨线切割未引起路径变化。向下走,$S=E$。

⑤由 $S=E$ 作跨线 EG,EG 是外连线,切割 F,得图 9-12(5)。将 F 重新插入回路。计算插入 F 的最小路径变化量为 $EFG=0.24$。

将 F 再插回边 EG,得图 9-12(4)。所以,点 E 的跨线切割无变化。向下走,$S=F$。

⑥图 9-12(4)中,由 $S=F$ 作跨线 FA,FA 是外连线,切割 G,得图 9-12(6)。重新将 G 插入回路,计算最小路径变化量:$FGA=0.09$。

将 G 再插回边 FA,得图 9-12(4)。G 点的跨线切割无变化。向下走,$S=G$。

⑦图 9-12(4)中,由 $S=G$ 作跨线 GB,GB 是内连线不切割,向下走,$S=A$。

⑧图 9-12(4)中,由 $S=A$ 作跨线 AC,AC 是内连线不切割,向下走,$S=B$。

⑨图 9-12(4)中,由 $S=B$ 作跨线 BD,BD 是半内连线不切割,向下走,$S=C$。

此时,$T=C=S$,循环起点等于当前点,算法结束,N=9-12(4)。当前图 9-

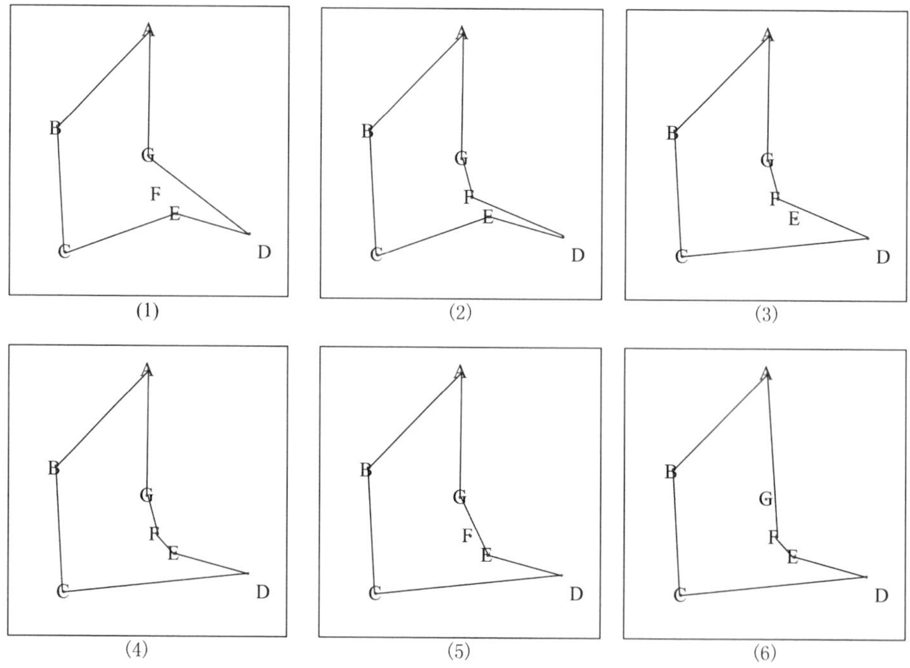

图 9-12 实例计算过程示意图

12(4)是算法解,局部最优解。

路径为:$A-B-C-D-E-F-G-A$

路径长度为:75.48。即,

75.48 = 14.14+13.04+20.10+8.25+2.83+4.12+13.00

可以用枚举法验证,图 9-12(4)也是全局最优解。上面的讨论比较烦琐和过于详细,是为了经典地描述状态寻优的进化路线:数学优化有两条基本路线,一条是设计路线,通过导数及其方程的分析求解得出最优解,直接确定最优状态;一条是进化路线,通过迭代演化逐步进化到最优状态。两者相比较,进化路线需要的信息比较少,在实践中更加具有可行性。市场经济就是进化路线的寻优方式。

（三）对于组合优化问题的算法讨论

上面讨论了旅行商问题，属于组合优化问题的求解，组合优化问题的数学模型即是数学规划模型：

$$\text{问题：}\begin{cases} \min F(x) \\ \text{s.t.}\, G(x) \geqslant 0 \\ x \in D(x) \end{cases}$$

这是数学规划问题的一般抽象，旅行商问题、组织管理问题以及一般组合优化问题都属于数学规划问题。其中，组合优化就是在满足约束的条件和决策空间内，选择组合方案最小化目标函数。

1. 模型求解的算法

组合优化的求解困难在所谓组合爆炸问题，随着变量数量的增多，这类问题的计算量超线性增长，导致实际求解困难。旅行商问题、组织管理问题都是这类组合爆炸问题。这类模型的求解方法大体分为三类：有效算法、精确算法、启发式算法。

（1）有效算法的计算原理满足求解的充分必要条件，每一步局部寻优都走在全局寻优的路径上，没有非必要的运算量，不会产生组合爆炸问题，又一定能够找到全局最优。

（2）精确算法亦称全局最优算法，它的计算原理满足求解的充分条件而未必满足必要条件，因为不满足必要条件，因而存在非必要运算量，造成组合爆炸问题，算力要求高，未必能够在时间约束内求解。

（3）启发式算法计算原理满足求解的必要条件而未必满足充分条件，因为不满足充分条件，因而未必能够求得最优解，但是，因为满足必要条件，因而不存在非必要运算量，能够有效精简运算量，消除组合爆炸问题，降低算力要求，在时间约束内求得满意解，故也称满意解算法，是最广泛运用的算法。启发式算法的一个大类是局部最优算法，全局寻优一定是局部寻优，局部寻优未必是全局寻优，所以，局部寻优是全局寻优的必要条件而不是充分条件，所以，局部寻优算法是启发式算法。启发式算法的另一个大类是智能算法①,它引入了概率原理,运用统计方法在运算中获得各种算法的概率,运用这些概率对启发式算法进行堆叠、组合和优化,加快收敛速度和提高求解精度。

2. 启发式算法的原理

启发式算法计算原理满足求解的必要条件而未必满足充分条件,充分性是关于"是"的条件,必要性是关于"非"的条件。满足充分性条件就一定是最优解,不满足必要性就一定不是最优解。这里"满足"和"未必满足"的定义,"满足"指能够从数学上证明算法的计算原理,"未必满足"指不能够从数学上证明算法的计算原理。"非必要运算量"指运算原理不满足必要性导致的寻优方向偏离目标,因而是无效运算或称冗余运算,但是这类运算可能帮助跳出局部最优的陷阱,构成充分条件的组成部分,也构成充分条件引发组合爆炸的原因。市场经济是一种分散决策,本质上就是把经济规划拆分成子规划进行局部寻优,属于启发式算法,因而避免了组合爆炸问题,有效满足实践要求。

(四)市场是启发式算法

1. 启发式算法的本质

启发式算法的本质是一种局部寻优,从上面的算法过程看到,启发式算法给出了一种寻优路线,按照这个路线不断迭代寻优,在寻优的路线上每一次迭代都持续改进,绝不后退。所以,这类算法没有非必要的运算量,不会造成组合爆炸问题。而且,这类算法也是寻优,最终总会求得一个最优解,但是,这个最优解不是原问题的最优解,而是子问题的最优解,这个子问题是算法原理构造出来的问题,是对原问题的简化或说空间切割。用模型来表达,原问题的模型:

$$\begin{cases} \overline{minF(x)} \\ \text{s.t.}G(x) \geqslant 0 \\ x \in D(x) \end{cases} \text{问题 1}$$

---

① Mulbah W, Himanshu N. Application of teaching learning based optimization in traveling salesman problem[C]. AIP Conference Proceedings. AIP Publishing, 2024, 3050(1): 362-380.

算法过程对原问题的解空间进行了切割，新问题的模型：

$$\begin{cases} \dfrac{minF(x)}{s.t.G_{\#}(x) \geqslant 0} \\ x \in D_{\#}(x) \end{cases} \text{问题 2}$$

有 $G_{\#} \supset G$，它们是约束条件集，它们切割的空间有 $\{x|x \in G_{\#}(x)\} \subset \{x|x \in G(x)\}$，又有决策空间 $\{x|x \in D_{\#}(x)\} \subset \{x|x \in D(x)\}$。所以，问题 2 增加了约束条件或收紧了约束，问题 2 的自由度小于问题 1。所以，问题 2 是问题 1 的子问题。所谓子问题指原问题的解空间的子集构成解空间的原函数寻优问题，子问题与原问题的目标函数相同，子问题的解空间是原问题解空间的子集。问题 1 是全局寻优，问题 2 是局部寻优。设问题 1 的最优解是 x^*，问题 2 的最优解是 $x_{\#}^*$，有 $F(x^*)<F(x_{\#}^*)$。自由度越大，寻优水平越高。因为，$x_{\#}^*$ 是问题 1 的局部最优解，x^* 是问题 1 的全局最优解。进而，全局最优解一定是局部最优解，局部最优解未必是全局最优解。

问题 1 包含多个子问题，问题 2 只是其中之一，问题 1 的子问题的全部构成一个集合{问题 2}，{问题 2}定义为问题 1 的全部子问题的集合。{问题 2}中的每一个元素都是一个问题 2，有自己的最优解，是问题 1 的局部最优解，这些最优解构成了{问题 2}的元素的最优解，这些最优解构成了集合 A，集合 A 是全部局部最优解的集合。

问题 1 的最优解一定在集合 A 中，因为问题 1 也是{问题 2}的元素，根据定义，{问题 2}是问题 1 的全部子问题的集合，问题 1 是自己的子集，所以，问题 1 也是{问题 2}的元素，所以，问题 1 的最优解 x^* 也是集合 A 的元素。用集合逻辑描述：全部问题 2 的最优解 $x_{\#}^*$ 构成集合 A，有 $\forall x_{\#}^* \in A$。问题 $1 \in$ 问题 3，所以，$x^* \in A$。所以，x^* 也是问题 1 的局部最优解。

上面是逻辑说明，现在给出更准确的证明：

令集合 $x_1 = \{x|x \in G(x) \wedge x \in D(x)\}$，则 x_1 是问题 1 的解空间；

$x_2 = \{x|x \in G_{\#}(x) \wedge x \in D_{\#}(x)\}$，则 x_2 是问题 2 的解空间。

有约束条件 $G_{\#} \supset G$,由①有 $\{x \mid x \in G_{\#}(x)\} \subset \{x \mid x \in G(x)\}$。

说明:约束条件越多则自由度越小,约束条件越严则自由度越小。反之亦然。自由度越大则空间越大,自由度小者是子集,自由度大者是原集。

又 $\{x \mid x \in D_{\#}(x)\} \subset \{x \mid x \in D(x)\}$,

故 $\{x \mid x \in G_{\#}(x) \land x \in D_{\#}(x)\} \subset \{x \mid x \in G(x) \land x \in D(x)\}$,

即 $x_2 \subset x_1$。问题 2 解空间 x_2 是问题 1 解空间 x_1 的子集。

所以,问题 2 是问题 1 的子问题。重写问题:

$\begin{cases} \frac{minF(x)}{x \in X1} \end{cases}$ 问题 1 $\begin{cases} \frac{minF(x)}{x \in X2} \end{cases}$ 问题 2

问题 2 是问题 1 的任意子问题,全部问题 2 的解空间构成集合 $\{x_2\}$,集合 $\{x_2\}$ 对应{问题 2}和集合 A,$\{x_2\}$ 是 x_1 的全部子集的集合,即 $\forall x_1^{\#} \subseteq x_1 \rightarrow x_1^{\#} \in \{x_2\}$;特别是 $x_1 \in \{x_2\}$。

给定一个问题 2 的解空间 $x_2^{\#} \in \{x_2\}$,则 $B = \{x \mid x \in \{x^*\} \cup X_2^{\#}\}$ 是全局最优解合并给定解空间的新的解空间,按照定义,$\forall x \in B$ 则,(1)或者 $x = x^* \rightarrow x \in x_1$;(2)或者 $x \in x_2^{\#} \rightarrow x \in x_1$,因为 $x_2^{\#} \subset x_1$。由(1)和(2)得 $x = x^* \rightarrow x \in x_1$,即 $B \subset x_1$,所以,$B \in \{x_2\}$,故 $\begin{cases} \frac{minF(x)}{x \in B} \end{cases} \in$ {问题 2},所以,x^* 是问题 2 $\begin{cases} \frac{minF(x)}{x \in B} \end{cases}$ 的最优解,按定义是问题 1 的局部最优解。

所以,$x^* \in A, x_1 \in \{x_2\}$,问题 1 ∈ {问题 2}。

所以,全局最优解一定是局部最优解,局部最优解未必是全局最优解。所以,根据逻辑关系知,局部最优解是全局最优解的必要条件。所以,启发式算法的本质是局部寻优,其算法原理就是局部寻优原理,所以是原问题的必要条件。我们说,启发式算法的计算原理满足寻优的必要条件而未必满足寻优的充分条件,其数学原理就在于此。

启发式算法立足于寻优的必要条件,因而逐步迭代走向局部最优,如果这个最优是全局最优,就能得到问题 1 的解,这个算法就是有效算法。局部最优成为算法陷阱,计算会终止在局部最优。如果在算法中加入跳出局部最优的算法,就打破了必要性条件,形成非必要运算量。而且,希望在问题3的空间依靠跳出局部最优而走向全局最优,这种概率不大,从集合论看,问题3的基数远大于问题1的基数,在变量多、规模大的计算中,碰巧的概率极低。所以,人们需要在精度与复杂度之间找平衡,提高精度就会增加复杂度;降低复杂度就会降低精度。这也是经济学的基本原理,天下没有免费的午餐。

启发式算法还揭示了两个关系:自由与优化的关系、真理与人文的关系。一是自由与优化的关系。上述证明过程表明,自由度影响优化水平,自由与约束是对称关系,约束越多越紧则自由度越低,优化水平也越低,反之,约束越少越宽松则自由度越高,优化水平也越高。回到历史,礼治是人们行为规范的正面清单,礼无授权不可为,规制了人们干什么、怎么干,约束较多也较为严格,自由度较低,人们的创造力发挥水平较低,难以适应生产力发展的要求,逐步淡出历史,被法治替代。法治是人们行为规范的负面清单,规制了人们不能干什么和不能怎么干,法无禁止即可为,行为约束较少也比较宽松,人们的自由度较大,人们的天性得到更多的解放,人们的创造力能够更好地发挥,顺应生产力发展的历史趋势,所以,法治逐步成为社会规制的核心。二是真理与人文的关系。真理是自然的客观规律、社会的客观规律和人的客观规律,人文是人的偏好和认知,是人们的群体偏好和认知,是社会的偏好和认知。两者未必总是契合,也存在人们认知不断深化的难题。如果人文契合真理,社会就会进步,经济就会繁荣;反之,如果人文背离真理,社会就会退步,经济就会衰退。人文能不能契合真理,这是社会意识,是人们的实践认知,认知正确则人文就契合真理,认知错误则人文就背离真理。所以,社会意识未必都能契合真理。根据声浪原理,人们习惯认为,多数人的认知就是正确。这个观点有概率理论的支撑,但同时也要看到只是概率理论支撑,不是确定性理论的支撑。所以,多数人的认知也未必就一定正确。人们认识的真理性未必都决定于赞同人数的多少,有些时候真理可能掌握在少数人手中,还有些时候真理就没人掌握。

2. 市场的本质是启发式算法

全社会的供给和需求,其规划是一个规模庞大的模型,人们创设了市场和企业来拆分这个模型,每一个子模型都是原模式的局部,所以,市场的本质就是启发式算法。人们觉得企业有效率,谈判协商的麻烦少了,有人设想把整个社会纳入一个企业,进行有效管理,最大程度地提高劳动效率。但是把整个社会纳入一个企业来管理存在困难。企业管理中计划工作的计算量随管理规模扩大形成组合爆炸,导致企业计划工作的计算量超载,企业没法有效做出计划,也就难以有效管理。因而在实践中,人们采用市场交易的方法,形成多个企业的协作,每个企业采用启发式算法局部寻优,选择局部最优的所谓"次优解",以有效降低计算量。所以,市场交易适用于大规模生产组织,计划安排适用于小规模生产组织,市场交易适用于复杂经济体系,计划安排适用于简单经济体系,市场交易用于社会生产组织,计划安排用于企业生产组织,社会市场用竞争实现公平,企业管理用计划实现效率,共同形成以公平促进效率的价值正义。所以,经济发展水平越高,人们的需求愈加多元化,经济的内在复杂度越高,经济要求的市场化水平越高,这是经济发展的总体趋势。

交易方式的协商成本:$c_1 \cdot o_1[(m)^{n1}]$。其中,c_1 是为达成交易的单次协商成本;$o_1(*)$是计算量,或称算法复杂度函数;m 是参加交易协商的人数;n_1 是与 m 相关的协商次数的幂,市场交易是业绩管理,只评价商品质量和价格,所以,$n_1<2$。而且,n_1 是与 m 无关,所以,$\partial o_1/\partial m>0$ 但$\partial^2 o_1/\partial m^2 \leqslant 0$,即协商复杂度是协商人数的增函数,但其边际递减,呈现出图 9-1 的交易成本曲线。

管理方式的协商成本:$c_2 \cdot o_2[(m)^{n2}]$。其中,c_2 是管理中的单次协商成本;$o_2(*)$是计算量,或称算法复杂度函数;m 是管理对象的人数;n_2 是与 m 相关的协商次数的幂,企业管理是过程管理,需要评价工作过程的各种要素,所以,$n_2>2$。而且,人数 m 越多设计的协商内涵越多,所以,存在函数 $n_2(m)$,有$\partial n_2/\partial m>0$,即 n_2 是 m 的递增函数,所以,$\partial o_2/\partial m>0$ 且$\partial^2 o_2/\partial m^2>0$,即协商复杂度是协商人数的增函数,而且边际递增,呈现出图 9-1 的管理成本曲线。

所以,$c_1>c_2$,即单次交易的协商成本要高于管理的协商成本,在协商人数 m 比较少,也就是业务规模比较小的时候,有 $c_1 \cdot o_1>c_2 \cdot o_2$,即交易成本大于管理成本。在协商人数 m 比较多,也就是业务规模比较大的时候,有 $c_1 \cdot o_1 < c_2 \cdot o_2$,即交易成本小于管理成本。由此引发了一个经济现象:交易成本下降会逼迫企业降低管理成本→企业缩小规模来降低管理成本→企业减少生产环节来缩小规模,由此,产业分工就进一步细化了。所以,技术进步导致交易成本下降,有利产业组织细分,提高专业效率或管理效率。

人们有时觉得市场交易有不足,希望用企业管理方式替代市场交易方式,可是始终做不到。历史表明,市场与企业都是经济的劳动协作组织,市场交易推动了分工,企业管理促进了协作,市场交易的效率来自规模经济,企业管理的效率来自简约经济,所谓简约经济就是小规模的效率。同时,市场交易保障了劳动主权,是公平的保障。其实,上面的讨论建立在协商的时间复杂度计算上,而协商基于价值正义,没有价值正义就不用协商。所以,市场体系是价值正义是实现形式,它包括市场和企业,市场主导公平,企业主导效率。因为有市场,企业才会公平;因为有企业,市场才有效率。没有市场就没有公平,因为这时企业没有竞争,劳动者没有选择;没有企业就没有效率,因为市场协商复杂度高,劳动者难以组织协作。没有公平就没有效率,没有效率就没有正义。所以,市场和企业都是价值正义的必要保障,都是人类劳动史上的伟大创造。

本章小结

产业是创造财富的社会组织体系,是面向同一种商品生产的价值共生体,是具体的市场,是企业直接交易和竞争的平台,这个平台是无形的,它客观存在。人们在产业平台上交易、协作、竞争、博弈,核心还是协作。现代社会的产业分工细化,高度协作,通过产业人们实现社会化大生产,人们的协作也因此变得越来越精准、精细和精密。人们在产业平台上已经不仅在生产,还在生活,在安放自己的灵魂。产业成为人们心灵的一个寄居地,在协作中人们变得更加团结,社会变得更加温暖。

后　记

本书基于多年课件、讲稿、论文和课题报告等资料整理而成，全书以中国古典价值正义论搭建经济学体系框架，讨论经济繁荣的内在逻辑，着力点在结构而非精度，在思想逻辑而非技术操作，在探索性讨论而非验证性论证。其中的一些底层逻辑早年曾与父兄有过讨论，他们已然仙游，仅以此怀念他们，也赓续那些讨论。

本书的讨论实际是自己内心两个自我的博弈，这种博弈形成了辩证关系，能够更好地揭示事物的发展规律和逻辑关系，时常带来内心的“虚室生白”，却给家人和朋友带来极大困扰。在此，感谢我的家人！感谢我的朋友！

南宁，柳贝山

2024 年 7 月 9 日